◎ 湖南省教育科学十二五规划2014年度大中专学生就业创业研究专项课题 (XJK014AJC005)

◎ 2019年湖南省学位与研究生教育改革研究项目 (2019JGYB211)

教育资源学视阈下创造性人才培养的课程资源条件保障问题研究

On the Curriculum Resources Condition and its Support for the Creative Talents
Cultivation from the Perspective of Educational Resources Science

◎王伟清　著

🌀吉林大学出版社

·长春·

图书在版编目（CIP）数据

教育资源学视域下创造性人才培养的课程资源条件保障问题研究/王伟清著. — 长春：吉林大学出版社，2020.10

ISBN 978-7-5692-7086-0

Ⅰ.①教… Ⅱ.①王… Ⅲ.①高等学校－创造型人才－人才培养－研究－中国②课程建设－教学研究－高等学校 Ⅳ.① G649.2 ② G642.3

中国版本图书馆 CIP 数据核字 (2020) 第 175775 号

书　　名　教育资源学视域下创造性人才培养的课程资源条件保障问题研究
JIAOYU ZIYUANXUE SHIYU XIA CHUANGZAOXING RENCAI PEIYANG
DE KECHENG ZIYUAN TIAOJIAN BAOZHANG WENTI YANJIU

作　　者　王伟清　著
策划编辑　李承章
责任编辑　周　婷
责任校对　魏丹丹
装帧设计　朗宁文化
出版发行　吉林大学出版社
社　　址　长春市人民大街 4059 号
邮政编码　130021
发行电话　0431-89580028/29/21
网　　址　http://www.jlup.com.cn
电子邮箱　jdcbs@jlu.edu.cn
印　　刷　湖南省众鑫印务有限公司
开　　本　710mm×1000mm　1/16
印　　张　20.5
字　　数　310 千字
版　　次　2021 年 3 月　第 1 版
印　　次　2021 年 3 月　第 1 次
书　　号　ISBN 978-7-5692-7086-0
定　　价　98.00 元

　　王伟清　湖南双峰县人，华东师范大学物理学专业（五年制）理学学士，中国矿业大学机械设计及理论专业（创造学与机械创造工程方向）工学硕士，华南师范大学未来教育研究中心高级访问学者，华中师范大学教育经济学专业教育学博士；中国发明协会高校创造教育分会常务理事，湖南省大学生创新创业导师；曾被评为第三届全国教育硕士优秀教学管理工作者、2013年度湖南省研究生思想政治教育研究与实践先进个人、"挑战杯"大学生课外学术科技作品竞赛湖南省优秀指导教师。长期从事教学、科研与管理工作，躬耕于创造性人才培养与"教育资源学"等领域。在《教育与经济》《电化教育研究》等刊物发表论文30多篇，有多篇被《新华文摘》、《高等学校文科学术文摘》、中国人民大学《复印报刊资料》等权威刊物全文转载；独立获得国家实用新型专利4项；《高师学生创新能力培养的理论研究与实践探索》《发展性小教本科专业人才培养的理论与实践研究》获省级教学成果奖。指导学生参加"挑战杯"大学生课外学术科技作品竞赛，获得三个国家级大奖；指导学生参加"互联网＋"创新创业大赛，获得两个省级大奖。曾长期担任湖南科技大学教育学院党委副书记，现为湖南科技大学教育学教授，硕士生导师，教育资源学研究所所长。

序

　　当今世界科技发展日新月异，国际竞争日趋激烈，各国各地区、各行各业、各领域面临的问题与挑战层出不穷，而应对各种竞争、问题与挑战最有力的武器是创新。因此，21世纪，我们应有创新的教育观，应树立创新的志向，养成创新的精神，增长创新的才干，训练创新性思维，培养创新人才。

　　我们党和政府充分认识到创新人才的重要性，高度重视创新人才的培养问题，特别是2013年9月30日在十八届中央政治局第九次集体学习时的讲话中，习近平总书记强调指出："人才资源是第一资源，也是创新活动中最为活跃、最为积极的因素。要把科技创新搞上去，就必须建设一支规模宏大、结构合理、素质优良的创新人才队伍。"

　　正如本书作者所言，人才的自然生长方式已无法满足当今对创新人才在质与量方面的需求，也无法满足在不同专业领域和类型结构方面的需求，因此，应该发挥教育尤其是创造教育在培养创新人才中的积极作用。只有这样，才有可能在各行各业、各专业领域培养出大批的创新人才，从而更好地迎接时代的挑战。

　　围绕着开发人的创新潜力、提高人的创新性这一主题，许多专家学者在理论研究和实践探索方面进行了不懈的努力，但"为什么我们的学校总是培养不出杰出人才？"这个"钱学森之问"恰恰说明了现有的努力还远远不够，已有的探索与研究还存在着较为严重的不足。如关于创新人才培养的课程资源条件及其保障问题，笔者也未见有比较全面系统地探索该问题方面的研究成果。事实上，培养创新人才所需的课程资源条件既不为人们所广泛而清晰地认识，也常常难以得到应有的保障，甚至无法实施各种创造性课程。的确，创新人才培养的课程资源条件及其保障问题已成为我国通往创新型国家道路上的不可回避又亟待解决的现实问题！

纵观全书，作者站在教育科学(教育经济学、课程论等)、资源科学(教育资源学)、系统科学等学科的视角，运用这些学科的理论与方法，结合调查研究与自身多年的创造教育实践，对创造性人才培养的课程资源条件确定的依据问题、创造性课程资源条件的认识问题、保障的主体问题、保障的不足及原因等问题进行了全面而深入的分析研究，并比较系统地提出了解决创造性课程资源条件保障不足问题的对策。作者的研究视角新颖，方法得当，思路清晰，研究成果创新性强，对创造性人才及其培养理论的系统构建、课程理论向课程资源领域的发展、教育资源学的创生和发展等方面都具有重要的理论意义和参考价值。同时，研究成果对我国创造教育的有效开展、创造性人力资本的形成、创造力经济的发展和创新型国家的建设等方面都具有很好的应用价值。

范先佐

2020 年 3 月 18 日于华中师范大学桂子山

前 言

人类正在迈入创造力经济时代，全球竞争形势日益加剧，世界科技发展日新月异，知识已不再是竞争的真正动力，竞争的真正动力源于人的创造性思维和创造能力，源于人的创造性。与此同时，人类也正在面临着许多威胁自身生存和发展的各种问题和挑战，如环境恶化、气候变暖、资源枯竭等，这些问题和挑战的应对，最有力的武器仍然是人类自身的创造性。

诚然，人类落成的第一间茅草屋等文明成果，足以说明创造性人才自古就有。但是，创造性人才的自然生长方式已无法满足当今社会创造力经济时代对创造性人才在质与量方面的需求，也无法满足在专业领域和类型结构方面的需求。因此，必须发挥学校教育、尤其是创造教育在创造性人才成长中的积极作用，只有这样，才有可能在各行各业、各专业领域培养出大批优秀的创造性人才，去建设创新型国家以迎接创造力经济时代的挑战。

改革开放以来，我国党和政府高度重视创新与创造性教育，各方面都取得了巨大成就，特别是我国已经成为全球第二大经济体，我国整体创新能力也在不断增强，科技进步为经济增长的贡献率也在不断提高，2018年达58.5%。然而，我们也应该清醒地认识到，我国取得的巨大成就不能完全归功于科技创新，而伟大的中国共产党、中国特色社会主义制度、中国人民的勤劳勇敢、几千年绵延不断的中华优良文化等都是功不可没的。按照世界知识产权组织排名，2019年我国的创新指数排在第14位，这个排名既因相对以前的进步而很可喜，也因相对全球第二大经济体的身份而令人尴尬。2020年我国科技进步为经济增长的贡献率目标值是60%，而欧美发达国家早已达到了70%，相对而言，我国确有很大的差距，而且创新能力与科技进步贡献率还存在显著不平衡的地区差异。与此同时，虽然我国有每年毕业数百万专业人才的培养能力，且有"创造教育"与"创新教育"好几十年的历史积淀，然而，很多领域创造性人才仍然是严重稀缺的人力资源，杰出的创造性人才更是如此！

毋庸置疑，人类面临的各种竞争和挑战（如 COVID-19 疫情）足以说明，人类已经进入的不只是追求创新的时代，更是一个追求创新速度与创新效率的竞争时代。即使我国目前创造性人才资源非常充足，但在创造性人才培养方面，我国的教育特别是学校教育永远都是任重而道远。因为创新无止境，创新型国家的建设永远不能停步。我们没有理由满足于现在所取得的成就，更何况我国目前的创造性教育无论是理论还是实践，都还有很大的努力空间。

从资源科学的视角来看，人类任何目标的实现都需要一定的资源条件，创造性人才培养目标的实现也不例外。以此来反思"钱学森之问"却发现了一个普遍存在的事实，即，培养创造性人才所需的课程资源条件既不为人们所广泛而清晰地认识，也常常难以得到应有的保障，甚至无法实施各种创造性课程。因此，创造性人才培养的课程资源条件及其保障问题已经成为我国通往创新型国家道路上的不可回避又亟待解决的现实问题！

笔者站在教育科学（教育经济学、课程论等）、资源科学（教育资源学）、系统科学等学科的视角，运用这些学科的理论与方法，结合调查研究与自身多年的创造性教育实践，对创造性人才培养的课程资源条件确定的依据问题、创造性课程资源条件的认识问题、保障的主体问题、保障不足的表现及原因进行了全面而深入的分析研究，并比较系统地提出了解决创造性课程资源条件保障不足问题的对策。

按照上述逻辑思路，全书共分为五个部分进行探讨：

第一章为绪论。主要是确定本书所要研究的问题，阐明研究目的和意义，并深入分析了国内外关于创造性人才培养的课程资源条件保障问题的研究现状，确定了本书的研究方法和基本的研究思路。

第二章主要通过阐述创造性人才的界定问题和培养目标的定位问题，为后续课程资源条件保障问题的研究提供目标依据。针对目前关于"创造性人才"概念名词的选择和内涵的界定这两方面存在不规范、不科学的混乱局面，从"人才"概念的界定出发，深入分析了"创新人才、创新性人才、创新型人才、创造人才、创造性人才、创造型人才"等概念名词的特点，理性地选择了"创造性人才"，并结合对创造性人才基本要求的分析，对创造性人才进行了概念界定，对创造性人才培养目标进行了定位分析。

第三章主要是阐述培养创造性人才究竟需要何种课程资源条件，谁来承担培养创造性人才所需课程资源条件的保障任务。主要是站在资源科学(教育资源学)的角度，紧紧围绕着创造性人才培养目标，从课程与资源两个维度，探讨了创造性课程资源条件的认识问题和主体问题。同时也为后续创造性课程资源条件保障不足的表现、原因与对策的分析做了铺垫。

第四章主要是阐述创造性人才培养的课程资源条件保障不足的各种表现与原因。对保障不足的各种表现主要是分大类进行了分析探讨与总结归纳，对导致保障不足的各种原因主要是从保障主体的视角进行了深层次的分析研究与总结归纳。

第五章主要是针对前面分析的创造性课程资源条件保障不足的各种表现与原因，系统、有针对性地提出了解决创造性课程资源条件保障不足的各种对策，并在理论与实际操作的层面上进行了分析与论述。

需要说明的是，由于笔者水平有限，不当之处甚至错误之处在所难免，敬请各位读者批评斧正！笔者不胜感激！

王伟清

2020 年 3 月 12 日

目　　录

第一章　绪　论…………………………………………………… 1

1.1　问题的提出 ………………………………………………… 1

1.2　研究目的与研究意义 ……………………………………… 4

1.2.1　研究目的 ……………………………………………… 4

1.2.2　研究意义 ……………………………………………… 5

1.3　文献综述 …………………………………………………… 16

1.3.1　国内文献综述 ………………………………………… 16

1.3.2　国外文献综述 ………………………………………… 42

1.3.3　综合述评 ……………………………………………… 57

1.4　研究视角、前提与方法 …………………………………… 59

1.4.1　研究视角 ……………………………………………… 59

1.4.2　研究前提 ……………………………………………… 60

1.4.3　研究方法 ……………………………………………… 61

1.5　研究思路与结构安排 ……………………………………… 63

1.5.1　研究思路 ……………………………………………… 63

1.5.2　结构安排 ……………………………………………… 64

第二章　创造性人才的界定及其培养目标的定位……………… 65

2.1　创造性人才的界定 ………………………………………… 65

2.1.1　"人才"的界定 ……………………………………… 65

2.1.2　"创造性人才"概念的选择 ………………………… 67

　　2.1.3　"创造性人才"概念的界定 ……………………………… 70

　2.2　创造性人才培养目标的定位 …………………………………… 73

　　2.2.1　基本的定位思想 …………………………………………… 73

　　2.2.2　目标定位的四维分析 ……………………………………… 74

　　2.2.3　基本目标的定位 …………………………………………… 89

第三章　创造性人才培养与课程资源条件保障………………………… 91

　3.1　课程资源与创造性人才培养的课程资源条件保障 ………… 91

　　3.1.1　课程资源 …………………………………………………… 91

　　3.1.2　课程资源条件与课程资源条件保障 …………………… 96

　　3.1.3　创造性人才培养的课程资源条件及其保障 …………… 97

　3.2　创造性人才培养的课程资源条件保障之微观考察 ………… 98

　　3.2.1　创造性课程资源的基本含义 …………………………… 98

　　3.2.2　创造性课程资源主要类别及其课程效用性分析 ……… 99

　　3.2.3　基本的创造性课程资源条件分析——创造性课程内容资源 107

　　3.2.4　基本的创造性课程资源条件分析——创造性教师 …… 119

　3.3　创造性人才培养的课程资源条件保障之系统考察 ………… 123

　　3.3.1　实现创造性人才培养目标的主渠道——创造性课程与创
　　　　　　造性课程系统 …………………………………………… 123

　　3.3.2　创造性课程系统的二元分割 …………………………… 125

　　3.3.3　创造性课程资源系统的内涵、性质与功能 …………… 126

　　3.3.4　创造性课程资源条件的系统保障 ……………………… 128

　3.4　创造性人才培养的课程资源条件保障之主体考察 ………… 131

　　3.4.1　各级政府 ………………………………………………… 131

　　3.4.2　理论研究者 ……………………………………………… 133

　　3.4.3　一线教师 ………………………………………………… 134

　　3.4.4　创造者 …………………………………………………… 136

3.4.5　教育行政组织　………………………………… 137

3.4.6　学校管理者　…………………………………… 138

第四章　创造性人才培养的课程资源条件保障不足的表现与原因………… 140

4.1　创造性课程内容资源保障不足的表现与原因　………… 140

4.1.1　创造性课程内容资源保障不足的表现　………… 140

4.1.2　创造性课程内容资源保障不足的原因　………… 146

4.2　创造性课程条件资源保障不足的表现与原因　………… 156

4.2.1　创造性课程条件资源保障不足的表现　………… 156

4.2.2　创造性课程条件资源保障不足的原因　………… 167

第五章　保障创造性人才培养的课程资源条件之对策……………… 191

5.1　端正主体认识，强化保障意识　………………………… 191

5.1.1　正确认识人类的创造、创造活动与创造力　…… 192

5.1.2　正确认识学校教育在创造性人才成长中的作用　……… 194

5.1.3　正确认识创造教育的投资价值　………………… 196

5.2　正确评价业绩，激发保障动机　………………………… 200

5.2.1　探明主体职责　…………………………………… 200

5.2.2　严审评委资质　…………………………………… 202

5.2.3　制订评价体系　…………………………………… 204

5.3　建立目标系统，提供保障依据　………………………… 206

5.3.1　正确认识目标及其系统　………………………… 207

5.3.2　科学确定系统的总目标　………………………… 208

5.3.3　分解推断以探求子目标　………………………… 209

5.3.4　需求分析以增强科学性　………………………… 211

5.3.5　系统架构与模块化处理　………………………… 213

5.4　加强资源研究，增强保障能力　………………………… 215

5.4.1　以建资源库为目标　……………………………… 215

　　5.4.2　以分类研究为途径 ·················· 216

　　5.4.3　以属性研究为重点 ·················· 217

　　5.4.4　以学科建设为后盾 ·················· 219

　5.5　加强理论研究，增强保障理性 ············· 221

　　5.5.1　加强创造性课程资源的开发理论研究，提高供给理性 ··· 222

　　5.5.2　加强创造性课程资源的配置理论研究，提高配置理性 ··· 225

　5.6　加强资源开发，确保资源供给 ············· 232

　　5.6.1　明确主体职责 ······················ 232

　　5.6.2　科学理论指导 ······················ 233

　　5.6.3　按照开发步骤 ······················ 237

　5.7　合理配置资源，确保系统保障 ············· 252

　　5.7.1　注意采取基本的配置策略 ·············· 252

　　5.7.2　灵活运用有效的配置方法 ·············· 254

　　5.7.3　精心选配合适的课程资源 ·············· 254

　　5.7.4　科学构建资源系统的结构 ·············· 259

　　5.7.5　反复评价与完善配置方案 ·············· 262

第六章　结论与展望 ······················· 270

　6.1　结论 ······························ 270

　6.2　展望 ······························ 274

　　参考文献 ···························· 276

后　记 ······························· 303

第一章 绪 论

1.1 问题的提出

21世纪，全球竞争形势日益加剧，世界科技发展日新月异。人们尚未来得及充分体验20世纪末才出现的知识经济的内涵，甚至或许还未找到迎接和适应这一即将到来的知识经济时代之良策，西方即有人提出了"创造力经济"（Creative Economy）概念，在美国社会掀起了轩然大波，并迅速波及全球。人们已经认识到，知识已不再是竞争的真正动力，竞争的真正动力源于人的创造性思维和创造能力，源于人的创造性。[①] 与此同时，人类也正在面临着许多威胁自身生存和发展的各种问题和挑战，如环境恶化、气候变暖、资源枯竭、瘟疫频发等，这些问题和挑战的应对，最有力的武器仍然是人类自身的创造性。因此，大力加强对人类自身的创造规律及其推广应用研究和对创造性人才及其培养的研究，已是时代赋予我们的历史使命。

诚然，人类落成的第一间茅草屋等文明成果，足以说明创造性人才自古就有。但是，创造性人才的自然生长方式、教育培养方式和以教育培养为基础的复合成长方式这三种成长方式中，自然生长方式已无法满足当今社会创造力经济时代[②] 对创造性人才在质与量方面的需求，也无法满足在专业领域和类型结构方面的需求。因此，必须发挥学校教育、尤其是创新教育在创造性人才成长中的积极作用，只有这样，才有可能在各行各业、各专业领域培养出大批优秀的创造性人才，去迎接创造力经济时代的挑战。

① 庄寿强 . 普通行为创造学 [M]. 徐州：中国矿业大学出版社，2013：第三版前言 .
② 李涛，肖云龙 . 适应创造力经济的创新创业型教育观 [J]. 求索，2007(8)：120-122.

我们中华民族历来是一个富有创造性的民族。在世界文明史上，中国是人类四大发明的摇篮，是世界四大文明古国之一。英国学者坦普尔曾经指出：现在世界上重要的发明创造有一半以上源于中国。除了指南针、印刷术、纸、火药是中国四大发明之外，还有现代农业、现代航运、现代石油工业、现代气象观测、现代音乐、十进制计算、纸币、多级火箭、水下鱼雷乃至蒸汽机的核心设计等，都源于中国。[①] 然而，由于种种原因，明代以后我国的科技发展开始落后了。新中国成立以后，在中国共产党的领导下，中国人民奋起直追，实行改革开放、科教兴国等战略，创造了持续几十年高速发展的经济奇迹。2010年我国已经成为全球第二大经济体[②]，我国整体创新能力也在不断增强，科技进步为经济增长的贡献率也在不断提高，2018年达58.5%。[③]

然而，在为祖国感到高兴、骄傲、自豪之际，我们也应该清醒地认识到：我国取得的巨大成就不能完全归功于科技创新，伟大的中国共产党、中国特色社会主义制度、中国人民的勤劳勇敢、几千年绵延不断的中华优良文化等都是功不可没。按照世界知识产权组织排名，2019年我国的创新指数排在第14位[④]，这个排名虽然是可喜的巨大进步，但也与全球第二大经济体的身份并不够相称；科技进步为经济增长的贡献率，西方发达国家早在20世纪70—90年代就达到了70%~80%[⑤]，而我国近年来虽然在不断进步，但还不到60%，离创新型国家贡献率必须在70%以上还有很大的差距[⑥]，而且创新能力与科技进步

---

① 庄寿强.普通行为创造学 [M].徐州：中国矿业大学出版社，2013：20-21.

② 日本称2010年GDP首次被中国赶超，退居世界第三 [EB/OL]. http://intl.ce.cn/specials/zxgjzh/201102/15/t20110215_22216298.shtml. 2011-02-15/2020-03-13.

③ 科技部：2018年中国科技进步贡献率达58.5%[EB/OL]. http://finance.sina.com.cn/roll/2019-03-11/doc-ihrfqzkc 2881779.shtml. 2020-03-13.

④ 2019年全球创新指数报告发布，中国排名升至第14位 [EB/OL]. http://paper.people.com.cn/rmrbhwb/html/ 2019-07/26/content_1938072.htm. 2020-03-13.

⑤ 刘翌.国外科技与经济结合的情况对我们的启示 [J].今日科技，1999(10)：1-3.

⑥ 何锦义.关于科技进步贡献率的几点认识 [J].统计研究，2012(8)：91-98.

贡献率还存在显著不平衡的地区差异和行业差异。

与此同时，我们更应当思考一个不可忽视的教育问题：新中国成立70周年了，教育界围绕着开发人的创造潜力所进行的各种教育实践活动，无论是谓之为"创造教育"还是"创新教育"，至少也有好几十年的历史了。然而，"为什么我们的学校总是培养不出杰出人才？"这个振聋发聩的问题，成为钱学森留给中国教育界的一个待解难题。① 事实上，虽然我们有庞大的教育规模，每年毕业好几百万的专业人才，但目前，我国很多领域创造性人才仍然是严重稀缺的人力资源，尤其是世界级科技大师与领军人物等杰出的创造性人才更是如此，而且我国科技创新人才还存在严重的结构性矛盾。② 这些都值得我们去认真反思，我们也应当认真反思当下的教育理论与实践。

毋庸置疑，人类面临的各种竞争和挑战（如 COVID-19 疫情）足以说明，人类已经进入的不只是追求创新的时代，更是一个追求创新速度与创新效率的竞争时代。即使我国目前创造性人才资源非常充足，也完全可以说，在创造性人才培养方面，我国的教育特别是学校教育永远都是任重而道远。因为创新无止境，创新型国家的建设永远不能停步。我们没有理由满足于现在所取得的成就，更何况我国目前的创新教育和创造教育无论是理论还是实践，都还有很大的努力空间。

从资源科学的视角来看，人类任何目标的实现都是需要一定的资源条件，教育教学目标的实现也不例外。目前，有关创新人才（创造性人才）及其培养的词句，频频出现在官方的文件里、领导的报告里，以及各级各类人才培养的方案中，形成了高度重视的可喜局面。然而，现实情况是，教育资源条件往往不能满足实现创造性人才培养目标的需求，"既要马儿跑又要马儿不吃草"的情况时有发生，且普遍存在。各行各业、各专业领域要培养和造就大批高素质的创造性人才，究竟需要一些什么样的教育资源条件？为什么教育资源条件得不

---

① 编者."钱学森问题"与中国教育 [J]. 社会科学论坛，2009(11 上)：4.

② 魏宇晨.2017 年中国科技进步对经济增长贡献率或达 57.5%[EB/OL].http://news.cri.cn/20171226/d0678c80-7349-17e9-9626-1a7a20913f23.html, 2017-12-26/2020-03-24.

到应有的保障？如何得到应有的保障？……甚至对这些问题，都未必能做出合适的回答。离开了教育资源条件而谈论创造性人才的培养、人才创新精神的培养，那只能是无益的空谈。因此，我们不但要研究创造性人才培养目标的具体内涵，更应当研究有关实现创造性人才培养目标的教育资源条件方面的一系列问题。

人类正在迈入创造力经济时代，中国科学院院士、中国科协名誉主席韩启德指出，"创新是国家命运所系、发展形势所迫、世界大势所趋，……加快建设创新型国家，刻不容缓。"[①] 在创造力经济时代建设创新型国家，创造性人才及其培养无疑是关键，其重要性不容置疑。为了充分发挥学校教育尤其是创造教育(创新教育)在创造性人才成长中的积极作用，以大批地培养优秀的创造性人才，把我国建设成为创新型国家，并确保我国成为可持续的、永恒的创新型国家，且在创造力经济时代的各种挑战面前始终能立于不败之地，创造性人才培养的教育资源条件及其保障问题已经成为我国不可回避又亟待解决的现实问题！

1.2 研究目的与研究意义

1.2.1 研究目的

为了源源不断、大批地培养出优秀的创造性人才，以迎接在创造力经济时代的挑战，客观上要求各级各类学校广泛开展创造性教育，通过实施各种创造性课程，以开发学生创造潜能，提高其创造性。但现实情况是，培养创造性人才所需的课程资源条件既不为人们所广泛而清晰地认识，也难以得到应有的保障，甚至无法实施各种创造性课程。因此，本书研究的目的在于：通过系统地探讨创造性人才培养各种课程资源条件的保障问题，来构建创造性人才培养的课程资源条件保障理论，以明确各保障主体应履行的职责，消除制约保障的

[①] 韩启德. "共和国脊梁"的故事 [EB/OL]. http://culture.people.com.cn/n1/2019/1009/c1013-31388695.html, 2019-10-09/ 2020-03-24.

各种障碍，为各种创造性课程的顺利实施获得应有的课程资源条件保障而提供理论依据和技术支持。

1.2.2 研究意义

1.2.2.1 理论意义

教育资源的保障问题属于教育经济学的范畴，是教育经济学应当研究的问题。创造性人才培养的课程资源条件的保障问题，即创造性课程资源条件的保障问题是教育资源的保障问题中的一部分，虽然也属于教育经济学的范畴，但并不局限于教育经济学。实际上该问题涉及了教育科学、资源科学和系统科学等学科，需要站在多学科的视角，运用多学科的理论与方法来进行研究，因而，在理论上，也会给相关学科带来重要意义。

首先，有益于教育资源保障理论的构建。

教育经济学研究教育资源的保障问题，实质上是从投资的角度来研究教育经费的保障问题。具体研究内容主要有教育投资的性质与特点、教育投资主体的行为、教育投资的合理负担、我国的教育投资情况与负担模式及其改革等问题。教育经济学范畴内的教育资源实质上是指，活跃在教育领域的人力、物力和财力这三种经济资源。虽然教育财力资源以外的很多教育资源与教育投资有不可分割的联系，甚至严重地受制于教育投资，但教育投资的保障绝不等于教育资源的保障。从教育经济学范畴内教育资源的种类来看，解决了教育投资的保障问题，虽然有助于其他两种教育资源保障问题的解决，但只能说解决了三种教育资源中的教育财力资源的保障问题。培养创造性人才所需的各种课程资源条件中当然也必须包括人力、物力和财力这三种经济资源，解决了财力资源的保障问题，虽然有助于其他创造性课程资源保障问题的解决，但同样不等于解决了创造性课程资源条件的保障问题。既然如此，那么，本书的研究就为教育经济学的教育资源保障理论拓宽了研究与发展的空间，有力地促进教育经济学在教育投资理论的基础上构建教育资源保障理论，本书研究所取得的成果应该对教育经济学教育资源保障理论的构建有重要的参考价值。

第二，有益于课程理论向课程资源领域的发展。

目前，课程资源也已经成为课程论的重要研究对象，课程理论正在向课程资源领域发展。探讨课程资源理论的学者和有关课程资源的研究成果越来越多，呈现出一片欣欣向荣的景象。创造性人才培养的课程资源条件保障问题研究，实质上也是从课程与资源的角度来探讨创造性人才培养的课程理论问题。具体来说，就是借助创造性人才培养这一主题，把课程理论朝课程资源领域的发展又向前推进了一步，即进入了创造性课程资源领域。因此，本书的研究在拓宽了课程资源理论研究与发展空间的同时，也拓宽了课程理论研究与发展的空间，本书的研究成果对课程理论与课程资源理论的研究与完善应该能有重要的参考价值。

第三，有益于创造性人才培养理论的系统构建。

在我国，围绕着开发人的创造潜力、提高人的创造性所进行的各种教育实践活动，无论是称之为"创造教育"还是"创新教育"，虽然也经历了好几十年的时间，但大多仍处于空喊口号的阶段，具体而扎实的研究与实践工作做得较为欠缺，在关键的地方甚至背离了创造性人才培养的客观规律。这就是许多创造学和创造教育研究者对"为什么我们的学校总是培养不出杰出人才？"这个"钱学森之问"的反思。我们不能否认创造性人才培养的理论研究与实践探索所取得的丰硕成果，但也不能否认目前我国创造性人才培养理论还很不成熟、很不完善这一事实。本书的研究将系统地构建创造性人才培养的课程资源条件保障理论，为创造性人才培养的理论体系中增加新的一页，从而有益于创造性人才培养理论的系统构建。

第四，有益于教育科学和资源科学、系统科学之间的相互交叉、渗透与发展。

人类的任何教育实践活动都离不开教育资源，人类教育规模的庞大与扩张和教育资源的稀缺性，共同演绎着教育资源需求与供给之间的尖锐矛盾，这一矛盾的解决又为资源科学提供了用武之地。资源科学是研究资源的形成、演变、质量特征与时空分布及其与人类社会发展之间关系的科学，其研究的目的是为了更好地认识资源，合理开发、利用、保护资源，协调资源与人口、资源与环境之间的关系，促使其向有利于人类生存与发展的方向转化。资源科学是一门集自然科学、社会科学与工程技术于一体的综合性科学，是在传统的地理学、生态学、经济学和信息工程技术等学科基础上发展起来的一门新兴学科，也是研究资源管理的科学，它的研究对象是资源与资源系统。[①] 资源科学已经把包括(创造性)课程资源在内的各种教育资源纳入资源的范畴，并把各种教育资源及其所组成的教育资源系统都作为资源科学研究的对象，只是目前教育资源研究尚未脱离社会科学领域而形成资源科学中独立的学科体系。[②] 但这恰恰说明，资源科学应当进军教育科学领域。而教育科学也应当借助资源科学的理论和方法来拓宽自身的研究视野，弥补自身的理论局限，解决有关教育资源方面的问题和矛盾，如教育资源需求与供给之间的矛盾。于是资源科学与教育科学之间的相互渗透也就成为必然，并在进行中。本研究实际上是站在资源科学的视角，运用资源科学的理论与方法，来探讨创造性人才的培养问题。这无疑给资源科学提供了理论指导实践并在实践中得到检验的平台，既拓宽了资源科学的应用空间，也有利于资源科学理论的发展与完善，同时还有利于创造性课程资源条件保障问题的研究与解决。

此外，由于教育科学研究中也会遇到大量的系统问题，如教学系统、课程系统、课程目标系统等方面的系统问题，资源科学也把资源系统作为自己的研究对象，这两大学科都需要借助系统科学的理论与方法来研究和解决自身的系统问题，而系统科学也需要在帮助其他学科解决系统问题的过程中使自身的理论与方法得到检验和完善，同时也使自身存在的价值得以表达和体现。因此，这些学科之间也需要相互渗透。创造性人才的培养本身就是一个系统工程，创造性人才培养的课程资源条件保障问题本身也是一个系统工程问题，因此本研究恰好为这些学科创造了一个相互交叉、渗透与发展的机会与平台。

① 刘成武，黄利民等.资源科学概论 [M].北京：科学出版社，2004：4.
② 刘成武，黄利民等.资源科学概论 [M].北京：科学出版社，2004：8-11.

第五，有益于教育资源学的创生和发展。

教育资源学是研究教育资源的本质、分类、规划、配置、管理、抑制浪费及各类教育资源的性质、特点、功能、分布、开发、利用、评价等规律的科学。或者教育资源学是研究教育资源及其开发、管理、规划、配置、利用、评价、抑制浪费等规律的科学。教育资源学的研究对象是教育资源与教育资源系统，其中，教育资源系统是由各种教育资源组成的具有某种功能的有机的整体。^①教育资源学的研究对象具有游离性，没有哪门学科专门以"教育资源"为研究对象进行全面而系统的研究，即使是教育经济学、教育技术学、教育管理学、课程论等学科，也只是或多或少地、片面地研究部分教育资源中的某些问题，而且还不是从资源科学的视角进行全面而系统的研究，因此完全可以说，目前还没有哪门学科能够完全覆盖教育资源学的研究对象。^②虽然教育资源学是一门有待创建的学科，但教育资源学早已被纳入资源科学的学科体系中，是隶属于社会资源学下面的一个分支学科。^③教育资源学的创建是完全必要的^④，特别是有关教育资源层出不穷的问题和矛盾，以及教育科学和资源科学这两大学科之间的相互渗透又催生着教育资源学的问世。

从教育资源学的角度来看，凡是教育实践所需的各种资源都可以称之为教育资源，即教育资源是教育实践所需的各种资源的统称^⑤，人类的教育实践当然离不开课程资源，所以课程资源是特别重要的教育资源。创造性人才的培养是人类极为重要的教育实践活动，要解决创造性人才培养的课程资源条件保障问题，必然要研究创造性课程资源的种类、性质、特点、开发、配置、管理与评价等问题，这实质上就是研究教育资源学的一些基本内容，只不过是把教

① 王伟清. "教育资源学"及其创建 [J]. 教育与经济，2006(2)：19.

② 王伟清. 论教育资源的"游离性" [J]. 中南林学院学报，2007(03)：173-174.

③ 刘成武，黄利民等. 资源科学概论 [M]. 北京：科学出版社，2004：8.

④ 王伟清. 论"教育资源学"创生的必要性 [J]. 湖南科技大学学报(社会科学版)，2006(4)：119-123.

⑤ 王伟清. "教育资源学"及其创建 [J]. 教育与经济，2006(2)：19.

育资源学的理论研究推向了课程资源领域，并在课程资源领域得以检验和完善。这就意味着，站在资源科学的视角研究创造性人才的培养，无疑是教育资源学问世的催生之举，并为之创造了发展的基础。因此，本书的研究又可促进教育资源学的创生和发展。

1.2.2.2　现实意义

当前许许多多的现实问题都牵涉到创造性课程资源条件的保障问题，这些现实问题大到国家发展战略，小到课程建设与实施。本书之所以选择创造性人才培养的课程资源条件保障问题研究这一主题，不只是为了追求上述理论上的价值，更是为了满足有关这一主题的客观现实的需求，因而具有极为重要的现实意义。

首先，创造性课程资源条件的保障问题关系到创造性课程的实施。

各种创造性课程的顺利实施都离不开创造性课程资源条件的保障，如果不去研究和解决创造性课程资源条件的保障问题，那么要顺利实施创造性课程究竟需要一些什么样的创造性课程资源条件，以及如何保障这些创造性课程资源条件，这些问题仍然是模糊不清的，那么创造性课程资源条件的保障就是一句空话，何谈各种创造性课程的顺利实施？

第二，创造性课程资源条件的保障问题关系到各级各类、各专业创造性人才培养方案的修订与课程体系的构建。

培养创造性人才是一个系统工程，创造性人才培养总目标必然分解到创造性人才成长过程中的每个阶段和环节，因而涉及的各级各类和各专业教育必然会通过修订创造性人才培养方案，构建创造性教育课程体系，实施创造性教育课程体系，来实现自身的创造性人才培养子目标。如果创造性课程资源条件的保障问题不解决，各种创造性课程无法实施，那么各级各类、各专业创造性人才培养方案的修订与课程体系的构建也就变成了纸上谈兵，既没有必要，也没多大意义。

第三，创造性课程资源条件的保障问题关系到学生创造性潜能的开发和创造性人格的塑造。

教育就是要促进人的全面发展，按照马克思主义全面发展的理论，全面发展是指人的体力和脑力的协调发展，人的全面能力的充分自由的发展，不仅指部分社会个体的全面发展，同时也指全社会成员的全面发展。[①] 人的全面能力当然包括创造力，开发人的创造性潜能，塑造其创造性人格，来促进其创造力的充分自由的发展，这应该是教育的基本功能之一。因此，各级各类和各专业教育应当修订创造性人才培养方案，构建创造性教育课程体系，实施创造性教育课程体系中的各种创造性课程，来实现这一功能。然而，如果创造性课程资源条件的保障问题不解决，学生创造性潜能的开发和创造性人格的塑造就是一句空话。

第四，创造性课程资源条件的保障问题关系到高校创新创业教育和大学生就业创业工作的顺利推进。

创新创业教育是以培养具有创业基本素质和开创型个性的人才为目标，不仅仅以培育在校学生的创业意识、创新精神、创新创业能力为主的教育，而是要面向全社会，针对那些打算创业、已经创业、成功创业的创业群体，分阶段分层次地进行创新思维培养和创业能力锻炼的教育。[②] 教育部高度重视创新创业教育，为此，2010年5月还出台了"教办〔2010〕3号"文件——《教育部关于大力推进高等学校创新创业教育和大学生自主创业工作的意见》。该文件指出了开展创新创业教育的重要性，认为，在高等学校开展创新创业教育，积极鼓励高校学生自主创业，是教育系统服务于创新型国家建设的重大战略举措；是深化高等教育教学改革，培养学生创新精神和实践能力的重要途径；是落实以创业带动就业，促进高校毕业生充分就业的重要措施。而且，还特别强调了"创新创业教育要面向全体学生，融入人才培养全过程"。[③] 在笔者看来，

① 孙俊三.教育原理[M].长沙：中南大学出版社，2001：116，132.

② 创新创业教育[EB/OL].https://baike.so.com/doc/6991733-7214592.html，2020-03-24.

③ 教育部关于大力推进高等学校创新创业教育和大学生自主创业工作的意见[EB/OL].
http://www.moe.gov.cn/srcsite/A08/s5672/201005/t20100513_120174.html，2020-03-24.

创新创业是基于创新基础上的创业活动，而创新创业教育属于创造性教育的范畴，实质上是一种实用的创造性教育。要想落实以创新创业带动就业，就需要开展创新创业教育，而这又离不开一系列融合专业的创新创业教育课程和高素质的创新创业教育教师队伍等资源条件。显而易见，如果没有创造性课程资源条件来保障，如此重要的高校创新创业教育工作和大学生就业创业工作要顺利推进并卓有成效是极其困难的。

第五，创造性课程资源条件的保障问题关系到创造性人力资本的形成及其规模与质量。

教育经济学的人力资本理论认为，人力资本是指凝聚在劳动者身上的知识、技能及其所表现出来的能力。这种资本，就其实体形态来说，是活的人体所拥有的体力、健康、经验、知识和技能及其他精神存量的总称，它可以在未来特定经济活动中给有关经济行为主体带来剩余价值或利润收益。[1] 依笔者的理解，这里的劳动者当然包括那些创造性很强的劳动者，即创造性人才，凝聚在劳动者身上的知识、技能及其所表现出来的能力当然也包括有关创造活动的规律性知识和创造力等。据此，笔者衍生出"创造性人力资本"概念，所谓创造性人力资本是指凝聚在创造性人才身上的知识、技能及其所表现出来的能力。范先佐认为，创造力是劳动者素质中最有价值的部分，也是衡量一国人力资本总体水平高低的重要指标。[2] 那么，可以说，创造性人力资本的规模与质量是衡量一国人力资本总体水平高低的极为重要的指标。现代教育是人力资本形成和发展的最主要的途径，教育在人力资本形成和发展的过程中起着极为重要的作用，如培养人的道德价值观念，提高人的智力素质，影响人的心理素质等。[3] 创造性人才的培养和造就，要靠创造性教育，有了创造性教育才有人的

---

[1]　范先佐 . 教育经济学新编 [M]. 北京：人民教育出版社，2015：114.

[2]　范先佐 . 教育经济学新编 [M]. 北京：人民教育出版社，2015：137.

[3]　范先佐 . 教育经济学新编 [M]. 北京：人民教育出版社，2015：142.

创造力的成长和发挥。[①] 因此，创造性教育是创造性人力资本形成和发展的最主要的途径。创造性教育实施的范围、程度和质量决定了创造性人才的培养规模和质量，也决定了创造性人力资本形成和发展的规模和质量。创造性课程资源条件的保障问题制约着创造性教育实施的范围和质量，进而也制约着创造性人力资本形成和发展的规模和质量。

第六，创造性课程资源条件的保障问题关系到我国创新型国家的建设与发展和创新驱动发展战略目标的顺利实现。

2006年1月9日，胡锦涛同志在全国科学技术大会上所作的报告《坚持走中国特色自主创新道路，为建设创新型国家而努力奋斗》中提出了"创新型国家"概念，并确立了要在2020年将我国建设成创新型国家的战略目标。2016年5月中共中央、国务院印发的《国家创新驱动发展战略纲要》(国务院公报2016年第15号)，强调科技创新是提高社会生产力和综合国力的战略支撑，必须摆在国家发展全局的核心位置；明确提出了分三步走的战略目标：到2020年进入创新型国家行列，到2030年跻身创新型国家前列，到2050年建成世界科技创新强国，成为世界主要科学中心和创新高地；为了实现这个宏伟的战略目标，还特别强调"推动教育创新，改革人才培养模式，把科学精神、创新思维、创造能力和社会责任感的培养贯穿教育全过程"，"鼓励人人创新"。[②]

目前，一般认为，达到创新型国家有四条标准[③]：一是研发投入占GDP的比例大于2%；二是科技进步对经济和社会发展的贡献率在70%以上；三是科技对外依存度指标在30%以下；四是所获美、日、欧洲三方的专利数占专利总数的大多数。显然，除了第一条外，其余三条标准都直接与国民的创造能力密切相关。虽然我国一直在为能成为创新型国家努力，而且也有显著性进

---

① 林崇德 . 培养和造就高素质的创造性人才 [J]. 北京师范大学学报 (社会科学版)，1999(1)：5-11.

② 中共中央　国务院印发《国家创新驱动发展战略纲要》[EB/OL]. http://www.gov.cn/gongbao/content/2016/content_5076961.htm, 2020-03-24.

③ 庄寿强 . 普通行为创造学 [M]. 徐州：中国矿业大学出版社，2013：4(第三版前言).

步，我国科技进步对经济增长的贡献率2017年达到了57.5%[①]，2018年达到了58.5%[②]，但离创新型国家的标准还有很大的差距。即使达到了创新型国家的标准，也只能代表一时，而不能保证永远是创新型国家，特别是不能保证我国永远是世界科技创新强国，成为世界主要科学中心和创新高地。

毋庸置疑，创新型国家要由创造性人才来创造，创新型国家的第一基础是创造性人才。要实现创新型国家的战略目标，确保我国能够成为并永远保持为创新型强国，就需要源源不断地有大批优秀的、各行各业的创造性人才，这些创造性人才从哪里来？显然要靠创造性教育的培养！林崇德认为，实施创新教育、培养未成年人的创新能力是多出科学创新人才的基础，是突破建设创新型国家"瓶颈制约"的一条关键举措。[③]2006年2月9日，国务院印发的《国家中长期科学和技术发展规划纲要(2006—2020年)》也明确指出，要充分发挥教育在创新人才培养中的重要作用。[④]为此，必须解决创造性课程资源条件的保障问题，以充分发挥学校教育尤其是创造教育(创新教育)在创造性人才成长中的积极作用。显而易见，解决创造性课程资源条件的保障问题，对于我国创新型国家的建设与发展和创新驱动发展战略目标的顺利实现，具有非常重要的积极意义。

第七，创造性课程资源条件的保障问题关系到我国在创造力经济时代能否立于不败之地。

....

① 2017年我国科技进步贡献率达57.5%[EB/OL].http://www.gov.cn/shuju/2018-01/10/content_5254969.htm, 2018-01-10/2019-11-04.

② 科技部：2020年进入创新型国家，2050年要成为世界科技强国 [EB/OL].https://military.china.com/jsbg/11177786/20190311/35406087.html, 2019-03-11/2019-11-04.

③ 林崇德，罗良.建设创新型国家与创新人才的培养[J].北京师范大学学报(社会科学版)，2007(1)：29-34.

④ 中华人民共和国科学技术部.国家中长期科学和技术发展规划纲要（2006—2020年）[EB/OL]. http://www.most.gov.cn/mostinfo/xinxifenlei/gjkjgh/200811/t20081129_65774.htm, 2020-03-24.

2000年，美国《商业周刊》发行的一本名为《21世纪的公司》册子对创造力经济做了这样的阐述：21世纪的经济是创造力经济，创造力是财富和成长的唯一源泉，人力资源是唯一的财产。在创造力经济条件下，创造性人才的作用比以往任何时候都大，一个有创造力的精英，其所创造的价值胜过许多一般性劳动的总和。[①]现代科学技术在飞速发展，人们对新科技、新文化的社会需求日益旺盛，创造力经济发展的社会基础已经筑成并日益稳固，创造性工作岗位在不断地大量增加，创造力阶层（Creative Class）已经形成，并在不断壮大。众多有识之士已经意识到，只要肯学习，一般人都能掌握知识，知识已不再是竞争的真正动力，竞争的真正动力源于人的创造性思维和创造能力，源于人的创造性，因此，在知识经济时代，国家和地区的知识创新体系和创新能力（包括知识创新、知识传播、技术创新和知识应用体系）成为国家、地区经济和社会发展的重要基础设施和竞争力的关键因素。[②]而创造力经济就是以创造力为主要驱动力形成的经济形态，是知识经济的核心，知识经济是创造力经济的外延。[③]因而，在创造力经济时代，人的创造力第一次真正成为首位因素，人类创造力的外部表现——创新的地位空前提高。

显而易见，无论是知识经济时代还是创造力经济时代，各国、各民族、各地区之间在经济、政治、军事等方面的竞争，归根到底是科学技术力量的竞争；而科学技术力量竞争的实质则又是创造的竞争，是创造速度和创造效率的竞争，更是创造性人才的竞争，是人力资源开发和人才创造能力培养的竞争。

创造学的研究与实践表明：创新，无论是何种规模或层次的创新，也无论是什么类型或涉及什么领域的创新，其实质都与人才素质有关，与人才的创造能力和创造性有关。[④]人是知识创新与发展的生命之源，培养人们的创新意

---

① 李涛，肖云龙.适应创造力经济的创新创业型教育观[J].求索，2007(8)：120-122.

② 林崇德.培养和造就高素质的创造性人才[J].北京师范大学学报(社会科学版)，1999(1)：5.

③ 蔡齐祥，曹丽燕，赵永强.创造力经济的内涵与外延[J].科技管理研究，2008(2)：16.

④ 庄寿强.普通行为创造学[M].徐州：中国矿业大学出版社，2013：第三版序言，4-5.

识和创新能力，这不仅关系到个人的生存和发展，而且将关系到国家的前途和命运。在日益激烈的国际竞争环境下，应该培养和造就大批高素质的创造性人才，而培养和造就高素质的创造性人才的基本途径是教育，因为教育的要旨是创新人才的培养，诚如法国文化教育学家斯普朗格所言，教育的最终目的不是传授已有的东西，而是要把人的创造力量诱导出来，将生命感、价值感唤醒，一直到精神生活运动的根。① 可以说，没有培养出具有创新精神的人，就是教育的一种失职、一种错误。毋庸置疑，培养和造就大批高素质的创造性人才是时代赋予我国教育系统的不可推卸的神圣使命。

然而，问题是，现在我国的教育系统能不辱使命吗？笔者以为，从资源科学的视角来看，人类任何目的的实现都是需要一定的资源条件，教育目的的实现也不例外。西南大学刘梦月、张华2016年随机在天津、重庆、四川、云南等地开展调查的结果表明："青少年的创造性倾向整体处于中等偏下水平，城市青少年在各维度上的得分均显著高于农村青少年"，他们还"建议要将青少年创造性的培养落在实处"。② 从"钱学森之问"到学者们关于青少年创造力现状的调查结果，等等，这些堪忧的现状足以说明，目前我国整体上在培养和造就大批高素质的创造性人才方面并不具备足够的课程资源条件，尤其是在城乡之间、地区之间创造性课程资源条件还存在显著的不平衡。此外，创造性课程资源条件在种类、数量、质量和系统性等方面还普遍存在着与创造性人才培养的客观需求不相匹配的问题，有的区域、有的学校，这种不相匹配的问题还相当严重。笔者在很多中小学校和高校所进行的关于创造性课程资源条件的调查也证实了这一点。因此，完全可以说，我国目前教育系统的资源条件与这一神圣使命的客观要求还存在很大程度上的差距。

既然这一使命神圣而不可推卸，那么就必须给教育系统配置足够的完成

---

① 林崇德.培养和造就高素质的创造性人才 [J].北京师范大学学报 (社会科学版)，1999 (1)：5-11.

② 刘梦月，张华.青少年创造性倾向的现状与差异 [J].创新与创业教育，2017，8(02)：116-119.

使命的课程资源条件，否则，就是既要马儿跑又要马儿不吃草，要教育系统不辱使命是不可能的！问题是，要培养和造就大批高素质的创造性人才，究竟需要一些什么样的课程资源条件？如何保障这些资源条件？显而易见，创造性人才培养的课程资源条件保障问题不解决，就无法培养和造就大批高素质的创造性人才，也无法确保我国在创造力经济时代能立于不败之地！那么关于创造性人才培养的课程资源条件及其保障问题，人们究竟做了哪些研究？

1.3 文献综述

1.3.1 国内文献综述

培养创造性人才究竟需要何种资源条件？关于这一问题，笔者检索发现，还是有一些专家学者从不同的角度作了研究，并取得了一些很有价值的成果。如庄寿强非常深入地研究了实施创造教育培养创造性人才所需的一批富有创造性的教师、一批富有创造性的教学管理人员和一系列富有创造性的教材等三个基本条件[①]；冷余生从个体独立性的发展、大学教学模式的转变及学术自由的环境三个方面分析了创新人才成长所需的基本条件[②]；王寿斌对中小学校实施创新教育的环境与条件进行了研究[③]；蒋太岩从高校领导班子、教师队伍以及课程体系与教材等方面论述了培养创造性人才应具备的基本条件与对策[④]；赵卫新从适宜的教育环境、创新型的教师、创新型的教学方法、相应的创新评价体系等方面探讨了在实施创新教育中应关注的几个基本条件[⑤]。周强等人提出，培养创新人才，其前提条件是良好的育人环境，基础条件是建立新的教学模式，关键条件是教师素质转型，保障条件是建立有效的激励机制，并从这几个

---

① 庄寿强.普通行为创造学 [M].徐州：中国矿业大学出版社，2013：210-212.

② 冷余生.论创新人才培养的意义与条件 [J].高等教育研究，2000(1)：51-55.

③ 王寿斌.中小学校实施创新教育的环境与条件研究 [J].基础教育研究，2000(5)：7-8.

④ 蒋太岩.培养创造性人才应具备的基本条件与对策 [J].中国高教研究，2000(4)：40-41.

⑤ 赵卫新.实施创新教育应关注的几个基本条件 [J].教育探索，2002(5)：17-18.

方面进行了有益的探索。[①]

纵观检索情况,人们关于这一问题的研究涉及的范围还是比较广的。从教育的层级来看,既有高等教育阶段的,也有基础教育阶段的;从教育的性质来看,既有普通教育的,也有职业教育的。总的来看,不论是涉及高等教育阶段还是涉及基础教育阶段,也不论是涉及普通教育还是涉及职业教育,从研究内容来看,主要包括了教师队伍、管理队伍、课程教材、教学模式、教育环境、教学方法和评价体系等几个方面。

1.3.1.1 关于教师队伍

人们普遍认为,教师队伍建设对于培养创造性人才来说是极为重要的。如李娟认为,高水平的教师队伍是培养创新人才的关键[②];王寿斌指出,具有浓郁创新意识和较强创新能力的高素质的师资队伍是中小学校实施创新教育的必要条件[③];孙秀莲认为,建设雄厚的师资队伍是培养创新人才的必要条件。[④]

除了教师队伍建设,一些学者对教师的要求也做了一些研究。如赵卫新认为,创新教育对教师的要求不是仅仅满足于发挥"传道、授业、解惑"的传统功能和作用,而是要求教师能在学生接受创新教育的过程中起到引导和示范作用,即教育者能以自身的创新意识、创新思维和创新能力等因素去感染、带动受教育者,促使他们创新能力的形成和发展。因此,欲培养学生的创新意识,当务之急是要建设一支能转变教育观念以适应创新教育需要的创新型教师队伍。[⑤]蒋太岩认为,在高等院校中实施创造教育,必须建立一支富有创造性的教师队伍,他们必须具有爱岗、敬业、奉献的崇高精神境界和真挚的教育情

① 周强,葛翠茹.论高校培养创新人才的条件建设 [J].理论观察,2003(2):45-46.

② 李娟.创新教育的必要条件:建设良好的校园创新环境 [J].中国科教创新导刊,2009(11):12.

③ 王寿斌.中小学校实施创新教育的环境与条件研究 [J].基础教育研究,2000(5):7-8.

④ 孙秀莲.对当代大学生实施创新教育的基础与条件 [J].齐齐哈尔大学学报(社科版),2000(5):106-108.

⑤ 赵卫新.实施创新教育应关注的几个基本条件 [J].教育探索,2002(5):17-18.

感；要有强烈的创造意识和善于创造的本领；要博学多才、一专多能，有扎实、宽厚、广博、精深的专业基础知识和教学功力，了解和掌握其他相关学科的知识和技能；要有开放性的人格和宽容理解的良好心境，能够营造出和谐民主的教学氛围，善于启发学生思维，点拨其思想火花，激发其创造灵感，并将其引导到正确的轨道上。[①] 周强等认为，为适应创新人才培养要求，关键是教师素质转型，即由知识型的内向素质转为信息型的外向素质，在具备学科与专业基本知识的基础上，通过有效的社会活动，深入挖掘社会(课程)信息资源，统揽全局，善于应变，高效率地讲授出有特色、有价值的课程。[②]

侯长林针对我国高职教育由于办学历史不长，大部分教师是随着中专升格才转为高职院校教师的，高学历、高职称教师比例偏低，实践能力较弱，整体创新能力不足这一现实问题，根据美国托兰斯关于教师的创造性与学生的创造力之间关系的研究，认为，高职院校要培养技术创新人才，最关键的还是教师，必须重视创新型教师培养。[③] 杨晓梦认为，可以从营造适宜创新素养生长的环境、搭建促进教师展现创新能力的平台、构建培养创新人才的教育教学模式等方面来建设基于创新型人才培养的教师发展机制。[④]

关于教师队伍，庄寿强认为，实施创造教育的首要条件是要有创造性的教师，而创造性教师的衡量标准是：其一，必须有强烈的事业心，忠诚于教育事业，有为振兴民族、复兴国家、为真理而奋斗的大无畏的探索和开拓精神，不迷信权威，不墨守成规，勇于坚持真理，善于修正错误。只有这样，教师才能在教学过程中以自身优势有效地激发学生的创造精神。其二，必须有较高的创造性思维能力，熟悉思考问题的方法，也就是要基本了解科学的方法论、掌握创造学的基本知识，从而能够指导学生进行创造性活动。其三，必须懂得教

① 蒋太岩.培养创造性人才应具备的基本条件与对策 [J].中国高教研究，2000(4)：40-41.
② 周强，葛翠茹.论高校培养创新人才的条件建设 [J].理论观察，2003(2)：45-46.
③ 侯长林.高职院校培养创新人才关键在教师 [J].职业技术教育，2013，34(12)：23.
④ 杨晓梦.立德树人使命下的教师专业发展路径探讨——来自"2017年基础教育人才发展20人北京论坛"的声音 [J].中小学管理，2017(11)：37-38.

育科学，了解教育的规律和方法，同时在教学过程中能够把握学生的心理状态和情绪特点。其四，要精通本专业知识。在创造教育中，教师对具体的材料可以不讲或少讲，主要讲授的是概念、观点、方法和原理。因而教师必须能够在教学中合理精选材料，能做到用最少的知识材料即可讲出明确的概念、正确的方法、鲜明的观点和基本的原理。其五，要有广泛的知识基础。创造教育的教师应当一专多能，不但在自己研究的领域是一个专家，而且对于相关、相近领域的科学知识也应当熟悉。其六，要非常热爱学生，相信学生的创造潜力，与学生平等相待，处处为人师表、做学生的表率，了解学生的优点和能力的界限，善于引导学生提出各种问题，热情赞扬学生的创造精神，对于学生的创造性设想要推迟评判，要创造性地宽容学生，要积极地为学生提供一种创造的环境，能及时捕捉闪烁在学生头脑中的创造火花，并将其引导到正确的轨道上，直至燃成熊熊的创造之火，将创造能力提到一定高度用以评价学生。[①]

在创客教育方面，也有不少学者对开展创客教育的教师条件做了很有意义的探索与研究。如闫志明、孙承毅认为，高素质的创客教师是创客教育的质量保障；创客教师只有保持开放的、终身学习的态度，积极融入创客教育共同体，不断自我完善与自我提高，才能成为合格的创客教师[②]。蔡慧英等认为，创客教育具有综合性、实践性、技术性等特征，因此，智能时代复杂的创客教育对创客教师的知识储备提出了新的要求；为了推进我国创客教育的持续发展，让创客教师具备足够的知识储备，以胜任复杂的创客教学实践活动，成为亟须解决的重要课题之一；他们还以整合技术的学科教学知识（TPACK）理论为基础，并运用问卷调查的方法，对影响创客教师知识发展路径的主要因素和间接因素进行了调查研究，并提出了促进创客教师知识发展的策略。[③]赵慧臣等认为，随着创客教育的发展，创客教师均亟待提升教学能力；他们针对创客

① 庄寿强.普通行为创造学 [M].徐州：中国矿业大学出版社，2013：210-211.

② 闫志明，孙承毅.论创客教师的知识基础 [J].教育研究，2018，39(06)：111-118+123.

③ 蔡慧英，谢作如，李渔迎，顾小清.创客教育教师准备好了吗——智能时代创客教师知识发展的影响因素探析 [J].远程教育杂志，2019，37(03)：86-94.

教师教学能力的现状与成因，从创客教师教学能力的需求分析、结构模型、提升策略、评价方式等角度，提出了创客教师教学能力提升研究的建议。[①] 李彤彤等认为，创客教育在为教育改革提供新机遇的同时，也面临着巨大的挑战，其中最严峻的困境是师资匮乏；创客教育的跨学科性、综合性、复杂性、创造性、实践性等特征决定了它对于教师有着极高的专业化的要求，创客教师的专业化培养成为当前创客教育实施亟须面对的问题；创客教师的专业素质结构决定着其专业化培养的目标和内容，是创客教师专业化培养的指南针；创客教师要具备以创新意识与创新思维、设计意识与设计思维、实践意识与工匠精神、节点意识与联通思维、分享意识与团队精神、安全意识与尝试精神等为特征的创客精神；要具备跨学科的多元专业知识结构；要具备创客空间建设、创客课程开发、创客技术应用、创客教育教学等专业技能。[②]

在创新创业教育方面，刘华海认为，高校实施创新创业教育，关键是拥有一支既具备理论知识，又具有实践能力的"双师型"教师队伍；应当拓宽视野引进师资，构建新型教师培养机制，出台顶岗实践锻炼办法，实施职业能力达标考核，改革教师评价方式，从而引导青年教师加强实践锻炼，提升实践能力，尽快成为"双师型"教师。[③] 江苏省教育厅沈健认为，深化高校创新创业教育改革，加强教师能力建设是关键；教师的创新创业意识和能力，在很大程度上决定了高校创新创业教育的品质与面貌。[④]

① 赵慧臣，马佳雯，姜晨，贺雪. 创客教师教学能力提升研究的反思与建议 [J]. 现代教育技术，2019，29(05)：119-125.

② 李彤彤，王志军，邹蕊，李磊. 创客教师专业素质结构研究 [J]. 中国电化教育，2017 (06)：80-86+142.

③ 刘华海. 高校创新创业教育：青年教师实践"短板"与应对 [J]. 科研管理，2017，38(S1)：628-632.

④ 沈健. 高校教师创新创业教育能力建设——江苏的理解、实践与构想 [J]. 中国高等教育，2015(17)：11-13.

1.3.1.2　关于管理队伍

人们也意识到，管理队伍建设对于培养创造性人才来说也是非常重要的，尤其是对教育管理队伍中的领导者。如蒋太岩认为，在高等院校中实施创造教育，一个首要的条件是，必须建立一支富有创造性思维与创新本领的领导班子。只有学校的领导者深谋远虑、高屋建瓴，认识到实施创造教育的意义，掌握开展创造教育的管理技能，具有组织开展创造教育的本领，才能为创造教育的全面实施提供良好的条件和有力的保证，并使之取得成效，结出硕果。[①] 王寿斌指出，一个具有较强宏观分析和调控能力、具有较高层次的超前意识和创新意识的领导集体是中小学校实施创新教育的必不可少的基本条件。[②] 张文海认为，高校的教学管理人员作为管理工作的主体，担着组织教学活动、规划人才培养目标等重要职责，对于创新人才的培养发挥了举足轻重的作用，但当前我国基于创新人才培养的高校管理力量薄弱，在我国高等教育已经从精英教育走向了大众化教育的今天，应该建立一支精干高效的教学管理队伍，以适应创新人才培养的需要。[③]

庄寿强认为，一批富有创造性的教学管理人员是实施创造教育培养创造性人才所需的基本条件之一；学校管理人员特别是有关领导者必须提供能使教师发挥其创造性、向创造性方向发展的有利条件；教学管理人员自身也应当富有创造性，否则，学校中的创造教育也无法展开的。他根据自己多年的创造教育实践经验和教学管理经验(他担任过几年的中国矿业大学教务处副处长)提出，在创造教育中教学管理人员至少应当做到如下几点：(1)必须有高度的事业心和责任感，十分热爱自己的本职工作，对工作充满热情和希望；(2)有创新意识和奉献精神，具有较高的创造素质，对新生事物十分敏感，并积极支持新生事物的出现和发展；(3)具有较强的创造能力，并能积极地用于自己的教学管理

① 蒋太岩.培养创造性人才应具备的基本条件与对策 [J]. 中国高教研究，2000(4)：40-41.
② 王寿斌.中小学校实施创新教育的环境与条件研究 [J]. 基础教育研究，2000(5)：7-8.
③ 张文海.基于创新人才培养的高校教育管理研究 [J]. 创新创业理论研究与实践，2018，123：79-80.

实践之中；(4)对教师充满热情，支持教师在创造教育中采取的各项探索性措施，尽量减少教师的事务性工作，从而使他们能够潜心于教学研究；(5)对教师在创造教育中所做出的预想不到的事情要有宽容的态度。

1.3.1.3 关于课程条件

很多学者都意识到，培养创造性人才离不开与之相适应的课程条件。如蒋太岩认为课程体系是培养创造性人才应具备的基本条件，但目前我国高校现行的课程体系与创造教育的要求是不相适应的，直接或间接地扼制知识创新，不利创造性思维的形成，阻碍创新人才脱颖而出。因此，建立适应创造教育的新的课程体系是当务之急，势在必行。[①]

郝德永和赵颖等提出了"创造性课程"概念，并和与之对应的"认同性课程"进行了辨析，认为"创造性"课程与"认同性"课程的主要区别在于课程的出发点及学习的心理水平的不同；"创造性"课程虽不否定对知识掌握的必要性，但却不止于认同式的掌握，而是在帮助学生掌握人类认识成果的基础上培养学生的开拓创新精神，将学生的学习由感知、记忆水平提高到想象、思维高度，其教学模式则表现为启发式的教、探究式的学。"创造性"课程最基本的特征在于其目标、价值、功能等方面的创造性品性与依据，即学生在课业学习过程中的创新意识、态度及创造性地掌握与创造性地解决问题能力的培养。因而，"创造性"课程是一种开放性课程，它着眼于创造型人才的培养而不是加工、训练某种社会角色。[②]

有的学者站在教育哲学的视角，提出建立创造性课程观。如冯建军认为，要发展主体的创造性，必须变革实证－科学范式的占有性个人主体课程观，而指向一种人文范式的创造性课程观。这种新型的课程观，应该为学生创造一个活生生的"生活世界""意义世界"，学生在意义世界中通过自己自由自觉的活动而与外界相互作用，使自己的意义不断提升，经验不断扩展。在这里，没有任

---

① 蒋太岩.培养创造性人才应具备的基本条件与对策 [J].中国高教研究，2000(4)：40-41.
② 郝德永，赵颖.创新人才的培养与课程改革 [J].中国教育学刊，1999(1)：28-30.

何强制的成分和外在的枷锁，到处洋溢着学生能直接体验到的主体性。教师与学生的关系不是"主－客"的占有关系，而是一种交互主体的交往关系，由此而提升的不是占有性的个人主体性，而是主体间性。所以，创造性课程观以人的自由为旨趣，是一种致力于使人的自由性、创造性得以充分发挥的主体性课程观。建立创造性课程观，就是要超越占有性个人主体的课程观，为此，在课程的性质、课程的编制模式、课程的实施、课程的形态等方面都必须做出根本性的变革和转换。①

很多学者提出要培养创造性人才，必须加强课程改革，构建创造性人才培养的课程体系，并就如何改革、如何构建进行了探索与研究。如湖北大学刘爱玉等，从创新人才知识结构的要求出发，通过分析现有高校课程体系的弊端，针对创新人才培养，对高校课程体系改革提出了"促进课程综合化、构建人文素质教育课程体系、设置整合课程、开设研究型课程"等建议。② 蒋太岩认为，在课程改革中，要加大实验性、实践性课程数量，使学生增强动手能力、设计能力和实验技巧。③ 刘东平提出，培养创新人才必须构建创新教育课程体系，要着重加强综合素质类课程、思维训练类课程、信息检索类课程和实践锻炼类课程的建设。④ 陈晔、林铿认为，实施创新型人才培养的关键在于教育教学，高校应以课程改革为切入点和落脚点，通过倡导基于创新型人才培养的课程理念、完善课程分类体系、深化公共基础课改革、建立多维立体的创新创业教育课程体系、开展研讨式课程教学等多种举措，从理念、知识、能力、个性发展四个方面培养创新型人才。⑤

....

① 冯建军.课程范式的转换与创新人才的培养[J].内蒙古师大学报(哲学社会科学版)，2000(2)：66-73.

② 刘爱玉.高校创新人才培养与课程体系改革[J].河北科技大学学报(社会科学版)，2002(1)：76-78.

③ 蒋太岩.培养创造性人才应具备的基本条件与对策[J].中国高教研究，2000(4)：40-41.

④ 刘东平.试论创新人才的培养与课程改革[J].菏泽师专学报，2000(1)：69-71.

⑤ 陈晔，林铿.基于创新型人才培养的大学课程改革——以深圳大学为例[J].中国高校科技，2015(Z1)：134-136.

郝德永和赵颖认为，时代的变迁预示着社会各个领域运行机制的转型，教育作为由工业经济向知识经济转变的决定性因素之一，必须进行改革。而课程改革应成为教育改革的先导，其方向应是以培养学生的创新意识和创造能力为宗旨，课程的性质、结构、形态、方法等方面都必须进行根本性的改革，特别是要由"认同性"课程向"创造性"课程转变。因为以既定知识的复制、掌握为本位的"认同性"课程将失去现实性依据，而以培养学生的创新意识与创造能力为宗旨的"创造性"课程必将成为学校课程为迎接知识经济的挑战而进行改革的方向。知识生产效率的提高取决于个体对知识创新的意识与能力的提高，只认同而不求异，只接受而不创新，只满足于现状而不思进取，即使拥有再多的知识也难以提高知识的生产率。[①]

薛天祥等认为，创新人才培养的使命最终要靠"课程系统创新"的践履来达成，实施"课程系统创新"是实现创新人才培养的终极归途。基于我国高等教育现实状况，课程系统创新不能寄托于单纯的某一因素，而应是包括课程理念、课程内容、课程制度和课程技术在内的体系创新，多管齐下，全方位推进创新人才培养进程。具体来说，即奠定切合创新人才培养的思想观念，建构适切创新人才培养的材料内容，健全匹配创新人才培养的规章制度，创设适合创新人才培养的方法技术。[②]崔军认为，基于创新人才培养的大学课程改革的着力点应在于课程设置的优化性与课程内容的开放性、课程类型的多样性与课程选择的自主性、课程教学的研究性与课程评价的多元性等方面。要充分发挥教师对课程改革的推动作用，加强课程领导，为大学课程改革提供制度保障。[③]

郑确辉认为，目前我国高校的课程体系，尽管已经进行了多次的改革，并吸收了欧美的一些教育思想和教育科研成果，改革开放以后我国部分高校也开始采用选课制，但就整个课程体系而言，仍未摆脱苏联模式的影响。课程按

---

① 郝德永，赵颖.创新人才的培养与课程改革 [J].中国教育学刊，1999(1)：28-30.

② 薛天祥，周海涛.创新人才培养与课程系统创新 [J].现代大学教育，2001(1)：9-12.

③ 崔军.基于创新人才培养的大学课程改革：理念更新与思路选择 [J].中国大学教学，2009(4)：38-40.

学科领域的知识内容分类设置，强调本学科的完整性、理论叙述的详尽性、思想观点的统一性、结构体系的严密性、教材编写的规范性。这是一种凝固的、静态的课程，与教育创新和培养学生独立精神、创新能力、批判精神的要求不相适应，这主要表现在：(1)课程设置过于专门化，缺乏整体性；(2)课程实施以书本知识至上，缺乏质疑；(3)课程体系比较呆板，缺乏弹性；(4)课程改革缺乏教师的参与。①

潘红认为，在大众创业、全民创新的号角下，高校教学方式以及课程体系改革应该紧紧围绕培养大学生的创新思维和创新能力开展。高校必须对大学课程体系进行改革，实现优化升级，通过课程升级培养学生的创新思维，提高学生的创新能力，最终促进人才培养目标的真正实现。②

从培养创新型人才的角度来思考高校课程体系的改革和建设，应做好以下几点：(1)课程设置目的应从工具性向以学生为本转变；(2)课程内容应在重视预设的前提下也重视生成，以实现知识、能力和素质的协调发展；(3)教学过程要真正让学生成为主体，弱化教师权威，倡导启发式教学；(4)建立学校课程评审委员会，强化课程管理。③

孙湘海认为，培养创造性人才，应该开展创新能力培养为导向的高校课程考试改革。他通过对当前我国高校课程考试现状与弊端的分析，以及国外高等教育发达国家课程考试的优秀经验的借鉴与吸收，提出在树立培养创新型人才为目标的考试理念基础上，辅以相关部门的配套改革和互联网技术的充分运用，从而建立一种具有持续动态的教学反馈、多样化的考试方式、全面的考试内容，且有科学考核评价标准贯穿于整个教学过程的全过程考试。④

....

① 郑确辉.应对创新人才培养 完善高校课程体系 [J].中国高等教育，2008(20)：35-36.
② 潘红.基于创新人才培养的职业素养课程教学改革研究 [J].中国成人教育，2016(12)：91-93.
③ 郑确辉.应对创新人才培养，完善高校课程体系 [J].中国高等教育，2008(20)：35-36.
④ 孙湘海.创新能力培养为导向的高校课程考试改革探究 [J].当代教育论坛，2018(04)：115-121.

何勇等通过研究基于创新素养的学术性高中课程建设的特点及路径，发现，从课程与教学的过程维度，可见国内外学术性高中的课程理念、课程组织、教学方式、学习机制以及课程评价等要素的鲜明特色：以"人尽其才，创新发展"为课程理念，以"创新素养"的养成为中心组织课程，以"创意教学"策略和"学研小组双机制"实施课程，以学本评估促进学生的创造力开发。①

有些学者还结合具体的学科课程来探讨创造性人才培养的课程条件问题，如：史仪凯等以电工学课程体系为例，提出应以先进的教学理念和现代教育技术来构建培养创新人才课程教学新体系，并通过优化电工学课程体系、整合教学内容、改革教学手段与方法，以及加强实践性教学环节等措施，来培养学生的创新能力。②钱贵晴认为，科技教育课程是培养创新人才的重要保障③，基础教育中不同类型的科技教育课程对培养创新人才的贡献是不同的，教师只有从创新教育的大系统来了解各门科技教育课程的不同属性，了解其对创新教育的贡献，因课程属性施教，并通过各门课程的整合教学，才能最终培养出合格的创新人才。④郭跃进探讨了京剧表演实践型创新人才培养的课程设置问题，提出了设置五门一体的创编课程以启迪"京剧小剧目"创作思维、强化作品质量为主旨，从理论层次、文学改编、导演手法等多方面开拓创新意识，启发创作灵感，增强构思逻辑。⑤

贾义敏认为，在互联网时代，以免费、开放和共享为特征的开放教育资

① 何勇，陈民，许文学，黄甫全.基于创新素养的学术性高中课程建设特点及路径探析——以广州市执信中学"元培计划"为例[J].当代教育科学，2017(06)：38-42.

② 史仪凯等.构建培养创新人才课程教学新体系探索与实践[J].西北工业大学学报(社科版)，2008(1)：80-83.

③ 钱贵晴.基础教育中的科技创新教育(一)——科技教育课程是培养创新人才的重要保障[J].网络科技时代，2008(1)：30-33.

④ 钱贵晴.基础教育中的科技创新教育(二)——科技教育课程对培养创新人才的贡献[J].网络科技时代，2008(3)：15-18.

⑤ 郭跃进.京剧表演实践型创新人才培养与课程设置的思索[J].戏剧(中央戏剧学院学报)，2014(03)：5-13.

源为人们提供了高质量的学习资源和多样化的学习方式，促进了学科课程整合与学习者创造力的提升，还加快了知识的传播与创新，加深了学校教育与社会实践的深度融合，为创新人才的培养提供了崭新的路径。同时，开放教育资源也对创新人才培养提出了新的挑战。课程设置的特色与个性化、学习与教学模式的转变、学习评价与教学管理理念和机制的转变、教师职业身份的转变和学习者数字化学习能力的提升等都是学校教育应对挑战、深化创新人才培养实践的必由之路。[1]

围绕创客教育，很多学者在课程方面也做了很多研究。如陈刚等认为，要想真正让创客教育在基础教育中落地生根并惠及全体学生，创客教育课程化则是必由之路；创客课程应以培养学生"通过设计制造以解决问题"的核心素养为目标，定位于融合各学科的工程类综合实践活动课程；其课程内容不具有严格的学科规定性，而是随着创客实践活动的展开呈现出"生成性"特征；基于设计的学习是创客课程的基本学习方式；创客课程应围绕"经验单元"进行课程设计，适宜采用表现性评价作为课程评价方式。[2] 李建珍等认为，"创客教育"课程目标主要是培养学生在教育教学实践和研究中的创新能力；课程资源应遵循开放性、经济性、针对性及个性化原则进行开发与利用；课程活动应以项目为主要内容单元，可依据"学""做""创"的思路进行设计；课程评价应重视过程性和终结性评价的结合，重视评价主体和评价内容的多元化。[3]

围绕创新创业教育，有不少学者在课程方面也做了很多研究。如李姗霖等认为，很有必要针对研究生实施创新创业教育，但目前我国研究生创新创业教育存在课程体系建设不够完善，课程设计缺乏针对性，为进一步提高创新创业教育实效，在对研究生创新创业教育课程体系进行构建时，应在遵循创业过

---

[1] 贾义敏. 开放教育资源视域下的创新人才培养 [J]. 苏州大学学报 (教育科学版)，2017，5(02)：44-51.

[2] 陈刚，石晋阳. 创客教育的课程观 [J]. 中国电化教育，2016(11)：11-17.

[3] 李建珍，宗晓. 教育硕士 (现代教育技术) 专业学位研究生"创客教育"课程设计研究 [J]. 电化教育研究，2019，40(09)：122-128.

程一般规律、遵循不同学科差异性等原则基础上，将研究生创新创业教育课程体系设计为由创新创业精神培养、创业机会识别、新企业组建、企业组织与管理等四大核心模块组成的16门课程，同时要注意与现行的研究生培养方案相融合。① 仇存进认为，高校创新创业课程建设既是经济社会发展的客观要求，也是学校实现人才培养目标的迫切需要；高校开展双创教育，核心工作是建成科学合理的创新创业课程体系，应从目标体系、内容体系、评价体系三个方面来建设高校创新创业教育课程体系。②

1.3.1.4 关于教材条件

很多学者如高等教育出版社的李吉蓉③等都意识到，教材要适应培养高素质创新人才的需要，为此必须加强对教材的改革与建设，并就如何改革与建设问题进行了探索与研究。蒋太岩认为，在教材建设上，要适应创造教育的要求，改革不适应社会和生产科研现状的旧的教材。④ 金文织认为，教材改革有利于培养创新精神和实践能力，教材编写要与创新型人才的培养相适应，必须积极开拓创新型教材。创新型教材不仅指教材内容的更新，也包含教材体系、教材形式的更新。培养创新型人才的教材必须有利于引导学生创造性的学习和创造性的思维，培养学生的创新精神和创新能力。创新型教材起点要高，内容要新；创新型教材要有利于培养学生主动获取知识的能力；教材内容必须介绍知识创新点和创新的过程与思路；创新型教材应在形式上创新。⑤

吴平认为，创造性人才培养也对高校教材建设提出了更高的要求，要求教材具有前瞻性，要求采用、引进和吸收国外先进教材，要求教材与教育教

① 李姗霖，熊淯，吴亭燕，黄明东.研究生创新创业教育课程体系构建研究 [J].研究生教育研究，2017(04)：45-50.

② 仇存进.我国高校创新创业教育课程体系研究 [J].江苏高教，2018(11)：82-85.

③ 李吉蓉.教材要适应培养高素质创新人才的需要 [J].中国高等教育，1999(10)：25-26.

④ 蒋太岩.培养创造性人才应具备的基本条件与对策 [J].中国高教研究，2000(4)：40-41.

⑤ 金文织.创新人才的培养呼唤创新型教材 [J].大学出版，2001(2)：26-27.

学改革同步，要求教材具有个性化。① 罗芳认为，要培养创新人才，必须加强教材建设；高等教育的人才培养目标和模式是教材建设工作的出发点；高校教材建设要与教学改革和科学研究紧密结合起来，提高学校的学术水平；把提高教材质量作为教材建设的核心，为教学提供既有科学性、思想性和启发性，又有能反映当今国内外科学技术发展水平的适应素质教育、创新型人才培养的多层次的教材体系；教材建设目标一般每五年规划一次；教材建设的基本原则是突出重点、择优选用、不断更新；加强教材建设的组织领导、设立教材建设基金、推行竞争激励机制、为培养创新人才提供教材研究的平台等。②

庄寿强在论述创造性人才培养的三个基本条件之一——富有创造性的教材时指出，传统教育过于注重让学生接受教科书中的观点，而不管其观点是否正确，因而常会压抑学生的想象能力和创造性。创造教育对于各种教材应该有自己的要求，富有创造性的教材除应对基本概念和基本推导叙述清楚以外，还应该给学生留有思考的余地，以培养学生的独立思考能力和创造精神。③

还有一些学者结合具体的专业学科探讨了创造性人才培养与教材建设的关系，如周知结合影视专业，提出了"建设一部能够体现影视后期专业人才培养的应用型特色的实用的教材，是培养学生基本技能、创新能力、技术应用能力的重要手段"。④ 高燕认为，要培养出创新型人才，必须要将创新理念融入教材内容中，只有符合创新要求的教材内容，才能在教学过程中激发学生的创新能力，提高教学质量。⑤

关于创客教育教材方面的研究成果较少见，但一般认为，要开展创客教育，教材很关键。闫寒冰等认为，在"大众创业、万众创新"的大背景下，创

① 吴平.创造性人才培养与教材建设 [J].高等理科教育，2001（1）：65-67.

② 罗芳.加强教材建设，培养创新人才 [J].中国科技信息，2005（11）：175-177.

③ 庄寿强.普通行为创造学 [M].徐州：中国矿业大学出版社，2013，211.

④ 周知.浅谈高校影视后期教材建设与创新人才培养 [J].福建轻纺，2017（09）：39-42.

⑤ 高燕.以创新人才培养为驱动的信号与系统课程改革研究 [J].中国教育技术装备，2017（22）：115-117.

客教育被作为一种有助于培养学生创新精神与创造能力的重要教育模式引入到中小学教育之中；而作为这种教育模式重要载体的教材，则是彰显创客教育品质的重要标志；教材中所含纳和传递的教育理念与教学模式，将在很大程度上影响创客教育的人才培养实效；然而，目前我国创客教育的相关教材有较强的"技术本位"倾向，而在思维品质与创造能力的提升上均缺乏应有作为。① 单俊豪等发现，我国以"创客教育"为主题的中小学创客类教材虽多，但往往与创客教育的理念大相径庭，而且存在教学对象模糊、教学内容技术本位严重、教学活动单一等编写层面的问题，并提出应从教学目标、教学内容以及教材形态结构方面重新认识创客教材的研发新思路。②

关于创新创业教育教材方面的研究成果虽不多见，但都认同创新创业教育教材建设的重要性。牛杰研究发现，我国高校创新创业教育教材的编写主要呈现出了精品化、网络化和个性化的特征。③孙琳等提出，要构建体验式创新创业教育立体化新形态教材体系，以激发兴趣、引导学习、开展创新创业实训与实践，全面提升大学生创新创业素质与精神，强化大学生的创新思维和创业技能；创业教育成果的呈现形式不再拘泥于传统纸质书，而是以国家精品在线开放课程、数字课程、新形态教材形式出现，这将有助于开展以学生为中心的线上线下混合式教学的改革。④刘悦珍认为，高职院校创新创业教育通识课教材的编写应着力体现创新创业的时代特征，大力提倡创新意识、创造意识等，

① 闫寒冰，单俊豪.美国创客教育教材分析——以"Design and Discovery"为例 [J].中国电化教育，2017(05)：40-46.

② 单俊豪，李帅帅，袁淽.国内中小学创客教材编写现状研究 [J].上海教育科研，2018 (1)：84-87.

③ 牛杰.我国高校创新创业教育发展与教材编写探究 [J].创新创业理论研究与实践，2019，2(13)：92-93.

④ 孙琳，付冬娟.体验式创新创业教育立体化新形态教材的建设与研究 [J].创新与创业教育，2019，10(03)：19-23.

要牢牢抓住创新创业教育服务核心能力和核心素养的培养。[1]张治国等认为，土木工程专业教材编撰必须符合高校创新创业教育改革的要求，应基于大学生创新创业教育理念；教材内容要与时俱进，体现创新技能；教材出版要多样化，体现数字时代趣味性；教材要打破行业界限，体现跨学科、跨行业特点；以此激发大学生的创新思维和创新意识，提高大学生的创新创业实践能力。[2]

1.3.1.5 关于育人环境

冷余生认为，保障学术自由，这是创新人才成长的必备的社会环境条件。为此，不论是自然科学还是人文社会科学，只要不触犯国家法律，都不应人为地设置禁区；要真正落实"百家争鸣，百花齐放"的方针；要培养"不唯上，不唯书，不唯师，只唯实"的实事求是的学风。[3]韦巧燕强调，必须保障高校的学术自由，让学术自由之风浸润、感染、熏陶着学生的创新个性，培育其创新精神，同时让学生参与各种学术活动以开发其创造力，增强其创新能力。[4]周强等认为，培养创新人才，其前提条件是良好的育人环境，要从形成创新人才培养的教育观念和形成学术民主自由的空间两个方面来建设这种育人环境。[5]

赵卫新认为，充分的自由想象空间和充分的自由选择空间是培养学生创造性思维的必要条件。学生创造性思维的产生有赖于他们的心理自由。因此，必须建立民主、平等、亲密、和谐的师生关系，创设一种民主、宽松的学习环境，形成一种能使学生无忧无虑、全身心投入学习的课堂教学气氛，并让每个学生都有心理上的安全感，在没有精神压力的状态下开展认知活动。只有在这

---

① 刘悦珍.高职院校创新创业教育课程定位与教材体系建设研究[J].中国培训，2019（08）：58-60.

② 张治国，张成平，陈有亮.基于大学生创新创业教育理念的土木工程专业教材出版研究[J].出版广角，2019(04)：86-88.

③ 冷余生.论创新人才培养的意义与条件[J].高等教育研究，2000(1)：51-55.

④ 韦巧燕.论创新人才培养的条件[J].有色金属高教研究，2006(6)：69-71.

⑤ 周强、葛翠茹.论高校培养创新人才的条件建设[J].理论观察，2003(2)：45-46.

种气氛中从事创造性教学，学生的创新意识和创造性思维才能形成和发展。[1]
李娟认为，只有在学校和社会都为学生创设了适宜培养创新精神和创新能力的
创新环境，才能真正培养出我国社会主义建设所急需的创新人才。同时她提出
了校园创新环境建设的六条措施：(1)校领导要高度重视校园创新教育环境的建
设；(2)要创建一个合理的组织环境；(3)创新环境的建设要从课堂教学抓起；(4)
创新环境的建设离不开教材创新；(5)开展各种形式的创新活动是建设创新环境
的核心内容；(6)高水平的教师队伍是培养创新人才的关键。[2]王寿斌指出，一
种和谐协调的互助协作关系与争优比先的创新氛围是中小学校实施创新教育的
环境条件之一。[3]马少红认为，创造人才的成长是需要条件的，在共有的意义
上，和谐社会和人际协作秩序是必要条件，独立人格和传统文化底蕴是内在条
件，激励机制和营造良好氛围是外在条件。[4]

孙远认为，创新教育对教学环境有特殊的要求，教学环境包括物质环境
和精神环境两个方面。其中创新教育教学的物质环境主要是指学校的硬件建
设，它要求教学设施能对学生创新意识、创新能力的形成和发展产生积极的潜
移默化的影响；创新教育要求在教学中通过建立平等、民主、和谐的师生关
系，营造生动活泼的课堂气氛，以及给学生独处的时间和空间，来营造心理安
全、心理自由的精神环境。[5]白志红等认为，高校要实现培养大量的创新人才
的目标，首先必须要有一个有利于创新人才培养的发展环境；良好的人才环境
建设有利于人才的培养，良好的人才环境有利于人才从隐性人才向显性人才转
变；高校要培养创新人才，就必须同时建设好校园和社会的双重环境。[6]王瑞

[1] 赵卫新.实施创新教育应关注的几个基本条件[J].教育探索，2002(5)：17-18.

[2] 李娟.创新教育的必要条件：建设良好的校园创新环境[J].中国科教创新导刊，
2009(11)：12.

[3] 王寿斌.中小学校实施创新教育的环境与条件研究[J].基础教育研究，2000(5)：7-8.

[4] 马少红.论创新人才培养与成长的若干共有条件[J].思想教育研究，2005(11)：28-30.

[5] 孙远.创新教育教学条件探析[J].基础教育研究，2003(11)：7-8.

[6] 白志红，李喜景，白志群.高校创新人才培养的校内外环境建设研究[J].成才之路，
2015(27)：1-2.

等认为，当前高校内部逻辑和外部环境之间的失衡已经成为阻碍创新人才成长的桎梏；从高等教育生态学的视角出发，综合分析高等教育的内部逻辑体系，合理定位发展方向，积极营造生态环境，构建多元化的创新人才培养体系，是高等学校保障创新人才培养可持续性的必然选择。①

王蔚认为，创客教育是为解决中小学教育体制中创新能力培养不足而实施的一系列创新动手技能训练的综合课程，它需要实体、虚拟及虚实结合的学习环境，每种环境的建设具有不同的要求。②李先国等认为，在"互联网+"背景下，创客教育环境同时囊括物理空间和人际互联学习空间，在整个空间体系内，创客可自由分享与交流，还可协作共创创意创新产品；要促进创客教育的发展，就必须营造与之相匹配的环境，融合"互联网+"，共建众创教育空间；环境营造需从两方面着手：一是搭建远程在线互动平台，借助高新技术，如物联网、云计算等，搭建创客互动平台；二是搭建虚实结合的创客空间，为学生的实际操作提供支持，如智慧校园、仿真中心等。③而刘凌认为，创客教育要将创客理念融于教育，创设适宜儿童创新能力发展的环境，以自主探究与动手创作为核心，激发儿童的学习兴趣与想象力，培养提升儿童的动手、协作沟通与问题解决能力。学校在创客教育实施中的重要作用主要在于为儿童构建一个利于创造、创新的学习环境。④

开展创新创业教育需要良好的育人环境，这一点已是人们的共识。2015年《国务院办公厅关于深化高等学校创新创业教育改革的实施意见》（国办发〔2015〕36号）为全国高等学校创新创业教育的环境建设指明了方向，该文件明确指出："建好一批大学生校外创新创业实践基地、举办全国大学生创新创

① 王瑞，金祥雷.论高等教育生态学视域下的创新人才培养体系构建 [J].高教研究与实践，2014，33(04)：16-20.
② 王蔚.面向创客教育的学习环境构建研究 [J].江苏开放大学学报，2015，26(04)：55-60.
③ 李先国，易俊，孙美兰，周娟，王莉芬."互联网+"下高校创客教育生态环境构建路径研究 [J].长春教育学院学报，2019，35(02)：17-19.
④ 刘凌.儿童创客教育：构建一个创造的学习环境 [J].人民教育，2016(20)：58-59.

业大赛、设置合理的创新创业学分、为有意愿有潜质的学生制定创新创业能力培养计划、实施弹性学制、允许保留学籍休学创新创业等等。"[1] 余小茅深入分析了西部高校创新创业教育在物质环境、制度环境、心理环境和社会环境等方面存在的现实问题及其与东部高校的区域性差距，提出了加强西部高校创新创业教育这四个环境建设的对策与建议。[2] 徐占东等认为，评价创新创业教育环境应该从高校本身的内部环境与高校的外部环境两个方面着手，内部评价指标主要从"领导体制与工作机制、创业教学与理论研究、创业培训与基地建设、创业氛围与创业成效"几方面设置，外部评价指标主要从"政府创业政策促进、创业基金、创业市场环境、文化及社会环境、创业基础设施"几方面设置。[3]

1.3.1.6 关于教育教学模式

冷余生认为，要培养创造性人才必须根本改变现行的以单向灌输为主要特征的传统的教学模式。为此，应正确认识和处理六个关系，实现五个方面的转变。(1)在教学思想上正确认识和处理传承和创新的关系，使大学教学过程由单纯的学习过程转变为以学习为主、学习和发现相结合的过程；(2)在教育目标上正确认识和处理全面发展与创新人才培养的关系，克服片面发展和平均发展的倾向，确立以全面发展为基础，以培养创新精神和实践能力为重点的教育目标；(3)在教学内容上正确认识和处理科学的确定性和不确定性的关系，使教学内容从封闭的知识体系转变为开放的知识体系；(4)在教学方法上正确认识和处理讲授与自学、学习与科研的关系，使教学方法从以讲授为主转变为以自学为主，并使科研真正进入大学教学过程，以促进学生由学会学习到进入科研，由自学达到治学；(5)在教学管理上正确认识和处理统一要求与个性发展的关

---

① 国务院办公厅印发《关于深化高等学校创新创业教育改革的实施意见》[EB/OL]. http://politics.people.com.cn/n/2015/0513/c70731-26995630.html, 2020-03-24.

② 余小茅. 西部高校创新创业教育的环境建设 [J]. 教育研究，2018，39(05)：72-75.

③ 徐占东，梅强等. "双创"情境下高校创新创业教育环境评价研究 [J]. 技术经济与管理研究，2018(04)：38-42.

系，变刚性管理为弹性管理。[①]

韦巧燕指出，目前国内高校在人才培养方面存在着模式化倾向，在教学大纲、学制、课程安排和修习程序、学习评定方式等方面过分追求统一，这种缺乏特色的办学模式和人才培养方式，十分不利于创新人才的成长。为了加强创新人才的培养，必须根本改变我国现行的以单向灌输为主要特征，片面强调知识传承，不利于学生积极性、独立性、创造性发挥的传统的教学模式，努力探索新的教学模式，在教学思想上正确认识和处理传承和创新的关系，在教育目标上正确认识和处理全面发展与创新人才培养的关系，在教学内容上正确认识和处理科学的确定性和不确定性的关系，在教学方法上正确认识和处理讲授与自学、学习与科研的关系，在教学管理上正确认识和处理统一要求与个性发展的关系。[②]

周强等认为，培养创新人才，基础条件是建立新的教学模式，关键条件是教师素质转型；应从教学思想、教育目标、教学内容和方法等方面来建立这种新的教学模式。(1)在教学思想上变教学过程(学习过程)为以学为主，学习和发展相结合的过程；(2)在教育目标上应确立以全面发展为基础，以培养创新精神和实践能力为重点的教育目标；(3)在教学内容和方法上建立开放的知识体系和以自学为主，科研进入大学教学过程，使学生由自学达到治学。[③]周志红等认为，推进实施研究性教学模式，是高等教育质量工程的重要内容，是培养创新人才的重要举措和保障；培养创新人才要求我们转变教育教学理念，在课堂教学、习题、课程论文和实验等环节中推进实施研究性教学模式，大力营造有利于各种创新潜能竞相迸发的价值取向和文化环境；将传统的以知识传授为基础的教学转变为以知识探索为基础的教学，使学生由知识的接受者转变为知识的探究者，最终实现人才培养由"继承型"向"创新型"转变；教师则应从知识的传授者变为学生探索知识和发现知识的组织者、指导者、帮助者和促进

① 冷余生.论创新人才培养的意义与条件 [J].高等教育研究，2000(1)：51-55.

② 韦巧燕.论创新人才培养的条件 [J].有色金属高教研究，2006(6)：69-71.

③ 周强，葛翠茹.论高校培养创新人才的条件建设 [J].理论观察，2003(2)：45-46.

者；要建立平等的师生关系，师生共同探索、研究，做到教学相长。[①]

张丹宇提出了构建高校旅游管理专业应用型创新人才培养模式的思路：(1)树立创新思维教育的理念；(2)明确旅游管理专业人才培养目标；(3)制定以市场需求为导向的培养方案；(4)准确定位，分层次培养应用型创新人才；(5)突出应用型创新人才的课程设置体系；(6)正确引导学生，培养其专业认可度和创新能力；(7)加强旅游师资建设，实现教师队伍向"双师型"的转变。[②] 李娟等认为，军工高校承载着为军工行业培养创新型人才的重要责任和使命，军工高校的功能决定了军工高校必须适应军工行业发展的需要，积极推动军工行业创新型人才培养模式的创新，全面提高军工人才的创新能力，努力构建军工行业创新型人才培养的新模式。[③]

扎丽玛等分析了文化回应理念下的创客教学模式的特征、目标、结构，建构了文化回应理念下的创客教学模式的原型，并对模式进行具体化应用；认为该模式在微观层面为弱势文化群体的创新思维培养提供了解决方案，在宏观层面促进了教育的均衡发展，为创客教育的区域推进提供了新的路径。[④] 崔向平等构建了基于互联网的协作式开放在线教程COOC（Collaborative Open Online Course）平台的创客教育模式，认为，基于COOC平台的创客教育模式对学习者创客作品的制作、创新意识的加强、创新思维的发展和创新技能的提高等方面均有积极影响。[⑤]

汪发亮研究了高职院校创新创业教育实践模式，认为，高职院校可确立

① 周志红，费庆国，韩晓林.实施研究性教学，培养创新人才 [J].江苏高教，2012(06)：87-88.

② 张丹宇.高校旅游管理专业应用型创新人才培养模式 [J].学术探索，2015(02)：73-77.

③ 李娟，高伟.军工高校创新型人才培养模式探析 [J].教育与职业，2013(03)：33-34.

④ 扎丽玛，张际平.文化回应教育理念下的创客教学模式建构 [J].中国电化教育，2019(06)：102-107.

⑤ 崔向平，赵冲，陆禹文.基于COOC平台的创客教育模式构建与应用 [J].现代教育技术，2019，29(02)：113-120.

理论研究与实践教学相结合、机制保障与管理运行相结合、素质教育和能力提升相结合的认识基础，通过教育目标、课程内容、实践平台和激励功能四方面构建创新创业实践框架，基于课程体系、组织管理、物质与制度保障、师资团队对创新创业教育予以有效保障落实。① 尹国俊等构建了基于师生共创的创新创业教育双螺旋模式，认为，在大学生创新创业能力培养中，创新创业精神、创新创业素质、创新创业理论、创新创业技能的教学是一个渐进式的知识系统，构成知识链；科技创新活动、创客社团活动、创新创业模拟实训、创新创业实战体验则是阶梯式的实践环节，形成实践链。二者相辅相成，缺一不可。在师生交流与互动的基础上，通过搭建项目引领、资源汇聚、课程学习、创业育成四大平台，链接创新创业教育的知识链和实践链，构建了大学生创新创业教育良性互动的微生态循环系统。② 吴伯志等构建了"三融合、五驱动"创新创业教育模式，三融合是指：(1)课内与课外融合，构建全学程创新创业人才培养体系；(2)教学与科研融合，将科研资源转化为教学资源；(3)校内与校外融合，拓展办学空间。五驱动是指：(1)以创新创业理念驱动教学改革；(2)以高原特色产业驱动学校特色创业；(3)以创业平台建设驱动创新成果转化；(4)以创新创业成果驱动精准扶贫；(5)以基层创业驱动地方发展。③

1.3.1.7　关于方法途径

周强、孙秀莲等提出，改革教学方法是培养创新人才的必然要求。④ 赵卫新认为，创新型教学方法是在实施创新教育中应关注的几个基本条件之一；他

---

① 汪发亮.高职院校创新创业教育实践模式研究 [J].湖南科技大学学报 (社会科学版)，2020，23(01)：115-120.

② 尹国俊，都红雯，朱玉红.基于师生共创的创新创业教育双螺旋模式构建——以浙江大学为例 [J].高等教育研究，2019，40(08)：77-87.

③ 吴伯志，唐滢，葛长荣等."三融合、五驱动"创新创业教育模式建构与探索 [J].中国高等教育，2017(18)：48-50.

④ 孙秀莲.对当代大学生实施创新教育的基础与条件 [J].齐齐哈尔大学学报 (社科版)，2000(5)：106-108.

提出要探索创新型的教学方法，特别强调要采用开放式的教学，认为只有开放式教学方法才为学生打开了充分的自由想象的空间，才有助于培养学生的创新意识。[①] 孙远还从教学途径和教学方法两个方面对创新教育的教学条件进行了探析。他认为，教学中，主要通过进行学科渗透、开设专门的创造心理素质训练课、开展创造实践活动这三条途径来进行创新教育；创新教育的教学方法方面应根据具体情况恰当地选择诸如"问题——讨论教学法""启发引导法""发散教学法"等特殊的教学方法，以利于培养创造心理素质。[②] 王德中等研究陶行知的创造教育思想后得出：(1)必须实行因材施教，这一重要方法是落实创新教育应当有四个必要条件之一；(2)创新教育之所以必须实行因材施教，是因为人们"各有所好"，存在着能力、需要、兴趣等方面的差异；(3)实行因材施教是尊重学生、了解学生、量力而教、因势利导。[③]

孙杰等提出了教学服务型高校创新人才培养的途径：(1)打基础，构建创新人才培养基础教育模式。包括：发展"创新文化"，加强创新人才的精神的培育；开设"创新学分"，加强创新人才知识的教育。(2)建基地，以服务社会为目标培养应用型创新人才。包括：促进"创新训练"，建设创新人才培养基地；实施"创新实战"，建设校企合作应用型创新人才实训基地。(3)设基金，建立创新人才培养的激励机制。包括：扶持"创新人才"，设立创新人才项目资助基金；转化"创新成果"，设立创新人才成果的转化基金。[④] 张姿炎认为，大学生学科竞赛是培养和提高学生创新能力和实践能力的重要载体，具有常规教学不可及的特殊的创新教育功能，对优化人才培养过程和提高教育质量有着独特的不可替代的作用；结合学科竞赛特点及对创新人才培养的作用，可从完善组

① 赵卫新.实施创新教育应关注的几个基本条件 [J].教育探索，2002(5)：17-18.

② 孙远.创新教育教学条件探析 [J].基础教育研究，2003(11)：7-8.

③ 王德中，钱惠英.落实创新教育应有的四个必要条件——陶行知创造教育思想给我们的启示 [J].职教通讯，2001(12)：8-10.

④ 孙杰，古江波.教学服务型高校创新人才培养途径研究 [J].学校党建与思想教育，2014(10)：78-79.

织机构、建立激励机制、完善硬件建设、建立创新基地、加强队伍建设、注重梯队培养、建立联动机制、深化教学改革等途径来促进创新人才培养。[①]

吴昊针对现阶段我国高校创新创业教育中存在的问题，提出高校开展创新创业教育的有效途径是：对高校创新创业教育准确定位、建设高校创新创业教育基地、完善高校创新创业课程体系、提高大学毕业生综合能力、建设高校创新创业教育师资等。[②]

1.3.1.8　关于其他条件

其他条件主要表现在评价体系、激励机制和物质条件等几个方面。如赵卫新认为，与创新教育相适应的创新评价体系是在实施创新教育中应关注的几个基本条件之一，创新型的教学评估体系决定了学校管理、教师集体、学生集体和学校环境布置的创新性，而这些因素对学生创新能力的发展具有重要的影响，因此，必须构建创新型的教学评估体系。[③]徐保军认为，培养学生的创新能力是思想政治理论课的教学目的之一，创新能力考核是检验这一目的实现程度的关键环节，为此，需要构建科学的考试与评价体系。[④]

王寿斌指出，中小学校实施创新教育的条件至少应该包括：一整套与现代创新教育需求相适应的先进、配套的办学条件；一套充分体现创新的科学的素质教育评估体系与有效的激励机制。[⑤]周强等认为，培养创新人才，其保障条件是建立有效的激励机制；其中有效激励机制的建立，应从三个方面来进行：(1)实行适应创新人才培养的学分制度，建立因材施教和竞争淘汰机制；(2)建立学生个人综合奖和单项奖的奖励制度，并与奖学金挂钩；(3)建立有效的教

① 张姿炎.大学生学科竞赛与创新人才培养途径 [J].现代教育管理，2014(03)：61-65.

② 吴昊.高校创新创业教育的方法及途径 [J].高教学刊，2016(18)：9-10.

③ 赵卫新.实施创新教育应关注的几个基本条件 [J].教育探索，2002(5)：17-18.

④ 徐保军.创新人才培养模式下思想政治理论课考试与评价研究 [J].当代教育理论与实践，2017，9(02)：85-89.

⑤ 王寿斌.中小学校实施创新教育的环境与条件研究 [J].基础教育研究，2000(5)：7-8.

师激励机制。① 马少红认为，创造人才的成长是需要条件的，其中激励机制和营造良好氛围是外在条件。② 钱江飞认为，高校建设创新人才培养激励保障平台是非常重要的，激励保障平台的建设能够有效促进高校师生内在创新潜能的挖掘和激发，激励保障平台的缺失制约着创新人才培养的质量。③

孙东辉认为，目前高校教学管理体制还存在一些不利于创新人才培养的弊端，为此，须立足于培养创新型人才，加强革弊创新，积极构建适合培养创新型人才的高校教学管理体制。④ 钱宇光认为，拔尖创新人才的发现、培养和管理是一项复杂的社会系统工程，教务管理部门作为高校教学管理中的关键部门，必须营造鼓励创新创业的宽松环境以及一系列完善的拔尖创新人才培养机制，遵循人才培养规律，制定科学有效的教学管理制度，通过不断创新高校教务管理模式和增强教务管理部门的服务意识，促进高校拔尖创新人才培养，全面提高高等教育质量。⑤

韦巧燕认为，为了实现创新人才培养目标，政府一要加大投入，保证高校自治的物质基础，满足国家对创新人才需求的必要条件，使高校集中精力于科技创新和创新人才的培养；二要减少行政干预，给高校以充分的自主权，充分调动高校的积极性和能动性，让其在经费使用、教师聘用、招生考试、课程设置等方面有充分的自主权，有发挥创造性的空间。⑥

---

① 周强，葛翠茹.论高校培养创新人才的条件建设 [J].理论观察，2003(2)：45-46.

② 马少红.论创新人才培养与成长的若干共有条件 [J].思想教育研究，2005(11)：28-30.

③ 钱江飞.高校创新人才培养激励保障平台建设的实践探索——以大学生思想政治教育为视角 [J].兰州教育学院学报，2014，30(10)：73-74.

④ 孙东辉.创新人才培养理念下的高校教学管理体制创新 [J].中国成人教育，2015(14)：41-42.

⑤ 钱宇光.增强高校管理服务意识 培养拔尖创新人才 [J].中国成人教育，2016(15)：55-58.

⑥ 韦巧燕.论创新人才培养的条件 [J].有色金属高教研究，2006(6)：69-71.

1.3.1.9 关于课程资源

课程资源是教育资源的一部分，国内外很多学者围绕着课程资源的界定和类别问题进行了探索与研究，国外颇有代表性的学者是美国教育家拉尔夫·泰勒等[1]，国内学者主要有范蔚[2]、徐继存[3]、范兆雄[4,5]、吴刚平[6,7,8]等，他们分别提出了各自的课程资源界定观，而且都是以一定的教育理论为依据的，各有一定的价值取向，且从某种角度揭示了课程资源的本质，为我们认识创造性课程资源提供了有益的参考。

围绕着创造性人才培养的课程资源问题，也有一些学者进行了探索与研究，并提出了一些颇有见地的观点。如：史文婷等认为，国家精品课程建设以促进优质教育资源共享为目的，最终指向高素质创新人才的培养，国家精品课程资源建设是课程平台得以促进创新人才培养的基础。[9] 杨现民等认为，整体来看，高质量创客课程资源的建设问题，是仍处于初级发展阶段的我国创客教育目前面临的现实挑战之一。[10] 姬申晓认为，创新创业教育课程资源开发是确保高等教育人才践行创新创业教育的基础，也是支撑高校创新创业教育可持续发展的必要条件；新时期须按照资源关系型构建、资源课程式转化、资源全面

---

① Aoich Lewyed.The International Encyclopedia of Curriculum Oxford[M]:Pergamon Press,1991:56.

② 范蔚 . 实施综合实践活动对课程资源的开发利用 [J]. 教育科学研究，2002(3):32-34.

③ 徐继存，段兆兵，陈琼 . 论课程资源及其开发与利用 [J]. 学科教育，2002(20):l-5.

④ 范兆雄 . 课程资源系统分析 [J]. 西北师范大学学报 (社会科学版)，2002(3):101-105.

⑤ 范兆雄 . 课程资源概论 [M]. 北京 : 中国社会科学出版社，2002:2.

⑥ 吴刚平 . 课程资源的开发与利用 [J]. 全球教育展望，2001(8):24-30.

⑦ 吴刚平，樊莹 . 课程资源建设中的几个认识问题 [J]. 教育理论与实践，2001,21(7):40-42.

⑧ 吴刚平 . 课程资源的分类及其意义 (一) [J]. 新理念，2002(9):4.

⑨ 史文婷，余武 . 基于创新人才培养的国家精品课程资源平台建设 [J]. 中国教育信息化，2013(05):20-23.

⑩ 杨现民，赵鑫硕，陈世超 . "互联网 +" 时代数字教育资源的建设与发展 [J]. 中国电化教育，2017(10):51-59.

性整合等三个步骤来开发高校创新创业教育资源。[①]

1.3.2 国外文献综述

迄今为止，国外直接以创造性人才培养的教育资源条件为主题，开展专门研究的有关著作与论文非常少见，但不能由此否定国外在创造性人才培养的教育资源条件方面所做的研究工作。笔者在此主要介绍一些教育、科技比较发达的国家在培养创造性人才的过程中，涉及教育资源条件方面的一些措施和研究情况。

1.3.2.1 美国

1941年，美国 BBDO 广告公司经理奥斯本出版了《思考的方法》一书，提出了"智力激励法"。该书出版后，立即引起了人们对于创造的极大兴趣，和对创造性人才及其培养的思考与研究。人们很快认识到，要培养创造性人才，相应的课程是必须具备的资源条件。美国的麻省理工学院率先将创造学列入大学教学内容，即在1948年开设了"创造性开发"课程。美国加利福尼亚大学心理学家吉尔福特（J.P.Guilford）于1950年任美国心理学会主席时，发表的就职讲话题目是《创造力》，这在世界范围产生了很大影响，从而大大推进了创造学发展。1953年，奥斯本又出版了《创造性想象》一书，该书共发行了1.2亿册，先后被译成20多种文字，从而使人们对于"创造性研究"更加关注。20世纪60年代以来，美国形成了十几个创造学研究中心。截至1979年，美国已有53所大学和10个研究所设立了专门的创造学研究机构，有力地促进了创造学的发展。

在这样的背景下，美国的大学采取多种措施开拓学生的创造性思维、创新精神，并使学生的创造性设计得以实现。哈佛大学前校长陆登庭提出："在迈向新世纪的过程中，一种最好的教育就是有利于人们具有创新性，使人们变得更善于思考，更有追求的理想和洞察力，成为更完善、更成功的人。"哈佛

[①] 姬申晓 . 新时期高校创新创业教育课程资源开发研究 [J]. 河北农业大学学报 (农林教育版)，2018，20(06):60-63.

大学主要是从构建课程体系入手，对学生开展通识教育，设立核心课程，促进学生知识的综合化①②，其核心课程的设置成为美国高校的课程设置模式。美国几乎所有的大学都开设了有关创造性训练课程，有的专门讲授各种创造技法，有的则同专业课相结合，采用创造力训练方法改造原有的课程安排。在教学方法方面，文献③④⑤介绍了美国研究型大学基于研究的研讨班教学模式，不仅要求教师要创造性地开发课程，也要求学生独立地思考和批判性地看待问题，并认为这是大学创造力的核心⑥。麻省理工学院重视一年级新生的探究式教学，将理论教学与实践探索、课内与课外密切结合，有效训练新生的学习方法⑦。据报道，20世纪80年代美国就已经有航空学、农学、建筑学、企业管理、化学、英语、工业工程、地理学、物理学、新闻学、销售学、体育学和教育学等20多个专业采用了创造力开发的原则和方法进行教学。1967年，美国纽约州州立布法罗学院为研究生开设了创造学课程。1974年，创造学已成为本科生课程。1990年，美国召开了全国高校第一届创造力会议，会上有人收集并研究了61所高校的67个创造课程教学大纲。

同时，人们还意识到，经费是培养创造性人才必须具备的财力资源条件。1954年，奥斯本发起成立了"创造教育基金会"（CEF），旨在促进教育界开展

① University of California, Berkeley. Genercatalog 2005-2007.38.

② Harvard. Committee on General Education. Harvard College Curricular Review: Report of the Committee on General Education, November, 2005:9-10,17.

③ Levine A. A Handbook on Undergraduate Curriculum[M]. San Fransisco: Jossy Bass Publisher, 1978:11.

④ Professional School Seminar Program[EB/OL].http://www.college.ecla.edu/up pssp.2004-04-12/2020-04-10.

⑤ Freshman & Sophomore Seminars at Berkeley[EB/OL].http.//fss.Berkeley.edu/index.html,2002-09-04/2004-05-04.

⑥ Levine, Arthur, John Weingart. Reform of Undergraduate Education[M] San Fracisco:Jossey-Bass, 1973:29-30.

⑦ 转引自：王秀梅.工科高校创新人才培养及评价研究 [D].2008: 2.

创造教育，以培养创造性人才。不只是政府，企业界也投入了大量的经费用于创造性人才的培养，如美国通用电气公司、IBM 公司、美国无线电公司等。

在创造性人才培养的机构条件上，不只是学校(特别是高校)的院系，而且在企业如美国通用电气公司、IBM 公司、美国无线电公司、道氏化学公司、通用汽车公司等均设立了各自的创造能力训练部门，当然这些公司的目的在于保证他们公司自身能够一直富有旺盛的创造能力。

要培养创造性人才，必须要有一个良好的学术氛围。美国还特别重视营造一种有利于自由探究、有利于学术交流、能够激发人们全身心投入学术乃至献身学术事业的环境。"大学之所以有理由存在，是因为它使老少两代人在富有想象力的学习中，保持了知识和生活热情之间的联系。"美国学者怀特海的这句话在某种意义上也可以视为对西方大学特有的办学氛围的一种评价。可以说，学术自由、学科交叉、献身学术，是有利于创造性人才培养的学术氛围的基本特点。

普林斯顿大学以杰出人才辈出而著称，同时也以特有的崇尚自由交流的学术氛围而被广为称道。该校规定，如果学生发现本院系的课程教学或研究课题不能满足自己的需要，则可以提出自己的学习方向，这类学生必须获得至少2名不同院系教师的支持，后者自然成为他们的指导教师。该校的学术沙龙更以自由和富有创造性而享誉世界。从诺贝尔奖获得者到普通教师乃至博士生，都可以在这里发表和聆听各种见解。很多日后具有世界性影响的新思想新理论，都发端于此。

美国的创新创业教育起步较早，美国在小学、中学、高中、大学各个阶段都进行创新创业教育，政府、社会、学校和非政府组织共同营造创新创业环境和氛围，各种公益性机构、基金会、非营利性机构、天使投资联盟、风险投资公司、创新中心、创客空间、创业者网络等一应俱全，为各类创业者提供了完善的资金和条件支持。美国建立了高度完善的创新创业教育体系，具备全民创新创业的氛围、条件和环境，政府、社会为创新创业者提供了完善的政策、资金和平台的支撑。[①] 高校非常重视创新创业教育及其研究，不断探索创新创业教育的新方式。刘荣研究总结了美国哈佛大学、美国斯坦福大学的创新创业教育，他发现，哈佛大学创新创业教育的特点是：课程内容开设紧密结合商业实践，教学过程中注重"案例教学法"的运用；斯坦福大学创新创业教育的特点：一是教师主动参与创新创业教育，二是制度建设上鼓励师生创新创业。[②] 包水梅、杨冬深入分析了麻省理工学院、斯坦福大学和百森商学院等案例后发现，美国高校创新创业教育源自注重效益的实用主义传统，历经起步期、发展期、成熟期三个主要发展阶段，现已呈现出六大特征：视创新创业教育为素质教育的目标定位、趋于专门化的创新创业教育管理、专兼职相结合的创新创业师资队伍、跨学科创新创业课程群的课程构建原则、以创新创业活动为主的第二课堂教育形式、高校主导下的大学与企业及政府相结合的保障机制。[③] 从这些研究中可以看出，美国也是非常重视创新创业教育的资源条件问题。

2005年美国知名的《创客杂志》(*Maker Magazine*)发起了"创客行动"(Maker Movement)[④]，2014年6月18日，美国举办了第一届白宫创客大会，并把该日设定为"国家创造日"。2015年6月，美国举办了为期一周(12~18日)的第二届白宫创客大会，并把该周设定为"国家创造周"，号召全美"每个企业、每所大学、每个社区、每位公民都加入支持全美各地民众成为创造者的行列中来"[⑤]。这些措施有力地推动了美国创客行动(Maker Movement)的迅速发展，越来越多的

① 刘志军，郝杰. 美国创新创业教育体系的建设与实施 [J]. 中国大学教学，2016(10)：43-47.

② 刘荣. 美日大学创新创业教育的特点及启示 [J]. 学校党建与思想教育，2017(03)：94-96.

③ 包水梅，杨冬. 美国高校创新创业教育发展的基本特征及其启示——以麻省理工学院、斯坦福大学、百森商学院为例 [J]. 高教探索，2016(11)：62-70.

④ The Maker Movement: Tangible Goods Emerge From Ones and Zeros[EB/OL]. https://www.wired.com/2013/04/makermovement/, 2020-03-22.

⑤ The US. White House, 2015.

高校愈加重视创客教育（ Maker Education ）[1][2]，并把创客教育作为培养学生创造与创新能力以及创业就业能力的重要途径；他们在意识层面积极响应全美创客行动，充分重视创客教育在高等教育中的价值；在规划层面注重对学校开展创客教育的整体设计，充分关注与社区创客教育的联动；在实践层面着力打造优质的创客空间提供创客教育环境，灵活选择适切的创客教育实施方式。[3]

闫寒冰、单俊豪等以"Design and Discovery"为例，对美国创客教育教材从教学目标、教学内容、教学方法、教学活动四个维度进行了定量与定性相结合的分析，得出该教材具有教学目标多元化、注重能力导向，教学内容实用化、注重创客原生领域的知识挖掘，教学活动多样化、关注创客常态化的运作模式，采用基于项目的学习与基于设计的教学方法，聚焦学生过程性知识习得四个层面的分析结论，这个结论从某种程度上反映了美国创客教育教材的研究情况。[4]

在创客资源建设方面，高校作为主导力量，建设了大量知名的创客空间。图书馆作为学校和当地社区居民的公共空间受到了广大创客的欢迎，成为高校创客空间建设的主要场所，比如内华达大学基于图书馆建成的创客空间被美国《创客杂志》评为最有趣的创客空间[5]。此外，美国社会上还建立了许多以营利为目的的创客空间，如连锁式的创客空间 TechShop、美国东部地区最大的创

① Allison Kaplan. The Maker Movement Goes to College[EB/OL]. http://mspmag.com/shop-and-style/swag/the-maker-movement-goes-to-college/ 2017-11-14/2020-03-22.

② Stephanie santoso. Higher Education Institutions Respond to the President's Call to Support Making on College Campuses[EB/OL]. https://obamawhitehouse.archives.gov/blog/2014/12/10/higher-education-institutions-respond- president-s-call-support-making-college-campus, 2020-03-22.

③ 郑燕林 . 美国高校实施创客教育的路径分析 [J]. 开放教育研究，2015，21（03）：21-29.

④ 闫寒冰，单俊豪 . 美国创客教育教材分析——以"Design and Discovery"为例 [J]. 中国电化教育，2017（05）：40-46.

⑤ Educause. The case for a Campus Makerspace[EB/OL]. https://events.educause.edu/eli/annual-meeting/2013/proceedings/the-case-for-a-campus-makerspace, 2020-03-21.

客空间 Artisan's Asylum 和硅谷地区最著名的创客空间 Hacker Dojo 等。与此同时，很多高校和部分社区创客空间还开发了系列的创客课程，比如2014年秋季，卡内基梅隆大学开设了30门跨学科的创客教育课程，学生可以自由选修；麻省理工学院为研究生开设了"如何制作"（How To Make Anything）创客课程，融合了14个专业的课程内容。① 卡斯顿州立大学、芝加哥艺术学院以及伊利诺伊州立大学等高校在设计学、工程学和艺术学等学科，建设了丰富的创客课程资源，既优化了常规课堂教学效果，又培养了学生的创新创造能力。②

1.3.2.2　日本

在日本，人们已普遍认识到，培养创造性人才必须具备一定的教育资源条件，其中倍受重视的主要体现在教师、环境、课程与教学这几个方面。

关于教师资源条件，他们认为，要培养有创造性的学生，就应当有一批创造性的教师，教师不应当只是"贩卖知识的贩子"。因此特别重视教师创造力的培养。

在创造性人才培养的环境条件方面，既重视学校环境又重视社会环境。强调要营造有利于创造性人才培养的学校环境，尤其是重视"软环境"的建设。在社会环境方面，主要表现在这几个方面：(1)政府高度重视，营造政策环境。日本政府认为，为了振兴国家，必须立足于本国，必须依靠开发本国国民的智慧和创造力。20世纪80年代，日本把发展独创的新的科学技术视为一项国策，把提高人们的创造力作为通向21世纪的道路。(2)企业培训职工，开展设想运动。日本创造学家高桥诚1983年的调查资料表明，当时日本有40%的企业已实施开发职工创造力的创造教育。日本许多企业都把职工的创造性设想和发明专利看作该企业的重要实力和无形资产。(3)电视媒体重视，设立专题节目。

---

① How to Make (Almost) Anything[EB/OL]. https://ocw.mit.edu/courses/media-arts-and-sciences/mas-863-how-to-make-almost-anything-fall-2002/index.htm

② Educause. Making Way for Maker Culture[EB/OL]. http://er.educause. edu/articles/2014/3/making-way-for-maker- culture, 2020-03-22.

为了广泛发动和推进发明设想运动，早在1981年10月，日本东京电视台就开始创办发明设想专题节目，由此便引起了全国的发明设想热。(4)文化出新招，设立发明节。日本把每年的4月18日定为"发明节"，在这一天要举行表彰和纪念成绩卓著的发明家的活动。

此外，日本特别强调要充实和改革学校的课程与教学，着力培养学生的思维能力，使之成为培养创造力的主要途径。

日本也在积极推进创客教育，日本教育部首先给全国中小学下了个指令——设定一个 STEAM 教育目标，再围绕 STEAM 教育目标的达成，通过改造传统教育来开展创客教育；① 其次要求各个学校修改课程教学大纲以增强科学教育、加快 STEAM 教育的教师队伍建设、设立 STEAM 精英教育专项基金、鼓励女性投身于 STEAM 教育。同时，日本还通过开展机器人教育这个重要手段来发展创客教育。日本在小学阶段就开设了机器人相关内容的课程，大学设置机器人相关专业，并且还设立机器人研究协会，定期举办各种机器人比赛和活动，鼓励和促进机器人产业的全方位发展。日本创客教育的特点是倾向于传统教育的创新以及国际合作，注重机器人教育从娃娃抓起。②

日本高校创新创业教育非常注重各种资源特别是产业界资源的密切配合，由此为高校创新创业教育创设了良好的教育资源条件，形成了社会参与下的高校创新创业教育发展模式。一方面，日本的很多企业主动面向高校创新创业教育提供实习培训基地，为有发展潜力的大学生创业项目提供风险投资；另一方面，高校依托自身的科研优势与科研项目，积极与地方企业开展合作，在技术与创新方面为当地企业提供支持与帮助，进而达到高校与地方经济互动发展的目标。③ 朱文玉发现，日本为了大力培养高校学生的创新创业意识，提高其创

---

① 国外的创客教育是怎么玩的？[EB/OL]. https://www.sohu.com/a/243699267_100134151, 2018-07-27/2020-03-22.

② 科睿机器人教育.世界各地创客教育都发展到什么程度了？来看这份汇总！[EB/OL]. https://www.douban.com/note/610252735/, 2017-03-10/2020-03-22.

③ 刘荣.美日大学创新创业教育的特点及启示 [J]. 学校党建与思想教育，2017(03)：94-96.

新创业能力,通过各具特色的宣传和普及措施,建立了产学官联合、依托创新创业社团、讲座和短期课程、实习制度等高校创新创业教育模式。[①]

1.3.2.3 苏联与俄罗斯

关于创造性人才培养的教育资源条件,苏联在规章制度与政策环境、办学机构条件和课程资源条件三个方面特别重视,并有突出的表现。

在政策环境条件方面,无论是宏观的还是微观的,在各个层面上重视和创设有利于创造性人才培养的政策环境条件。苏联政府十分重视国民创造力的开发,并把其载入了苏联宪法之中。对高等学校培养目标也做过相应的调整,如1972年苏联提出了"高等学校着重培养知识面较宽的专门人才"这一方针,以满足经济建设的要求;到1982年,苏联把高等学校的培养目标修改为:"改善未来专家的实践能力的培养,发展他们的创造力。"苏联在设计部门还设立了"发明工程师"岗位,明确规定所配备的设计工程师和发明工程师的比例为7:1,同时规定凡担任经济和科技领导职务者必须先获得发明教育文凭。阿塞拜疆创办的发明创造大学要求每个学生都必须写出具有发明水平的创造性论文才能通过毕业答辩。这些规定必然导致学生在学校要学到一些有关创造学的知识。

在办学机构条件方面,体现了培养创造性人才的专门性。早在1958年,苏联就在拉脱维亚建立了人民技术创造学校,从20世纪60年代起建立了各种形式的创造发明学校,截至1978年,已在莫斯科、列宁格勒、巴库等80多个城市建立了约100所发明创造学校,其中最突出的是1971年在阿塞拜疆创办的世界上第一所发明创造大学,该校的任务是训练学生具备解决各种发明创造性课题的能力,培养具备各种发明创造才能的发明者。很多大学均设有"大学生设计局"和各种专业化的大学生科技联合组织,为大学生的创造力开发提供有利条件。据报道,1985年,苏联就有437所高校建立了大学生设计局,参加的学生达10万多人。

----

① 朱文玉,李汝敏.日本高校创新创业教育及对我国的启示 [J].教育探索,2018(04):121-125.

在课程资源条件方面，主要是研究并开设了创造性课程。苏联的科学研究机构和大学也十分重视创造力的开发及研究。如苏联著名创造学家、发明家阿里特舒列尔（Г.С.АЛьтшуЛЛер）于1979年出版了《创造是一门精密的科学》，并提出了独特的解决发明课题的方法：物场分析法和解决发明课题程序大纲（大纲含有40个基本措施、10个标准做法以及物理效应与现象运用表等）。20世纪70年代末到80年代初，苏联出版了《发明家用创造学原理》《发明创造心理学》等一批创造学专著。这些成果成为重要的创造性课程资源。同时，一些大学开设了"科学研究原理""技术创造原理"等课程，以培养学生的科学意识和创造精神。早在1958年苏联就在拉脱维亚人民技术创造学校开始讲授发明创造的理论和技法。最突出的是1971年在阿塞拜疆创办的世界上第一所发明创造大学，开设了专利学、发明学、预测学、信息学、发明史和创造心理学等课程。

重视创造性人才培养条件的研究与创设，苏联迎来了创造教育的可喜局面。1982年参加大学生科研活动的人数超过了260万，占全日制高校总人数的85%，单是指导科研活动的教师和研究人员就有33.4万之多。据统计，在第十个五年计划(1976—1980)期间，大学生发表论文达10万余篇，获得创造证书8 774份，由大学生参加完成的、在生产中得到推广应用的科研项目达7.7万项，有51.8万件毕业设计和毕业论文已被专家教授推荐采用。

苏联解体后，虽然俄罗斯继承了苏联的大部分遗产，但经济衰退，危机四伏。俄罗斯决定实行国家战略转变，转变资源型经济发展方式，发展创新型经济，建设创新型国家。为此，加强教育改革，将创新人才培养纳入教育现代化的目标体系，大力支持建设创新型大学，加强"科教一体化"等。[①] 俄罗斯为加强研究生培养内容的现代化和组织的科学化，各高校实施的研究生创新教育内容主要包含课程体系创新、创业技能创新、硕博衔接创新、培养机构创新等

---

① 李雅君，嘉莉娜·谢尔盖耶夫娜·科瓦廖娃，王建国.俄罗斯创新人才培养的背景与实施策略 [J].现代教育管理，2013(05)：115-119.

方面。① 郜红晶比较系统地总结出俄罗斯创新型大学人才培养的六个特点：完善的政策支撑、足够的经费资助、完备的创新基础设施、丰富多彩的创新活动、先进的教师培训制度、多样化的国际合作与交流活动。② 从这些特点中可以看出，俄罗斯的创新型大学非常重视教育资源条件的建设。

1.3.2.4 其他国家和地区

世界上不只是上述几个国家重视创造性人才培养条件的研究与创设，其他如英国、法国、加拿大、意大利、韩国、澳大利亚、荷兰、印度、罗马尼亚、西班牙、泰国、墨西哥、新西兰、巴西、委内瑞拉等几十个国家和我国的香港、台湾地区也很重视，并且卓有成效。例如，经济合作与发展组织特别强调要在教育中培养人的创造性，并将在教育中培养人的创造性纳入经济合作与发展组织的创新链之中；澳大利亚、加拿大、英国、新加坡等国家的教育部门制定了一系列支持学习者创造力的政策举措。③ 欧洲关键能力参考框架将创造力视为一个横向主题，对发展语言、识字、计算和信息与通信技术（ICT）的基本技能至关重要；欧盟宣布 2009 年为"创意与创新年"，重点关注创新实践与创新障碍。④ 在加拿大，不少大学建立了创造力研究实验室，进行大学生创造力培养工作的科学实验；有的大学设置了创造性思维方法的视听课程。又如，在委内瑞拉，政府用法律的形式规定每所大学必须开设"创造性思维技术课"。

------

① 袁利平，李盼宁 . 基于创新驱动发展的俄罗斯研究生教育改革及启示 [J]. 现代教育管理，2017(11)：119-123.

② 郜红晶 . 俄罗斯创新型大学人才培养模式研究 [D]. 沈阳师范大学，2017.

③ Paul Collard & Janet Looney. The Conceptual Framework: Dimensions of Creativity in Education[J]. European Journal of Education, Vol. 49, No. 3, 2014:348-364.

④ BANAJI, S., CRANMER, S. & PERROTTA, C. (2010) Creative and innovative good practices in compulsory education in Europe:collection and descriptive analysis of ten good practices of creativity and innovation in compulsory education in the EU27 (JRC Technical Note JRC59689). (Seville, European Commission-Joint Research Centre-Institute for Prospective Technological Studies).

在构建创新人才培养机制、营造学术氛围方面，发达国家一般都非常重视创新组织形式。如荷兰的大学研究院制度、德国海德堡大学的跨学科研讨班计划等。

荷兰大学培养创新人才的一个重要特点，是采用建立大学研究院制度的方式，以改革博士生培养。该制度兴起于20世纪90年代。这种研究院由一所大学牵头，多所大学参加，联合向荷兰皇家科学院评审委员会提出申请，经评审、批准后成立。每所大学可以有多个研究院，每个研究院都以该校实力最强的优势学科专业所在学院为主。研究院的任务为实施博士研究生教学，这种教学主要围绕科研项目进行。荷兰高校或研究机构的博士生，一般都被要求进入本学科专业协会的研究院。博士生向研究院递交研究计划，通过研究院评审委员会(组成人员一般为世界知名专家)的评审才能进入。研究院开设提高博士生各方面能力的课程，经常性地举办研讨班，帮助博士生向皇家科学院及工业界等方面申请科研项目。这种研究院能够集中优势学科力量及人力资源，综合科研力量和资源优势，取长补短，共享信息资源，联合争取国家乃至欧盟的重大科研项目，从而提升了竞争力和国际水准，营造了各学科交叉的学术氛围，有利于博士研究生的培养。

在营造有利于创新人才成长的机制上，德国海德堡大学的重大举措是建立跨学科研讨班计划。为了更好地促进学科间的交流与合作，海德堡大学为博士生制定了跨学科研讨班计划(IDK)。该计划包括跨学科研讨班的举办和一些基本技能的训练(对于留学生来说，特别是用德语写作论文能力的训练)。IDK要求为学生陈述和讨论他们目前的研究提供场所，为其技能训练提供机会。参加研讨班的包括大学各学科研究人员(教师、博士生、博士后等)，它的最大特点是，各种学术思想在这里能够得到充分发表和自由争论，不同思想互相碰撞，因而，颇能激发人们认真思考一些问题。

德国高校的创新创业教育始于20世纪70年代中期，但只限于几所大学开设零星创新创业课程和开展研究工作，比如斯图加特大学等；90年代中期创新创业教育得到重视和加强，特别是2013年4月德国实施"工业4.0"战略以来，德国政府和社会高度重视，创新创业教育以科技园为依托，营造了浓厚的创新创业教育文化氛围，形成了一套较为完善的创新创业教育课程体系，注重跨学科培养创新创业人才，充分发挥孵化模块作用，可以说，创新创业教育取得了长足进步。①

关于创造性人才培养的教师条件，很多国家特别是发达国家是高度重视的。特别是在高等教育，他们普遍认识到，高校能否培养出高层次创新人才，导师的指导作用至关重要，因此高度重视导师队伍建设。发达国家的高校一方面在探索导师怎样指导博士生，如何提高指导质量上加强探索与研究，同时为确保研究生导师队伍的质量，建立了系统的导师遴选和评价制度。这些大学普遍重视对导师队伍的管理与监督，很多大学都出台了取消不合格导师资格的明确规定。如加拿大的卡尔顿和纽芬兰大学都明确规定，如果有确凿证据表明，导师在聘期内学术研究或研究生指导成效甚微，没有恪尽职守，相关主管人员可以会同该学术单位的负责人暂停其导师资格。相应的，在这些大学里，研究生导师名单总是在更新，导师上上下下已经成为常事。为了确保研究生教育的质量，曾在英、德等国盛行的单一导师制度已经被导师与导师小组结合的培养方式所取代。尤其是一些跨学科跨研究培养机构选题的研究生，几乎都是由导师小组或指导委员会联合指导。联合导师小组必须选出首席导师，在此过程中必须征求研究生本人的意见。此外，需要提到的是，为保证培养质量，发达国家高校一般都非常重视建立融洽的导师和学生之间的关系。

巴西 Fernanda Hellen Ribeiro Piske，Tania Stoltz，Jarci Machado 等人认为，教育专业人士应该认识到创新在教育中的重要性，创造力是创造性潜能发展的本质属性。然而，在学校环境中，学生尤其是天资聪颖的学生，他们的创造力，并不总能得到适当的发展，因为这些有天赋的孩子需要专门的服务来满足他们的特殊需要。创造力的发展取决于教师良好的教育，即在准备活动中激发每个

---

① 权麟春 ."互联网 +"视域下德国创新创业教育的启示 [J]. 五邑大学学报 (社会科学版)，2017，19(02)：84-88+95.

学生的好奇心和兴趣，激活学生思维的创造性、独立性、调查性和批判性。[①]

澳大利亚墨尔本 RMIT 大学教育学院创意代理实验室 Anne Harris，Leon de Bruin 认为，要提高学生的创造力，教师需开展创造性教学法。他们开展了涉及美国、加拿大、新加坡和澳大利亚的定性国际研究，调查了教师对提高创造力的创造性教学的看法；分析了教师对课堂教学和学校实践的反思，探讨了教师培养创造性智能的批判性思维的途径；确定了教学实践，包括对话式的支架、跨学科、创造性的环境和学校实践，以促进中学生的学习和思考"越界"；提出了一个创造力指数，学校可以通过这个指数来衡量和评估培养创造力的属性。[②]澳大利亚大学生创新创业教育倡导"创业基于创新，创新面向社区及全球问题"的教育理念，在完善组织运行机构、结合专业教育开设创新创业课程、构建大学生创新创业服务平台、塑造特色鲜明的创新创业文化等方面，为大学生创新创业教育创造资源条件。[③]

Paul Collard 和 Janet Looney 发现，在各大洲，创造力是教育的首要任务，也是关于21世纪学习的讨论焦点，学校对"日常创造力"的关注在改变着"教"与"学"的动力。Paul Collard 和 Janet Looney 认为，开展创造教育需要由教育工作者、学习者和创造性专业人员形成创造性伙伴关系，教师还需对学习者的创造性倾向，以及创造性过程和产品的质量做出中肯的评价；此外，开展创造教育还需开展一些研究，并在学校层面上采取合适的学校战略与政策来支持学习者和教师的创造力。[④]

....

① Fernanda Hellen Ribeiro Piske, Tania Stoltz, Jarci Machado. Creative Education for Gifted Children[J]. Creative Education; Creative Education, 2014, 05(05):347-352. 在线出版日期：2016 年 12 月 31 日.

② Anne Harris, Leon de Bruin. An international study of creative pedagogies in practice in secondary schools: Toward a creative ecology[J]. Journal of Curriculum and Pedagogy, 2018, 15(2):215-235. 在线出版日期：2019 年 1 月 20 日.

③ 罗亮. 澳大利亚大学生创新创业教育研究 [J]. 学校党建与思想教育，2018(03)：93-96.

④ Paul Collard, Janet Looney. Nurturing Creativity in Education[J]. European Journal of Education, 2014, 49(3):348-364. 在线出版日期：2019 年 6 月 18 日.

芬兰赫尔辛基大学 HakalaJuha T 和 UusikyläKari 指出，芬兰政府为了顺应全球经济趋势的趋势，在21世纪头十年实施的两项与创造力相关的战略，出台了旨在培养创造性人才的国家教育政策，并开展了提高学生创造性为主旨的基础教育改革，进行创造性课程规划，大力实施创造性教育。①

马耳他大学英语语言能力中心的 Daniel Xerri 认为，在过去几年里，培养年轻人的创造力已成为教育的首要目标之一，而教师与课程是培养学生创造力方面发挥关键作用的要素；然而，Daniel Xerri 调查发现，教师在课堂上实现这一目标却面临一些挑战，其中以评估为导向的课程削弱了教师提升学生创造力方面的努力，而且教师无法将自己定位为创造性实践者。②

西班牙巴塞罗那大学教育学院 Mario Barajas 和 Frédérique Frossard 认为，要培养学生创造力，教育工作者需要创新的方法和工具来有效地应用于创造性教学实践，而 wikis 就是一个能很好地激发创造性教学方法的选项。他们探索了如何在使用 wikis 进行教学时产生创造力，提出了一个创新教学法图，该图显示了 wikis 学习环境中最突出的创新教学法及其特征组成部分，即新兴的创新教学法是协同合作、以学习者为中心、知识联系和开放的精神。该图所显示的这些要素可以应用于不同的教育情境，尽管它可能因所用方法和技术的特殊性而有所不同。③

此外，国外高校特别注重开发和利用企业资源来培养学生的创造性思维、

① HakalaJuha T, UusikyläKari. Neoliberalism, curriculum development and manifestations of 'creativity'[J]. Improving Schools, 2015, 18(3):250-262. 在线出版日期：2016 年 12 月 31 日.

② Daniel Xerri. "Help Them Understand the Complexity, the Difficulties and the Pleasures of Creative Writing": Children's Author Libby Gleeson on Creativity in Education[J]. New Review of Children's Literature and Librarianship, 2017, 23(2):95-105. 在线出版日期：2018 年 12 月 19 日.

③ Mario Barajas, Frédérique Frossard. Mapping creative pedagogies in open wiki learning environments[J]. Education and information technologies, 2018, 23(3):1403-1419. 在线出版日期：2019 年 02 月 19 日.

创新精神和实践能力。例如，文献①②介绍了法国和德国的高等学校，大都采用和企业合作教育，使学生在企业有一个较长时间(半年甚至一年)的实践锻炼过程，这些学校学生的工程能力很强，还有文献③④介绍了加拿大高校重视和开展学生现场实践教学的情况，通过和企业的合作教育，对学生进行创新价值教育，提高"创新熵(innovation quotient)"，从而提高学生的创新精神和领导才能。

英国非常重视创客教育，创客空间在整个英国形成爆炸效应，几乎每个城市都至少有一个创客空间。英国把创客教育融入基础教育中去。英国小学就开设了艺术与设计、设计与技术等课程，采取校内听课与博物馆、社区、企业参观学习相结合，听人讲解与动手实践相结合，通过这样的学习方式可以有效地学习到多个领域的不同的知识。英国政府更是大力扶持 STEAM 教育，为创客教育、机器人教育的研究提供了广阔的平台，将艺术家、企业与社会、学校联动起来，形成互动圈，极大地提高了社会对创造力培养的意识。而加拿大创客教育的最大特点就是把创客教育融入日常生活，让孩子在学习 STEAM 技能的同时感受到乐趣，因此在实施过程中把多学科知识融于有趣、有挑战、与生活相关的问题中，解决现实世界的问题。⑤

英国各界充分认识到创新创业教育对于学生创造力的积极影响，高度重视开展创新创业教育所需的资源条件建设。中国驻英国大使馆教育处谢萍、石

....

① 转引自：王秀梅.工科高校创新人才培养及评价研究 [D]. 2008：2.

② 徐理勤.论联邦德国高等工程教育的发展和改革 [J].外国教育研究，2002(4)：45.

③ Robert Crocker, AlexnUsher. Innovational and Differentiation in Canada's Post-Secondary Institutions[C]. June 2006.

④ Allison Bramwell, David A. Wolfe. Universities and Regional Economic Development: The Entrepreneurial University of Waterloo, http//www. utoronto. ca/ progris, Revised February, 2006.

⑤ 创客教育风靡全球，国外的创客教育是如何开展的呢？[EB/OL]. https://www.sohu. com/a/305716081_120028614, 2019-04-03/2020-03-23.

磊发现：从20世纪80年代开始，英国便持续实施营造良好的创业文化氛围，在不同的学段开设创新创业教育课程，倡导开展创新创业实践，英国政府对创新创业教育给予大力支持、引导和规范，英国高等教育质量保障署（QAA）在2018年1月发布了具有指导意义的创新创业教育标准文件，[①]英国社会形成了各类组织的合力以共同支持创新创业教育，多种创新创业协会、中心、科技园、企业孵化中心的参与为创新创业教育提供了灵活而广阔的空间。[②]

1.3.3 综合述评

综上所述可知，无论是创造教育还是创新教育或者创客教育，抑或创新创业教育，都是旨在激发人的创造潜力，增强人的创新意识，提高人的创新素质和创新技能，即培养创造性人才(创新人才)；虽然国内外采取的具体措施各有千秋，但都普遍认识到培养创造性人才需要一定的教育资源条件；其中，教师队伍、管理队伍等教育人力资源，教育教学与科技研究所需的物力资源，和培养经费等教育财力资源，等等，这些教育经济资源当然是培养创造性人才所必需的教育资源条件；除此之外，还需要课程教材、教育教学方法与模式和评价体系等几个方面的教育资源条件；同时包括政策环境、学术氛围、教育体制与培养机制等在内的教育环境资源也是必不可少的。从中我们可以看出，培养创造性人才与培养其他人才的教育资源条件在外延方面是相同的，但内涵上却有本质的区别。即培养创造性人才所需的教育资源条件应有其特殊性，亦即有别于其他人才培养所需的教育资源条件。如培养创造性人才所需的教师、课程等应该是创造性教师和创造性课程，应该有别于其他人才培养所需的教师与课程。这些都已成为人们的共识。

① 谢萍，石磊.英国创新创业教育的现状及其启示[J].世界教育信息，2018，31（14）：42-47+51.

② Beresford, Richard and Beresford, Kate. The Role of Networks in Supporting Grassroots Good Practice in Enterprise Education[J]. Research in Post Compulsory Education, 2010, 15(3):275-288.

然而，纵观国内外研究动态，笔者也深深地感觉到目前的研究还存在着一些不足之处。如，既然培养创造性人才与培养其他人才的教育资源条件在内涵上有着本质的区别，那么，培养创造性人才所需的教育资源其内涵特点是什么？如何评价这些教育资源品质的优劣？如何具备这些教育资源条件？如何发挥这些教育资源的教育效用性，以提高其利用率？如何评价这些教育资源教育效用性发挥的程度？一个培养某种创造性人才的教育资源系统，其承载能力如何？这些值得研究的问题，笔者都未能找到较为合适的答案。此外，目前的研究普遍缺乏系统性，往往是侧重于其中某一方面的条件，事实上，培养创造性人才往往是由多种教育资源所构成的教育资源系统来完成的。即使是对某一方面条件的研究，既很肤浅，也很零散，缺乏系统性。

教育经济学关于教育资源的保障问题，实质上是指教育经费的保障问题，主要是从投资的角度来进行研究。具体来说，主要研究了教育投资的性质与特点、教育投资主体的行为、教育投资的合理负担、我国的教育投资情况与负担模式及其改革等问题。由于教育资源不等于教育经费，也不等于教育投资，教育经费仅仅是教育资源中的一部分，是教育财力资源，因此，教育经费的保障、教育投资的保障均不等于教育资源的保障。这就意味着，教育经济学并没有解决创造性人才培养的教育资源的保障问题。因此，完全有必要系统地研究创造性人才培养的教育资源条件及其保障问题。

教育资源是一个极其庞大的家族，种类繁多，培养创造性人才显然需要各种教育资源，并对各种教育资源都有一定的具体要求。结合上述关于创造性人才培养的教育资源条件方面的各种问题，完全可以说，创造性人才培养的教育资源条件研究是一项庞大而复杂的系统工程。学校教育是人才培养的主要途径，是通过各种课程的实施来实现其人才培养的各种目标，创造性人才的培养也不例外。各种课程及其实施需要一定的课程资源条件，培养创造性人才也需要一定的课程资源条件。又因受制于笔者目前的研究能力和条件，所以，笔者缩小研究范围，只研究创造性人才培养的课程资源条件的保障问题。

1.4 研究视角、前提与方法

1.4.1 研究视角

同一对象，不同的观察视角可以看到不同的景象。同理，同一对象，不同的研究视角很可能会导致研究内容、研究方法与研究结果的不同，因此，研究视角的选取非常重要。关于创造性人才培养或者创新人才培养这一主题的研究成果可谓汗牛充栋，然而笔者未见有站在资源科学的视角所取得的研究成果。教育资源学实质上是站在资源科学的视角来研究教育问题，具体来说，是探讨教育的资源问题，因此，对创造性人才培养的研究，教育资源学首先将带来新颖的研究视角。然而，教育资源学的研究视角又不同于过于宽泛的资源科学视角，而是教育科学与资源科学双重视角的锁定，因此，教育资源学的研究视角不只是新颖，而且有更强的针对性。同时，教育资源学的研究对象是教育资源与教育资源系统，因此，它必须站在教育科学、资源科学和系统科学的角度来探讨它的研究对象，如图1.1。这就意味着，站在教育资源学的角度来研究创造性人才的培养问题，其研究视角将是多维的，多维的视角更有利于揭示创造性人才培养的教育资源规律。

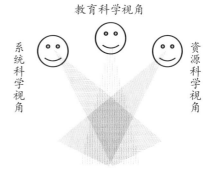

图1.1 教育资源学研究视角示意图

说明：三个视角交叉的区域就是教育资源学的研究对象——教育资源与教育资源系统

本书所研究的是创造性人才培养的课程资源条件保障问题，同样属于创造性人才培养的教育资源规律的范畴，只不过具体到了其中的一大类教育资源——课程资源。而且，站在教育资源学的角度来看待课程资源，视野更加开阔，而不会局限于某一或某几类课程资源，因为从教育资源学的角度来看，凡是教育实践所需的各种资源都可以称之为教育资源，即教育资源是教育实践所需的各种资源的统称[①]。既然是研究课程资源条件保障问题，那么局限于某一或某几类课程资源是很不科学的，也是不可取

---

① 王伟清."教育资源学"及其创建 [J]. 教育与经济，2006(2)：19.

的，因此，站在教育资源学的角度更有利于本书的研究，基本视角的选择显然是教育资源学，至少可以说是站在资源科学的视角。但仅有这个视角还不足以锁定本书研究的问题，还须站在课程的视角来开展研究，如果离开了课程的视角来看课程资源，很可能研究的就不是课程资源而是其他资源了。

同时，不可忽视的是，创造性人才培养的课程资源条件中，同样包含了人力、物力、财力等教育经济资源，而且其他课程资源不可避免地要与这些教育经济资源发生关系，并且受制于这些教育经济资源，因此，创造性人才培养的课程资源条件保障问题也属于教育经济学的范畴，该问题的研究还必须站在教育经济学的视角。

多视角的研究不只是能准确地把握好研究对象，还能更容易地把握好研究对象。对于本书的研究来说，这里的"更容易"就体现在能更主动地、有意识地运用教育经济学、资源科学(教育资源学)和课程论等学科的理论和方法来开展研究。

1.4.2　研究前提

教育资源问题的研究通常有三个必须尊重的基本前提：其一，目标的严肃性。所谓目标的严肃性，就是指任何教育目标(包括教学目标、教育管理目标、课程目标等，下同)一旦确立，就都是严肃的，都是应该实现的。其二，实现的条件性。所谓实现的条件性，就是指任何教育目标的实现都是需要一定的教育资源条件，不存在不需要任何教育资源条件就能实现的教育目标，既要马儿跑又要马儿不吃草是行不通的。其三，资源的对应性。所谓资源的对应性，就是指任何教育目标的实现对用来实现这些目标的教育资源必然有某种具体的要求，这种要求就是所需的教育资源的教育效用性必须与教育目标相对应，否则，任何教育目标的实现也是不可能的。离开了这三个基本前提，教育资源问题的研究既没有必要，也无法进行，甚至无法开始。

本书的研究同样必须尊重这三个基本前提，具体来说就是，其一，创造性人才培养的任何目标(当然包括创造性课程目标)一旦确立，就都是严肃的，都是应该实现的，否则就是儿戏。其二，任何创造性人才培养目标的实现都是需要一定的创造性课程资源条件，不存在不需要任何创造性课程资源条件就能实现的创造性人才培养目标。其三，用来实现各种创造性人才培养目标的创造性课程资源必须满足实现这些目标的各种要求，否则任何创造性人才培养目标都是不可能实现的。否定这三个基本前提中的任何一个，创造性课程资源条件的保障问题都没有研究的必要，也无法研究。

1.4.3　研究方法

本书的研究方法采用了一些常用的研究方法，如文献研究法、逻辑分析法、调查访谈法、自我反思法、比较研究法、统计分析法、分类研究法等。文献研究法，主要是从图书馆、因特网等广泛收集有关资料，做好读书笔记，把握国内外相关的研究动态，借鉴已有的研究成果，找到新的生长点，防止重复研究，为本书的研究提供理论框架和方法论。逻辑分析法，即对所收集的材料运用逻辑规律进行分析研究的方法。这种方法本身包括分析、综合、抽象、概括、归纳、演绎等具体方法。在本书的研究中，逻辑分析法是贯穿研究过程始终的基本研究方法。调查访谈法主要是通过调查访谈一些学校的领导、老师，了解他们学校是否开展了创造性教育，创造性课程资源条件的保障情况，老师对开发创造性课程资源的态度、能力水平等情况；也调查访谈一些教育行政管理部门的领导、公务员，了解他们辖区内创造性课程资源条件的保障情况，以及他们对辖区内开展创造性教育的真实态度等情况。自我反思法主要是笔者反思自己从事了多年的创造性课程的教学和实验室建设与管理，从各种现象中努力发现有关创造性课程资源条件保障的诸多问题与原因。比较研究法与统计分析法主要是在分析人才培养方案中的创造性目标，以及创造性课程与创造性课程资源条件保障之间的比较研究与统计分析。分类研究法主要是在研究创造性课程资源的认识问题、保障的主体问题、保障不足的表现等方面需要进行分类研究。

除了上述方法以外，还需用到综合－系统分析法、目标－资源对应法。由于创造性课程资源条件保障往往是要构建创造性课程资源系统来确保创造性课程目标的实现，涉及系统问题，需要用到系统方法。所谓系统方法，就是指用系统思想，按照系统的特征和规律性认识客观事物，解决和处理问题的一整套方法体系。具体来说，就是把研究和处理的任何对象都当作"系统"看待，从整体上考虑问题，综合应用现代科学技术和数学工具，精确地、定量地考察要素与要素之间、系统与要素之间、系统与环境之间的关系，利用各种因素之间的联系，提高整体水平，获得最优效果的方法。系统方法必须遵循系统的基本观念，有一些著作将这些观念改称系统原则或系统原理，其实也在于此。系统方法是系统论的主要内容，系统方法的种类很多，其中非常重要的有如下四种方法：(1)过程与体系方法，也就是把事物当作过程与体系来进行认识和把握或进行过程和体系分析的方法。由于"世界不是一成不变的事物的集合体，而是过程的集合体"，所以过程与体系相统一的方法是认识和把握事物的一种根本方法。(2)整体与部分方法，即对事物进行整体与部分的分析，以此把握其总体关系的方法。整体与部分相结合的分析方法是宏观与微观相统一的一种重要方法。(3)功能与结构方法，即对事物进行功能与结构的剖析，从而认识和把握事物的一种方法。功能与结构相结合的方法是系统论的最基本的方法。(4)状态与环境方法，即通过对系统状态和环境及其关系的分析来认识事物的一种方法。这种方法犹如中医的辨证论治，也是一种时常能见奇效的重要辅助方法。当然，现实中的各种系统方法很少单独发挥作用，经常是综合作用，共同揭示事物的系统本性，这就形成了综合－系统分析法。这里所说的系统当然也包括创造性课程资源系统在内。这里的"综合"还指综合运用教育科学、资源科学和系统科学的理论和方法来研究，而且不只这些，还需要综合创造学和心理学特别是创造心理学的理论和方法。各种系统方法的综合运用当然也是必需的，例如，培养创造性人才，必须构建创造性人才培养的课程目标系统和课程资源系统，整体与部分方法可以帮助我们把握创造性人才培养的总目标及其各层级子目标，功能与结构方法可以帮助我们把握创造性人才培养的课程资源系统及其各层级子系统结构与功能的相互对应关系，确保课程资源配置的合理性。总之，综合－系统分析法对创造性人才培养的课程资源问题的研究与实践有重要的积极意义。

所谓目标－资源对应法，就是首先确定课程目标，再根据课程目标来配置能够实现目标的课程资源。目标－资源对应法在运用的过程中，还要结合运用综合－系统分析法。因为，目标往往以系统而存在，即某一目标 A 往往可以分解成若干子目标，子目标又可分解成下一层级子目标，若干层级子目标共同构成以 A 总目标的目标系统，教育目标同样如此。那么，运用目标－资源对应法，就必须根据教育目标系统来配置课程资源，以构建能够实现目标系统中大小目标的课程资源系统。

目标－资源对应法非常有助于创造性人才培养的研究与实践，本书探讨创造性人才培养的课程资源条件保障问题尤其需要运用目标－资源对应法，因为目标－资源对应法告诉我们，要想得出创造性人才培养的课程资源条件，有效的办法是从创造性人才的培养目标入手。抛开创造性人才的培养目标，就无法得出创造性人才培养的课程资源条件，也就无法得出保障这些课程资源条件的具体措施。因此，可以说，目标－资源对应法给本书研究指明了方向。

1.5　研究思路与结构安排

1.5.1　研究思路

为了解决创造性人才培养的课程资源条件保障问题，探索课程资源条件的保障规律，本书将站在教育经济学、教育资源学和课程论等视角，以上述三个基本前提为基础，首先，通过需求分析来探明：(1)"人才" 究竟是什么样？ (2)什么样的人才才是创造性人才？ (3)创造性人才的培养目标应该如何定位？ (4)定在何处？其次，在探明课程资源、课程资源条件、课程资源条件保障等概念内涵的基础上，从微观和系统的视角探讨：(1)实现创造性人才的培养目标究竟需要一些什么样的课程资源条件？ (2)由哪些主体来承担这些课程资源条件的保障任务？再次，由于实现创造性人才的培养目标所需要的课程资源条件常常得不到充足的保障，所以需探讨：(1)创造性人才培养的课程资源条件保障不足的表现有哪些？ (2)造成保障不足的原因何在？最后，针对已经探明的各种原因，探讨要解决创造性人才培养的课程资源条件保障不足问题，究竟有哪些对策。

1.5.2 *结构安排*

本书共分为六章：

第一章为绪论。主要是确定论文所要研究的问题，阐明研究目的和意义，并深入分析国内外关于创造性人才培养的课程资源条件保障问题的研究现状，确定本书的研究方法和基本的研究思路。

第二章主要通过阐述创造性人才的界定问题和培养目标的定位问题，为后续课程资源条件保障问题的研究提供目标依据。针对目前关于"创造性人才"概念名词的选择和内涵的界定这两方面存在不规范、不科学的混乱局面，从"人才"概念的界定出发，在诸如"创新人才、创新性人才、创新型人才、创造人才、创造性人才、创造型人才"等概念名词中做出合理的选择，并结合对创造性人才基本要求的客观分析，对创造性人才进行概念界定，对创造性人才培养目标进行定位分析。

第三章主要是阐述培养创造性人才究竟需要何种课程资源条件，谁来承担培养创造性人才所需课程资源条件的保障任务。主要是站在资源科学(教育资源学)的角度，紧紧围绕着创造性人才培养目标，从课程与资源两个维度，来探讨创造性课程资源条件的认识问题和主体问题。同时也为后续创造性课程资源条件保障不足的表现、原因与对策的分析做铺垫。

第四章主要是阐述创造性人才培养的课程资源条件保障不足这一问题的各种表现与原因。对保障不足这一问题的各种表现主要是分大类进行分析探讨与总结归纳，对导致保障不足的各种原因主要是从保障主体的视角进行深层次的分析研究与总结归纳。

第五章主要是针对前面分析的创造性课程资源条件保障不足的各种表现与原因，系统地、有针对性地研究解决创造性课程资源条件保障不足的各种对策。主要是从理论与实际操作的视角来进行分析论述。

最后部分，主要是对全书进行总结和对未来研究的展望。

第二章　创造性人才的界定及其 培养目标的定位

　　创造性人才的界定关系到创造性人才培养目标的定位，而界定问题与定位问题又关系到课程资源的配置依据和利用效益，也影响到课程目标的选择和课程资源条件的保障。如果界定问题不解决，培养目标就很难定位，也很难确保课程资源配置的科学性，从而导致课程资源浪费的加重和利用效益的降低，因此，必须首先解决创造性人才的界定问题。究竟什么是创造性人才？对于这个问题真可谓众说纷纭，莫衷一是。由于创造性人才的界定问题必然会涉及"人才""创造性"这两个概念，而"创造性"又涉及"创造""创造性思维""创造性人格"等概念，特别是"创造"还与"发明""发现""创新""创作"等相近概念容易混淆，所以，笔者以为，要解决创造性人才的界定问题，最好先探明与创造性人才有关的几个基本概念。

2.1　创造性人才的界定

2.1.1　"人才"的界定

　　对人才概念的阐释有利于对创造性人才概念的把握。黄亨煜认为，人才是指在特定的区域中，在某一方面(或某几方面)表现出来能力较强的那些人，全称为在该区域中某一方面的人才，简称人才。因而，决定是不是人才的核心首先要看区域，谈人才问题离不开具体的区域、具体的环境。其次，是不是人才不是由学历和资历决定，而是看其在解决问题的实践过程中，是否能解决别人解决不了的问题，或者说，在某区域内只有这几个人能解决如此困难的问题，这几个人即能被称为这区域内的人才。[①] 而现代竞争社会对人才有了新的认识与界定，是否拥有职业素质成了人才的一个基本标志；对于企业来讲，人才是那些认同公司的核心价值观，具有职业素养和较高工作技能，能够持续地为企业创造价值的人。[②] 企业的功利性决定了人才必须是那些能够为企业创造价值的人，而学历、职称、经验等与一个人的价值创造没有直接的联系。

　　显然，在此有"素质""素养"和"能力或技能"三个概念成为界定人才概念的关键。区分这三个概念有助于人才、创造性人才和创造性教师等概念的理解。林萍华认为，素养是指一个人面对问题时的视野和底蕴，它包括文化素养、道德素养、政治素养、工程素养等，属于大文化的范畴，对认识过程、思考过程、决策过程起作用。而素质(这里特指具体个体的素质，以有别于广义的素质)，是指个体已经形成的、稳定的，一般不受思维、不受外在条件所左右的自发的行为规范，与具体人的行为、行动，亦即其人如何为人、处事相关联。一个人某方面的素质很高，但在同一方面的素养则不一定高，反之亦然。即，素质不好的人可能有很高的素养；素质好的人也有可能素养一般。素养是一种"知识力量"，一个人有了丰厚的文化底蕴，理论知识和实践经验丰富，必将显得更强大；而素质则是一种"人格力量"，是将被其行动证实的力量，比如，意志坚定，为人正直，行为高尚，就能赢得广泛信任。素质与素养并非互不相干、各行其是，而常常是互相促进或者互相制约的。[③]"能力"与"素养"在概念上是有区别的："能力"是指人能胜任、能完成某项工作的自身主观条件(包括心理、生理的条件)，重在"功用性"，这是一个静态的概念，是对水平的描述，能在短期内强化训练形成；"素养"即平日的修养，指人通过长期的学习和实践，在某一方面所达到的高度，包括"功用性"和"非功用性"，这是一个动态的概念，是对程度和过程的描述，它需要长期的熏陶渐染。从两者的

----

① 刘泽双，薛惠锋.创新人才概念内涵述评 [J].人才资源开发，2005(04)：8-9.

② 人才_百度百科，http://baike.baidu.com/view/10905.html?wtp=tt，2020-04-10.

③ 林萍华.素质、素养与创新 [J].高等工程教育研究，2000(1)：57-59.

比较可以看出：两者在范围和程度上是有所区别的。一个是强调"条件"，一个是强调结果即"达到的高度"。[①] 素质是人的能力发展的前提。没有这个前提，能力的发展是不可能的。但是，素质本身不是能力，它只能为能力的发展提供可能性。只有通过后天的教育和实践活动，才能使这种发展的可能性变成现实性。素质虽然不是能力发展的决定条件，但却是能力发展的重要因素。[②]

如此看来，"素质""素养"和"能力或技能"确实是有本质区别的三个概念，而且从社会功利性的角度来看，人才，应该是指具有较好的职业素质、职业素养、一定的特定能力或技能、能为社会发展和人类进步做出某种突出贡献的人。这里的职业素质、职业素养和特定能力或技能是指为社会发展和人类进步做出某种突出贡献所需的那种素质、素养和能力或技能。从这些观点可以看出，一个人是否是人才可以按照区域性或领域性、素质、素养和能力或技能这四个维度来判断。

2.1.2 "创造性人才"概念的选择

只要稍微留意一下就会发现，在很多文献资料中，除了使用"创造性人才"这一概念外，还使用了"创造型人才""创新型人才""创新性人才""创新人才"等几个类似的概念，而且有时在同一文献中交替使用这些概念来描述同一对象，这些概念的使用呈现出随意的、不严肃的、不规范的混乱局面。当然"创造人才"这一概念则极为少见，或许是因为人们都觉得"创造人才"一词不恰当吧。因此，在界定"创造性人才"之前，有必要对这些概念加以斟酌和研究，以求提高对本书研究对象命名和使用的规范性和严肃性，即确定这几个概念中究竟用哪个更合适。

从内涵来看，目前人们所说的"创造性人才""创新性人才""创造型人才""创

① 董磊明.素质：能力？素养！——"新课标"给一线语文教师带来的喜与忧 [J].中学语文，2003(21)：6-7.
② 徐水源.在素质教育中应正确认识能力与素质的关系 [J],黄石教育学院学报，2001(1)：26-27.

新型人才""创新人才"这几个概念有共同的含义，即都是指能从事某种活动并产生新颖性成果的一类人才。从字面上来，这几个概念之间主要有"性"与"型"的区别，以及"创造"与"创新"的区别。显然，人们在"性"与"型""创造"与"创新"存在难以选择的尴尬之嫌，而"创新人才"则有逃避选择之嫌。要确定这几个概念中究竟用哪个更合适，关键在于搞清楚"创造"与"创新"的区别，以及"性"与"型"的区别。

首先，关于"创造"与"创新"的区别。庄寿强对这两个概念的区别作了非常详细而清晰的论述。[①]"创造"一词自古就有，其概念使用得十分普遍。而学术上的"创新"一词出现较晚。最初，它只是指技术创新，是经济学领域的一个概念，由美籍奥地利经济学家熊彼特（J.A.Schumpeter）于1912年在《经济发展理论》一书中提出来。熊彼特认为：创新（Innovation）是指新技术、新发现在生产中首次被应用，是指建立一种新的生产函数或供应函数，是在生产体系中引进一种生产要素和生产方法的新组合。就是说，当一种新技术、新发明只有具有市场价值时，才可称其为创新。后来，许多经济学家对此又做了一定发展，但其内涵基本没有改变，一般可理解为一项新技术，就发现的第一次应用，或是科学研究成果的第一次商业化。创新一词，一是强调它属于经济领域，二是强调其商业利益或市场价值。最后结果是否成功或者说是否具有经济价值，是判断该事物是否属于创新的一条重要标准。然而，创造学中的创造却不一样，创造学中的创造不仅是指那些获得成功并产生经济效益的创造，而且还更加泛指那些失败的创造、失误的创造以及那些一时难以被别人理解而暂时不能产生经济效益的各种各类的创造。

创新多是指通过对已有事物的改进或突破而完成的，所以常听到"对××事物创新"的说法。依此而言，创新的目标主要是在已有事物上。但创造却不完全相同，创造的目标可以是在某件已有的事物上，亦可在当时尚没有的定向想象上，如第一间茅屋的落成、第一盏电灯的出现……无疑都是伟大的创造，

---

① 庄寿强.普通行为创造学 [M].徐州：中国矿业大学出版社，2013：41-44.

但若用创新这个词来描绘则似乎有些牵强。

从文本上看，人们常说的"创新"往往是指创造出新成果(如新思想、新产品、新方法、新途径等新事物)，是"创造出新成果"的简称，因而，人们常说的的"创新"实质上就是"创造"。从学术上来看，创造学中衡量创造的唯一标准是"新颖性"，其表现形式是"非重复"或"第一次"出现。① 显然，无论从其字面上看还是从其起源上来考察，创新的概念也都具有"非重复"或"第一次"意义。意即，创新也具有与创造相同的"新颖性"特点，所以，创新和创造的本质是相同的，即都与"新颖性"有关。创新的核心在于创造，创新的理论基础是创造学，创新是创造的某些部分和某些表现，特别是具有经济效益或其他效果的表现，但是创新绝不是创造的全部内容。因此可以说，所有的创新都是创造，但创造并不全是创新，创造比创新的外延要大得多。据此，如果从最广泛意义来描述或探讨人类的新颖性活动和从事新颖性活动的人，则应选择"创造"一词而不选择"创新"。

其次，关于"性"与"型"的区别。据《现代汉语词典》，"性"作为后缀加在名词、动词、形容词之后构成抽象名词或属性词，表示事物的某种性质或性能。② "型"是指:(1)模型;(2)类型。③ 而"模型"是指:(1)依照实物的形状或结构按比例制成的物品;(2)铸造中制砂型用的工具，大小、形状和要制造的铸件相同;(3)用压制或浇灌的方法使材料成为一定形状的工具，通称模子。④"类型"是指具有共同特征的事物所形成的种类。⑤ 结合《现代汉语词典》的解释，笔者

----

① 庄寿强.普通行为创造学 [M].徐州:中国矿业大学出版社，2013: 41
② 中国社会科学院语言研究所词典编辑室.现代汉语词典 [M].北京:商务印书馆.2016: 1460.
③ 中国社会科学院语言研究所词典编辑室.现代汉语词典 [M].北京:商务印书馆.2016: 1459.
④ 中国社会科学院语言研究所词典编辑室.现代汉语词典 [M].北京:商务印书馆.2016: 913.
⑤ 中国社会科学院语言研究所词典编辑室.现代汉语词典 [M].北京:商务印书馆.2016: 787.

以为,"型"强调具体的规格要求,刚性比较强而弹性不足,"性"则弹性有余而刚性不强。据此,"创造型"则可以理解为创造性要达到具体的某种规定程度才能称之为"创造型"。这太过于刚性,在评价中很难把握究竟创造性要达到何种具体程度才能称之为"创造型"。如,人才的创造性要达到何种具体程度才能称之为"创造型人才"?恐怕谁都很难回答这个问题!而创造性虽有强弱之分,但都可以称之为"创造性",弹性比较大而刚性不强,在评价中则可以通过比较强弱而易于把握。在此笔者更倾向于使用"创造性人才"一词。当然,目前人们所说的创造性人才与创造型人才主要内涵是相同的。

值得注意的是,在近几年又出现了一个热词——"创客"。这个词译自英文单词"Mak-er",源于美国麻省理工学院微观装配实验室的实验课题,此课题以创新为理念,以客户为中心,以个人设计、个人制造为核心内容,参与实验课题的学生即"创客"。"创客"本指勇于创新,努力将自己的创意变为现实的人。2015年3月5日,李克强总理的《政府工作报告》公开以后,在我国"创客"与"大众创业,万众创新"联系在了一起,特指具有创新理念、自主创业的人。[①]显然,"创客"与"创造性人才"是两个既有区别又有联系的两个概念。"创客"是"创造性人才"的子类,所有的创客都属于创造性人才,即"创造性人才"包含了"创客";但并非所有的创造性人才都是创客,因为并非所有的创造性人才都去创业,因此,不能用"创客"取代"创造性人才"。所以,在"创客"与"创造性人才"这两个概念中,应该选择使用"创造性人才"一词。

2.1.3 "创造性人才"概念的界定

创造性人才,是众多人才中的一大类,这类人才的基本特征在于其创造性,没有创造性,这类人才也就不能叫创造性人才。某一领域的创造性人才应该在该领域表现出非常明显的创造性。那么,何谓创造性?

庄寿强认为,人类创造,实际上是人类的一种活动,包括人的思维活动

---

① 创客 [EB/OL].https://baike.baidu.com/item/%E5%88%9B%E5%AE%A2/84167?fr=Aladdin, 2020-03-20.

和实践活动，因此，人的创造首先应视为人的一种行为。创造，当作名词用时与创造活动是同义词。创造的本质是而且仅仅是它具有一定新颖性。[①] 余禾认为，创造性（creativity）通常指个体有可能产生有独特性成品的能力。此处的"独特性成品"分为高、低两个层次，高层次是指人类历史首创性成品，是"真创造"活动的产物；低层次是指这种成品在人类历史上并非首创，只就个人的历史而言，他的成品才具有独创性，是"类创造"活动的产物。[②] 而林崇德把创造性定义为根据一定的目的，运用一切已知信息，产生出某种新颖、独特、有社会意义或个人价值的产品的智力品质。此处的"产品"，即以某种形式存在的思维成果，它或为一个新概念、新思想、新理论，抑或为一种新技术、新工艺、新作品。[③] 显然，这两种观点都是从活动结果的新颖性来考察"创造性"的含义，有很大程度的一致性，而且非常有利于人们对"创造性"和"创造性人才"的本质的认识。林崇德认为，创造性人才＝创造性思维＋创造性人格，其中，创造性思维属于智力因素，而创造性人格，则属于非智力因素。[④] 综合分析众多学者的观点，完全可以得出，创造性人才就是具有较强的创造性思维能力和明显的创造性人格特征的人才。

从上述关于人才界定的四个维度来看，创造性人才的特定素质是创造性素质，其核心是创造性人格特征；创造性人才的特定素养是创造性素养，其核心是有关创造创新的理论素养；创造性人才的特定技能就是创造性技能，创造性技能的核心是创造性思维能力。显然，创造性人才特定的素质、素养和技能的基本特征都在于其创造性，没有创造性，这种人才的特定素质、素养和技能就不能叫创造性素质、素养和技能，这种人才也就不能叫创造性人才。同时，有必要说明的是创造性人才也是有领域性的，即创造性人才并非万能，而是限

---

① 庄寿强.普通行为创造学 [M].徐州：中国矿业大学出版社，2013：23.

② 余禾.企业创造性的培养和发挥 [J].西南民族学院学报（哲学社会科学版），2001(09)：65-67.

③ 林崇德.创造性教育纵谈 [J].思想政治课教学.2000(3)：42.

④ 林崇德.创造性人才•创造性教育•创造性学习 [J].中国教育学刊，2000(1)：6.

于某个或某几个具体的领域内的创造性人才，其创造性思维能力和创造性人格特征也往往是在他擅长的领域表现得最为突出，如，牛顿的创造性在经典力学领域有令人敬佩的表现，而在量子力学领域却大为逊色。回头再比较林崇德关于创造性人才的公式"创造性人才＝创造性思维＋创造性人格"，可知其观点简单明了，虽然抓住了表征创造性人才素质和技能的两个关键因素——创造性人格和创造性思维，却忽略了素养和领域这两个维度的内容。

在这四个维度中，创造性人才的创造性素养往往又能促进其创造性素质的优化和创造性技能的提高。例如，创造性人格理论、创造性思维规律是创造性人才必须掌握的基本的创造性理论，这些理论一旦被人掌握，就会内化成为他的创造性素养。显而易见，创造性人格理论有助于创造性人格的形成和升华，而创造性思维规律有助于提高创造性思维能力。因此，创造性素养对于创造性人才来说是非常重要的。虽然在人类的创造史上，大部分创造者并没有学过创造学和创造心理学方面的理论知识，但这丝毫不能否定创造性素养对于创造性人才重要性。因为，其一，没有学过创造学和创造心理学方面的理论知识，并不等于没有创造性素养，人们可以从自己的创造性实践活动中不断总结经验教训，还可以学习他人甚至整个人类在创造性实践活动中的经验教训，在学习和总结的过程中，这些经验教训很容易内化成创造性素养；其二，没有理论指导的实践当然是盲目的实践，虽然盲目的实践不一定都是失败的实践，但有了理论的指导当然可以减少实践的盲目性，少走弯路，降低实践成本，提高实践的科学性，正因为这样，所以人们才要研究人类的创造活动和创造行为，才要去研究和建立创造学和创造心理学。

笔者吸取众多学者观点的精华，特别是林崇德的上述观点和庄寿强关于创造性思维的观点——"创造性思维是能产生新颖性思维结果的思维，创造性思维的本质属性是思维结果的新颖性"[1]，结合自己的体会和研究，提出了创造性人才的"四维界定观"，即创造性人才就是具有较高的创造性素养、较好的

---

[1] 庄寿强. 普通行为创造学 [M]. 徐州：中国矿业大学出版社，2013：109.

创造性素质和较强的创造性技能，在一定领域有效开展创造性活动并能取得创造性成果的人才。需要说明的是，其一，这里的创造性成果是指以某种形式存在的新颖性思维成果，它既可以是一个新概念、新思想、新理论，也可以是一种新技术、新工艺、新作品；其二，这里的"较高的""较好的""较强的"是表示程度的三个修饰词，它们的程度要求是只要能满足创造性人才"在一定领域有效开展创造性活动并能取得创造性成果"即可；其三，创造性素养、创造性素质和创造性技能会随着各领域各层次创造性人才培养目标的不同而有不同的内涵。

需要特别说明的是，鉴于上述关于"创造"与"创新"、"性"与"型"两组概念的辨析与选择，在"创造教育"与"创新教育"这两个概念中，本书在论述笔者的观点时，通常选择使用"创造教育"，并界定"创造教育"涵盖"创新教育"，是培养创造性人才的教育理论与实践。但有时为了便于表述，也用"创造性教育"来代替"创造教育"，且两者等价。结合创造性人才的"四维界定观"，可以得出，凡是旨在提升创造性素养、优化创造性素质和增强创造性技能的教育理论与实践均属于创造教育（创造性教育）的范畴。

2.2　创造性人才培养目标的定位

2.2.1　基本的定位思想

创造性人才培养目标是配置包括课程资源在内的各种教育资源的主要依据，培养目标定位的恰当程度影响着教育资源的配置质量的高低，进而影响着创造性人才培养质量的优劣，因此，创造性人才培养目标的定位问题非常重要。问题是如何定位？笔者以为，应基于以下思想来定位：

其一，创造性人才培养目标的定位，以满足创造性实践的客观需求为原则，通过对创造性实践的客观需求进行理性分析来定位创造性人才培养目标。

其二，与普通人才的培养目标相比，创造性人才培养目标的定位应该有其鲜明的特色，这种特色应该是各种创造性人才培养目标的共性。

其三，不同专业领域的创造性人才从事不同目标指向的创造性实践，要满足创造性实践的客观需求，对他们培养目标的定位应该有明显的专业领域性特点。

其四，结合前述关于素质、素养与能力三者之间的区别与联系，考虑到个体的素质、素养与能力是决定个体行为成效的主观条件这一事实，培养出来的创造性人才要能满足创造性实践的现实需求，则创造性人才的培养目标应从素质、素养与能力这三个方面进行明确定位。

总之，创造性人才培养目标的定位应该以满足创造性实践的客观需求为原则，从素质、素养、能力与专业领域等四个维度来进行，要追求个性与共性的辩证统一。与普通人才相比，创造性人才应该具有鲜明的个性——创造性人才的基本特征。这些基本特征同时又是各专业领域的创造性人才的共性，而且在素质、素养与能力等方面有明显的体现。为了进一步阐明创造性人才培养目标的定位问题，有必要从领域、素质、素养、能力这四个维度进行分析。

2.2.2 目标定位的四维分析

2.2.2.1 领域维度

人类周围的一切文明成果都是人们创造出来的，应该可以说，这些文明成果涉及科学、技术、管理、艺术及其他所有领域。这就意味着，在各种领域里都有而且也继续需要人们的创造性实践活动。由于人们的创造性实践活动领域实在是太多了，本书对创造性人才培养目标的定位分析不可能穷尽所有领域，只能从诸如工程技术领域、自然科学领域、人文社会科学领域、经营管理领域、文学艺术领域等几大领域进行分析与探讨培养目标定位的基本规律。

其一，工程技术领域。在工程技术领域里，人类的创造活动非常频繁，硕果累累，其中发明是非常典型的创造活动。所谓发明，是指从事前人和他人从未进行过的活动，即"创制新的事物，首创新的制作方法"。我国专利法实施细则第二条明确指出："专利法所称发明，是指对产品、方法或者其改进所提出的新的技术方案。"在一般情况下，发明多是指人们在技术领域的创造，发明的成果往往是一个明确的、新的技术方案，即一个明确的实物或者一种可操作的方法。如照相的发明、侯德榜制碱法的发明等。发明过程中的每一步都离不开创造，离不开人的创造性思维，离不开人的创造性设计，离不开人的创造性实践，因此，发明具有明显的新颖性。依据前述庄寿强的创造的本质观可知，发明的本质与创造是相同的。从这个意义上来看，发明即创造，所有的发明都是创造。通过对发明的分析，我们可以得知，在工程技术领域里，创造活动的基本特点是技术性与创造性的有机结合。

其二，自然科学领域。自然科学（natural science）是研究无机自然界和包括人的生物属性在内的有机自然界的各门科学的总称。自然科学包括了许多领域的研究，如物理学、化学、天文学、地球科学以及生命科学，等等。自然科学认识的对象是整个自然界，即自然界物质的各种类型、状态、属性及运动形式。自然科学的根本目的在于寻找自然现象的来因，因而它认识的任务在于揭示自然界发生的现象以及自然现象发生过程的实质，进而把握这些现象和过程的规律性，以便解读它们，并预见新的现象和过程，为在社会实践中合理而有目的地利用自然界的规律开辟各种可能的途径。自然科学的最重要的两个支柱是观察和逻辑推理，通过对自然的观察和逻辑推理，可以发现大自然中的规律。这里的"发现"当然是指非重复性发现，即首次发现。而发现是指经过探索和研究才开始了解在客观上业已存在的实物或规律。一个人如果寻找到了别人已经找到过的客观实物或规律，这种发现叫作重复性发现；一个人如果寻找到了别人从未找到过的客观实物或规律，这种发现叫作创造性发现，因为其具有"新颖性"特点。显然，自然科学领域中这种非重复性的发现或者说首次发现实质上就是创造性发现。现在，人们已约定俗成地把自然科学领域中的创造性发现简称为发现，如化学家发现新元素、牛顿发现万有引力等。因此，我们完全可以说，在自然科学领域里，发现就是典型的创造活动。

由于自然科学通常试着解释世界是依照自然程序而运作，而非经由神性的方式，自然科学认为超自然的、随意的和自相矛盾的实验是不存在的。假如观察的现象与规律的预言不同，那么，要么是因为观察中有错误，要么是因为至此为止被认为是正确的规律是错误的，一个超自然因素是不存在的。[①] 因而，自然科学的研究特别强调科学性，特别强调遵守科学方法，"自然科学"一词也是用来定位"科学"的。显而易见，在自然科学领域里，创造活动的基本特点是科学性与创造性的有机结合。

其三，人文社科领域。人文社科领域即人文社会科学领域。这里的"人文社科领域"比较狭义，不包括经营管理领域和文学艺术领域。人文社会科学是人文科学和社会科学的总称。人文科学是以人类的精神世界及其积淀的精神文化为研究对象的科学，它主要运用意义分析和解释的方法来验证人的观念、精神、情感和价值等；社会科学是以人类社会为研究对象的科学，它更多的是引进自然科学的方法来研究人类社会以及人身上所表现出来的"特定社会的东西"，它除了要研究自然世界以外，还要研究社会世界。然而，由于"人"与"社会"在本质上的一致性和不可分割性，即瑞士学者让·皮亚杰所说的，尽管在理论上可以将人文科学与社会科学区别开来，而在实际中，"不可能对它们作出任何本质上的分别"，所谓的社会现象，主要"取决于人的一切特征"，而人文科学在这方面或那方面又都是社会性的，因而在实际生活中，人们往往是将它们作为一个整体加以讨论的。总之，人文社会科学在本质上是关于人的科学，是以人、人类社会为研究对象的科学。正因为如此，人文社会科学研究特别强调人文性。所谓人文性，就是指对人自身完善、幸福生活、社会和谐稳定与发展进步的关注与追求，包括人的尊严、价值、个性、理想、信念、品德、情操等方面。在人文社会科学领域，典型的创造活动就是创立，即创立各种人文社会科学理论、政策法规等来满足这种人文性需求。例如，邓小平理论的创立就是人文社会科学领域里的经典创造。因此，在人文社会科学领域，创造活动的基本特点是人文性与创造性的有机结合。

其四，经营管理领域。经营管理是指在企业内，为使生产、营业、劳动力、财务等各种业务，能按经营目的顺利地执行、有效地调整而所进行的系列

---

① 自然科学 [EB/OL].https://baike.so.com/doc/5415231-5653376.html, 2020-04-04.

管理、运营之活动。经营管理的基本任务是，合理地组织生产力，使供、产、销各个环节相互衔接，密切配合，人、财、物各种要素合理结合，充分利用，以尽量少的活劳动消耗和物质消耗，生产出更多的符合社会需要的产品。由此可知，经营管理的基本理念就是效益性理念，即充分利用有限的经济资源，追求最大的经济效益。现在人们已经把经营管理的这一效益性理念泛化到其他管理领域，如教育管理领域，即如何充分利用有限的教育资源，追求最大的教育效益。这种效益性理念促使人们不断地创新，创新已经成为经营管理领域里典型的创造活动。熊彼特认为，创新（Innovation）是指新技术、新发现在生产中首次应用，是指建立一种新的生产函数或供应函数，是在生产体系中引进一种生产要素和生产方法的新组合。就是说，当一种新技术、新发明具有市场价值时，才可称其为创新。后来，许多经济学家对此又做了一定发展，但其内涵基本没有改变，一般可理解为一项新技术，就发现的第一次应用，或是科学研究成果的第一次商业化。创新强调其商业利益或市场价值即创新的"价值效应"，这种"价值效应"实质上反映了效益性理念支配下的创新动机，而且它推动了所有管理领域的创新实践，因为任何领域的经营管理都要消耗一定的经济资源，都存在一个效益性问题。因此，在经营管理领域，创造活动的基本特点是效益性与创造性的有机结合。

其五，文学艺术领域。文学艺术（literature and arts），是指借助语言、表演、造型等手段塑造典型的形象反映社会生活的意识形态，属于社会意识形态，它包括语言艺术(诗歌、散文、小说、戏剧文学)、表演艺术(音乐、舞蹈)、造型艺术(绘画、雕塑)和综合艺术(戏剧、戏曲、曲艺、电影)等。[①] 如同技术领域的创造就叫发明一样，创作是在文化艺术领域里的一种创造。根据创造的"新颖性"判断标准，在文化艺术领域里的凡是具有"第一次"性质的各种小说、诗歌、音乐、舞蹈、影视等的创作活动，无疑都属于创造的范畴，即创作就是创造，可以说，创作是文学艺术领域里典型的创造活动。无论是文学还是艺

----

① 文学艺术 [EB/OL]. https://baike.so.com/doc/6194455-6407714.html, 2020-04-04.

术，都特别强调艺术性，文学本身就是语言艺术，广义的艺术概念包括文学在内，因此，在文学艺术领域里，创造性活动的基本特点是艺术性与创造性的有机结合。

综上所述可知，创造活动的领域性特点是客观存在的，即创造活动在不同的领域有不同的特点，如表2.1所示。这里的"领域"不只是指上述的宏观领域，也指中观领域，甚至微观领域。如，自然科学领域下的物理学、化学、地理学、地质学、生命科学等中观领域里的创造活动，虽然有自然科学的共同点，但也有各自不同的特点。同样，生命科学领域里的细胞生物学与分子生物学，这两个领域的创造活动既有共性亦有个性。这就意味着，创造性人才培养目标的定位必须考虑创造活动的领域性特点，即创造性人才的培养目标在不同的领域应有不同的定位。

表2.1　各领域典型创造活动及其基本特点

领域	典型创造活动	基本特点	说明
自然科学领域	发现	科学性与创造性的有机结合	是指首次发现，如牛顿发现万有引力定律
工程技术领域	发明	技术性与创造性的有机结合	如飞机的发明
人文社科领域	创立	人文性与创造性的有机结合	是指不包括经营管理领域和文学艺术领域在内的人文社会科学领域，如邓小平理论的创立
经营管理领域	创新	效益性与创造性的有机结合	如经营管理的技术创新
文学艺术领域	创作	艺术性与创造性的有机结合	如《红楼梦》的创作

例如，面向工程技术领域的创造性人才培养目标应该定位在，既懂技术又具有很强的创造性，而且能在工程技术领域进行创造性实践活动并能取得创造性成果的创造性人才，特别是要能掌握并能运用技术发明的基本原理与方法取得发明创造成果的创造性人才。显而易见，按此目标培养出来的创造性人才，他们的创造素质、创造素养和创造能力等方面都必须打上技术的烙印。而

在自然科学领域里从事创造活动的科学工作者要想有所发现，就必须具有很好的科学素质、很高的科学素养，掌握且能运用科学研究的基本理论和方法，特别是有关创造性发现的一系列机制、原理、方法等，这些应该是面向自然科学领域创造性人才培养目标的基本定位。而人文社会科学领域的创造活动及其特点要求在该领域从事创造活动的工作者必须具有很好的人文素质和人文素养，掌握并能运用在人文社科领域里的创造原理和方法来创造性地解决人文社科领域的各种理论与现实问题。这些要求应该是面向人文社科领域创造性人才培养目标的基本定位。同样，面向经营管理领域、文学艺术领域，创造性人才培养目标也应该有不同的定位。

当然，领域越小，创造性人才培养目标也就越具体，个性更加鲜明。然而，不论哪个领域，也不论领域大小，创造性人才培养目标应该有共同之处，共性与个性是辩证统一的。创造性人才培养目标共性与个性的辩证统一关系，为我们配置实现创造性人才培养目标的课程资源指明了方向，即我们在配置课程资源时也应充分尊重这种辩证关系，既要配置实现共同目标的课程资源，也要有实现个性目标的课程资源，要做到共性与个性的统一。

2.2.2.2 素质维度

如前所述，素质是一种"人格力量"，是将被其行动证实的力量，因此，从素质维度来分析创造性人才培养目标的定位，最为主要的、最为关键的是要分析创造活动对创造性人才的人格要求。众所周知，创造活动对创造性人才在人格方面的基本的也是最为核心的要求就是必须具有创造性人格。那么，何谓创造性人格？

创造性人格（creative personality）是个复合词，由"创造性"和"人格"组成。1950年，美国心理学家吉尔福特提出和使用了"创造性人格"这一概念。要理解什么是"创造性人格"，我们得先了解和理解什么是"人格"。国外一些心理学家给"人格"下过许多定义，如：阿尔波特认为，人格是人适应环境的、独特的身心体系；艾森克认为，人格是决定个人适应环境的性格、能力或生理特征；吉尔福特认为，人格是个人特质的独特形态；希尔加德认为，人格是决定一个人适应环境的、独特的行为模式。这些定义从不同的侧面强调了人格的本质内涵，具有一定的合理因素，但也各有其局限性。

然而，我国心理学家在提示人格的内涵方面也存在两种观点。一种观点认为人格与个性是同义语，在英语单词中同为 personality，其含义即为 characteristics and pualities of a person seen as a whole；而个性是指一个人的整个心理面貌，它是在一定的历史条件下，个人所具有的个性倾向性(如需求、动机、兴趣、理想、信念、世界观等)与经常地稳定地表现出来的心理特征(如性格、气质、能力等)的总和。另一种观点认为人格与个性不同，人格有时仅指性格与气质，不包括能力；有时人格的外延要比个性更广，它不仅包括心理

图2.1　人格示意图

方面的特质，而且还包括身体方面的特质，即被认为是人在社会化历程中逐渐形成和发展起来的、给人以特色的身心组织。而个性只包括心理方面的特征，一般是指一个人的整个心理面貌，即具有一定倾向性的、各种心理特征的总和。可见，人格具有多重含义。程良道用大小不同的三人同心圆(如图2.1)表述了人格的三种含义。①

关于创造性人格的内涵亦有多种观点，例如，有人认为所谓创造性人格是指个体内在的创造能力与创造动力构成的较为稳固、持久的组织系统，这一组织系统是由人的精神世界中的多种因素有机整合所形成的复合体。② 也有人认为创造性人格是人所具有的稳定的对创造活动的顺利进行和创造目标的实现产生动力作用和决定作用的各种心理特征的总和。作为人格的一种重要类型，它是在先天素质的基础上通过个体的主观努力和家庭、学校、社会整合教育而逐渐形成的，在人的创造性活动过程之中得到表现和发展。③ 段继扬认为，创造性人格，也可称创造性个性，是指人所具有的那些对创造力发展和创造任务

① 程良道.论创造性人格的实质 [J].科技创业月刊，2002(10)：75-76.

② 庞学光.创造性人格的培养与学校教育的革新 [J].教育理论与实践，2000(4)：12-17.

③ 程良道.论创造性人格的实质 [J].科技创业月刊，2002(10)：75-76.

完成起促进或保证作用的个性特征。① 林崇德认为，创造性人才＝创造性思维＋创造性人格，其中，创造性思维属于智力因素，而创造性人格，则属于非智力因素。② 依据这个观点，笔者更倾向于认为人格与个性有差别，人格不包括能力，创造性人格同样不包括能力，特别是不包括创造性思维能力。

创造活动需要以一定的智能为基础，但智能高低并不能决定其创造水平的高低。在创造活动中，创造性人格为创造能力的发挥提供心理状态的背景情境，对创造能力的发挥进行引发、促进、调节、配合和监控。创造性人格有一个完整的结构，它主要由创造性人格倾向性、创造性人格心理特征和创造性自我意识三大部分组成。创造性人格倾向性是创造性人格的动力系统，为创造活动的起始、维持和顺利完成提供基本动力，主要包括创造需要、创造动机、创造兴趣、创造信念、创造价值观、创造意志、创造情感等成分。创造性人格心理特征是创造性人格的特色系统，是构成创造性人格之间、创造性人格与非创造性人格之间差异的重要成分，主要包括创造性的性格、创造性的气质和创造潜力(不是创造能力)。创造性自我意识是创造性人格的监控系统，对人的创造活动过程进行体验、认知、评价、监督、调节、控制，有利于创造活动有序、有效地进行，主要包括创造性自我认识、创造性自我体验、创造性自我监控、创造性自我调节等成分。创造性人格三大部分之间，以及每个部分中成分之间是相互联系、相互影响和相互制约的，它们共同在创造活动中发挥重要作用。

创造性人格具有稳定性和可塑性等基本性质。创造性人格是在人的创造活动中经常表现出来的、较稳定的心理倾向性、心理特征和自我意识的总和，而不是偶然的、暂时性的表现。例如，一个想象丰富的人，他的想象力在创造活动中经常稳定地表现出来，而不是偶然的表现。俗话说"江山易改，禀性难移"，这形象地说明了创造性人格的稳定性。不过，创造性人格的稳定性是相对的，创造性人格具有可塑性，并不是一成不变的。创造性人格是在主体与客

....

① 段继扬.创造性教学通论 [M].长春：吉林人民出版社，1999：84.

② 林崇德.创造性人才·创造性教育·创造性学习 [J].中国教育学刊，2000(1)：6.

观环境相互作用的过程中形成和发展起来的，与此同时又会在主体与客观环境相互作用的过程中发生变化。少年儿童的创造性人格虽然较稳定，但自我意识对创造性人格的变化发挥重要作用。例如，失败会使人产生挫折感，使人消沉，但通过自我评价、自我调控和自我激励，人也可以从失败中奋起，重振雄风。因此，创造性人格也是稳定性和可塑性的统一。创造性人格的稳定性和可塑性是我们培养创造性人才的重要的理论基础之一。因为如果创造性人格不可塑，我们就无法从人格方面去培养创造性人才；如果创造性人格不稳定，我们从人格方面培养创造性人才的有效性就无从谈起。

创造性人格还具有差异性和共同性等基本性质。人格是决定个体的外显行为和内隐行为，并使其与其他人的行为有稳定差异的心理特征综合体。在现实生活中，人与人之间没有完全相同的创造性人格特征，每个人的创造性人格都是由其独特的创造性人格倾向性、人格心理特征和自我意识建构而成的。正如俗话所言："人心不同，各如其面。"即使是同孕双生子，他们的创造性人格特征也是有差异的。甚至如果通过当代的克隆技术，出现了克隆人，恐怕也难以使克隆人与其原来的主体排除创造性人格的差异性，因为人格是在遗传基因、客观环境、成熟、营养和学习等诸多因素的共同影响下产生和发展起来的。

创造性人格的差异性主要表现在以下几个方面：其一，创造性人格的各种组成要素在每个人身上的表现具有程度上的差异，如：有的人记忆力强些，有的人观察力强些，还有的人想象力强些。其二，每个人的创造性人格要素在具体的创造活动中发挥的作用有大有小。其三，创造性人格作为一个融化结构具有个体差异性，即人与人之间的创造性人格在总体水平上是有差别的，如爱迪生具有强烈的好奇心和广泛的兴趣，而爱因斯坦具有非凡的独立意识和批判精神。其四，创造性人格存在领域性差异。如科学家与文学家、考古学家与艺术家、教育学家与心理学家、人文社会科学家与自然科学家，他们的创造性人格具有明显的差异。

当然，创造性人格具有差异性，并不意味着其没有共同性。创造性人格是一个人的完整的心理面貌，其中即包含了人与人之间心理面貌的差异性，又包含了人与人之间心理面貌的共同性，即创造性人格通常反映一个民族、一种文化背景中的社会群体的某些共同的心理特点。上述研究者的研究结果表明，创造性人格既具有明显的学科领域性差异，而且在同一学科领域里也具有共同性，因此，创造性人格的差异性和共同性是并存其中的。

创造性人才有不同的类型，不同类型的创造性人才其创造性人格应该具有明显的差异。我们强调各个领域、各种类型的创造性人才其创造性人格的差异性，同时也强调应当充分重视他们之间的共同性，个性之间有共性，各类创造性人格中亦必有共同之处。有人对1901—1978年获得诺贝尔奖的325人进行分析研究后发现，他们具有以下一些共同的创造性人格特征：思想开阔，目光敏锐；富于幻想，大胆思考；兴趣浓厚，好奇心强；选准目标，坚定不移；勇往直前，不顾一切；勤于实践，勇于探索等等。有的专家认为创造性人物通常具有以下一定共同特征：有好奇心；易于被复杂奇怪的事物所吸引；有理想抱负；独立性强；自信心强；勇于冒风险；不轻信他人的意见；有艺术上的审美观；富有幽默感；兴趣爱好既广泛又专一。也有专家认为，有创造性的人一般具有下列人格特征：高度的自娱能力，这会使他较少有厌烦情绪，并能经常想到有事要做；坚定的决心，这使他在实现自己的目标时勤奋和坚忍不拔；强烈的幽默意识，这使他对一定的问题情境产生尽可能多的解答；容忍模棱两可的情形，这使他对某些不论有无明确指导和具体要派的工作都能发挥作用；幻想的生活，这使他富于持久的想象，并常常由此获得问题解决的方法；非常的问题解决策略，这使他能流畅、变通和独创地思考问题。

创造性人格的差异性和共同性两者之间的关系实质上是个性和共性的辩证统一关系，它们反映了创造性人才素质的差异性和共同性，因此把握好这两个基本性质及其之间的辩证关系对创造性人才培养目标在素质方面的定位是非常重要的。众所周知，在发展的早期，孩子们的创造性人格并不是以专业化的形式出现的，也就是还没有进行专业领域的分化，因此，在基础教育阶段，使孩子们具有基本的、共同的、基础性的创造性人才素质应该成为创造性人才培养的素质目标的基本定位。例如，上述的适合孩子们的求知欲、想象力、好奇心等创造性人格素质就应被纳入培养目标之中。在高等教育阶段，创造性人才素质在专业领域的分化是必须的，也是不可避免的，因此在定位创造性人才培养的素质目标时也要进行专业领域的分化，使他们具有将来在各自的专业领域进行创造活动所必须具有的素质条件。同时，在进行专业领域的分化的过程中必须注意创造性人才培养素质目标的共性与个性的辩证统一。

2.2.2.3 素养维度

林萍华认为，素养是指一个人面对问题时的视野和底蕴，它包括文化素养、道德素养、政治素养、工程素养等，属于大文化的范畴，对认识过程、思考过程、决策过程起作用。素养是一种"知识力量"，一个人有了丰厚的文化底蕴，理论知识和实践经验丰富，必将显得更强大。素养的培养，属于知识传授的范畴，是培养对象对知识信息的接收和加工的过程，可以通过第一课堂、第二课堂、专家论坛和各种文化传播形式等来实现。[①]

人类的各种实践活动对人才素养应该有不同层次、不同内容的要求，高级的实践活动通常应该有高层次的素养要求，特殊的实践活动除了有普通的素养要求外通常应该还有特殊的素养要求。创造活动是人类特殊的实践活动，对人才素养应该有一定的特殊要求。因此，培养创造性人才，首先要搞清楚的是，创造性人才究竟应该具有哪些特殊素养才能满足创造性实践的客观需求？在此，笔者将创造性人才应该具有的、满足创造性实践客观需求的特殊素养称为创造性素养。

人类创造活动领域众多，由前述对工程技术领域、自然科学领域、人文社会科学领域、经营管理领域、文学艺术领域等几大领域的分析可知，各领域的创造活动都有各自特点，对创造性素养的要求也不尽相同。探索和研究创造性素养的结构、成分和领域性特点，探明它们的个性与共性，这些是创造性人才培养的素养目标定位的基础性工作。

....

① 林萍华. 素质、素养与创新 [J]. 高等工程教育研究，2000(1)：57-59.

创造性素养从结构上看应该包括两个部分，共同部分和个性部分。共同部分是指不论哪个领域创造活动都需要的那部分创造性素养，是创造性人才应该具有的最基本的创造性素养。个性部分应该与各领域创造活动的特点相匹配，是针对性很强的创造性素养。两部分共同构成了创造性人才在某领域从事创造活动所需的素养条件。

发明、发现(此处指创造性发现)、创建、创新和创作分属于各领域非常典型的创造活动，它们和创造的本质是相同的，即都与"新颖性"有关，它们的核心在于创造，有关它们的一系列机制、原理、方法等方面的问题，都属于创造学的研究内容，它们的理论基础是创造学。而创造学是研究人类在科学、技术、管理、艺术和其他所有领域中的创造活动并探索其中创造的过程、特点、规律和方法的一门科学。[①] 创造学的宗旨在于通过对人们创造活动和创造方法的研究，揭示人类创造的一般规律，并尽快交给普通人，从而有效地开发普通人的创造潜力，提高他们的创造性，增强其创造能力，使得普通人也能够产生创造行为、能够进行活动，并不断提高创造活动的质量和效率。创造学的研究表明，一个人的创造性主要表现在创造意识、创造性人格、创造性思维、创造原理和创造方法五个方面，而这五个方面内容全部都与创造学密切相关。所以，学好创造学就可以通过提高创造性的途径来加强自己的创造能力。[②] 由此看来，掌握创造学的各种理论和方法应该成为创造性人才培养的共同的、基本的创造性素养目标。

其实，研究人类的创造活动除了创造学还有创造心理学。1935年波兰科学家奥索夫基夫妇发表的《科学的科学》一文中首次提出了"创造心理学"，[③] 宋书文等三位同志主编的《心理学词典》在"创造心理学"词条中说"在近二三十年的研究中，人们发现创造行为受到智慧、动机、情绪、性格、家庭、学校与社会等因素的交互影响，已远远超出了人格心理学的研究范围，于是它被公认

① 庄寿强.普通行为创造学 [M].徐州：中国矿业大学出版社.2013：3.

② 庄寿强.普通行为创造学 [M].徐州：中国矿业大学出版社.2013：20.

③ 彭纪生.科技创造心理学 [J].软科学，1991(4)：68.

成为一门独立的科学，这门科学在世界各国极受重视。"① 创造心理学是创造学与心理学相互交叉、相互渗透的一门交叉学科，它主要研究有关创造活动的心理现象及其一般规律。创造心理学的研究旨在揭示人类创造活动得以产生的内在心理规律和本质，为充分发掘个人和社会的创造潜力、为大批培养创造性人才提供理论依据和切实可行的策略与方法，也为创造性人才的研究与培养提供科学的测量工具。掌握并能运用有关创造活动的一般心理活动规律，有利于培养和优化自己的创造性人格，有利于在创造过程中规避制约创造的各种心理障碍，有利于充分开发自身的创造潜力，从而有利于提高创造的效率和水平。特别是深入到各领域的领域性创造心理学，如，科技创造心理学、科学创造心理学、文学创作心理学、艺术创作心理学等，其作用和价值则具有更加明显的针对性，很多学者高度评价了这些领域性创造心理学的价值。

例如，吴安宁、力斌这样评价黄志斌等的《科技创造心理学》：它以逻辑学、心理学、创造学等科学知识为基础，进行哲学的综合思考，从而探索科技人员的主体性问题和阐明以创造力为中心的科技创造的心理机制及其蕴含的创造艺术。它以可贵的实证精神与多维视角揭示出科技创造活动的心理规律，为科技人员认识自身、实现自身、完善自身提供了有效指南；它所提出的建立在心理规律基础上的创造技法和实用建议，为科技人员自觉而科学地从事创造活动、最大限度地实现自身的价值提供了手段和方法；它对科技创造所必需的最佳心理素质的剖析，将唤醒科技人员完善自身智能结构，追求认识因素和非认识因素协调发展的意识，并掌握"完善"的途径。② 王极盛认为，科学创造心理学是研究科学创造的心理规律。它主要研究科学创造过程的心理规律与心理特点，探讨智力因素与非智力因素对科学创造的作用和群体心理对科学创造的影响。研究科学创造心理学对于现代科学技术的发展有重要的意义。研究科技人员的智力因素与非智力因素，不仅能促进科技人员的智力开发，而且有助于

① 宋书文，孙汝亭，任平安.《心理学词典》[M].南宁：广西人民出版社，1984：104-105.
② 吴安宁，力斌.领你步入创造之门——评黄志斌等的《科技创造心理学》[J].合肥工业大学学报（自然科学版），1992（3）：123.

培养科技人员良好的个性心理品质和建立良好的社会主义科研文明。研究群体心理有助于搞好群体的团结合作，发挥优良的科研作风，增强群体士气，充分发挥群体心理效应。研究科学创造过程的心理规律与心理特点，使科技人员自觉地运用科学创造的心理规律，提高科技人员的科学创造能力，减少科学创造的盲目性，增强自觉性，提高科学创造的效率。[1] 王兴成认为，研读《科学创造心理学》，将增进我们在科技创造活动中的心理健康，提高我们科技创造活动的效率，使我们在向实现科学技术现代化的进军过程中，迈出更加坚实的步伐。[2] 显而易见，创造心理学对创造活动的开展和创造成果的取得具有不可否认的积极作用，因此，掌握创造心理学特别是某一领域性的创造心理学中的各种理论和方法，应该成为该领域创造性人才培养的共同的、基本的创造性素养目标。

2.2.2.4　能力维度

从能力维度来分析创造性人才培养目标的定位，关键是要搞清楚在创造性实践活动中创造性人才究竟需要哪些能力。从前述的领域维度分析来看，不同的活动领域对创造性人才的能力要求显然是不同的，限于时间和篇幅，笔者无法穷尽所有领域创造性人才培养目标的定位，因为不管哪个领域，要想从事创造性实践活动，都必须具有一个基本的能力，那就是创造性思维能力。问题是究竟何谓创造性思维能力？

创造性思维一直是令人感到神秘、也令人神往的思维花朵。为了揭开其神秘的面纱，看到她的本来面目，心理学界和创造学界为此做了不懈的努力。据统计资料表明，人们给创造性思维做的界定就有五十多种[3]。笔者反复研究了心理学界和创造学界具有代表性的界定，辩证地吸收了其中的精华，进行了

① 王极盛.科学创造心理学与管理心理学的几个问题 [J].科学管理研究，1984(4)：66.

② 王兴成.探索科学创造活动的心理奥秘——读《科学创造心理学》[J].科学学研究，1987(4)：109.

③ 庄寿强.普通行为创造学 [M].徐州：中国矿业大学出版社.2013：107.

发展性探索，提出了"五维"界定观，即创造性思维本质上是能产生新颖性思维结果的思维。这里的"思维结果"，不是所谓的实践成果，更不是成功了的实践成果，而是创造性设想。而这里的"创造性设想"不一定是发明设想，因为发明设想仅仅是创造性设想中的一部分。这里的"新颖性"，是相对于产生该新颖性思维结果的大脑(不是别人的大脑)里所有的关于同类或同一问题的思维结果而言。[①]

依据笔者的"五维"界定观，创造性思维能力就是能产生新颖性思维结果的思维能力。其中对这里的"思维结果"和"新颖性"的界定与创造性思维的五维界定观一致。人类的任何创造活动都离不开创造性思维，因此，创造性思维能力是从事创造活动所需的最基本的能力，是创造能力的核心。从能力维度来分析创造性人才培养目标的定位，理所当然应把创造性思维能力的培养纳入最基本的培养目标之中，而其中的创造性思维能力就是基于"五维"界定观的能产生新颖性思维结果的思维能力。我们培养创造性人才，就是希望他们将来能够充分利用已有的资源，创造性地解决问题，尤其是产生相对于全人类前所未有的创造性成果。也就是，在思维者脑海中没有关于同一或同类问题的现成的思维结果的前提下，思维者要能够靠自己的大脑进行积极的思考，并产生新颖性的思维结果。如前所述，这与思维者产生相对于他自己新颖的思维结果在思维方面并无本质的区别。那么现在培养学生源源不断地产生相对于他自己新颖的思维结果的能力，乃是培养他们将来产生相对于全人类前所未有的创造性成果的创造性思维能力的有效措施与途径。

当然，创造性人才培养的能力目标远远不只是创造性思维能力，敏锐的洞察力和丰富的想象力等各种能力也是必不可少的。而且，各领域的创造活动有各自的特点，对创造性人才的能力要求也不一样，即使是创造性思维能力也应该具有领域性特点，因为思维的内容总是某一领域的，离开了领域内容的思

① 王伟清.对创造性思维界定的发展性探索——"五维"界定观 [J].湖南科技大学学报社会科学版，2005(1)：120-123.

维是空洞的。抓住创造性思维能力这个基本目标是必需的，但不可一叶障目，创造性人才培养的其他能力目标也是值得我们深入研究的课题。

2.2.3 基本目标的定位

既然创造性人才的基本特征是各专业领域的创造性人才的共性，那么，创造性人才的基本特征应当成为创造性人才培养的基本目标。问题是创造性人才应当有哪些基本特征呢？

关于这个问题，许多学者从不同的角度进行了有益的探讨，如石本坤[1]、辛雅丽[2]、吕康鸿[3]，等等。林崇德的创造性人才观从创造性思维和创造性人格这两个方面来分析创造性人才的基本特征。比较而言，李秀莉的概括比较全面。她认为，创新人才具有的普遍特征是：①具有不断探索创新的兴趣和欲望，勤于思考，善于发现问题，求新求异，即有较强的创新精神和创新意识；②具有敏锐的洞察力和丰富的想象力，勇于突破传统思维的限制，善于提出新观点、新理论，并运用新方法、新思路来解决问题，即有较大的创新潜能；③有合理的知识结构、扎实的理论基础和深厚的文化底蕴，有较强的获取知识的能力、信息采集处理的能力、科学研究的能力、实际操作的能力，即有创新的能力和创新的技能；④具有较强的心理素质，能够承受压力，坚持真理，勇于批判，不怕挫折，即有健全的人格和较强的独立性。[4]

综合众多学者的观点，结合人才界定的几个维度，笔者以为，创造性人才的基本特征主要表现在以下几个方面：

其一，素质方面。具有不断探索创新的兴趣和欲望，勤于思考，求新求异，即有较强的创新精神和创新意识；具有良好的心理素质，较强的独立性，意志坚强，性格刚毅，坚持真理，勇于批判，不怕挫折，不怕风险，不患得

[1] 石本坤.创造性人才的特征及其培养 [J].化工高等教育.2000(2)：4-6.

[2] 辛雅丽.创造性人才特征分析 [J].西安政治学院学报.2003(4)：37-39.

[3] 吕康鸿.创造性人才的特征 [J].成都教育学院学报.2003(11)：12-13.

[4] 李秀莉等.高校教师队伍建设与创新人才培养初探 [J].长春理工大学学报.2003(4)：5.

失，能够承受因从事各种创新活动所带来的各种压力。总之应具有以创造性人格为核心的创造性素质。

其二，素养方面。具有有利于创新的知识结构、扎实的理论基础、深厚的文化底蕴和宽广的知识幅面，特别是掌握并能灵活运用创造规律和创造的心理规律，即具有创新所需的各种理论素养。

其三，能力方面。具有较强的获取知识的能力、信息采集处理的能力、科学研究的能力、实际操作的能力，尤其是具有敏锐的洞察力和丰富的想象力，勇于突破传统思维的限制，善于发现问题，善于提出解决问题的新方法、新思路，善于提出新观点、新理论，即具有创新所需的各种技能，特别是较强的创造性思维能力。

总而言之，创造性人才的这些基本特征可以概括为具有较高的创造性素养、较好的创造性素质和较强的创造性技能等几个方面，我们培养出来的创造性人才应该具有这些基本特征，否则就不是创造性人才。因此，这些基本特征就是创造性人才培养的基本目标。

第三章 创造性人才培养与课程资源条件保障

任何人才的培养对课程资源条件都会有一些基本的诉求，创造性人才的培养也不例外。要大批培养创造性人才，必须具备一些基本的课程资源条件。何谓创造性人才培养的课程资源条件？培养创造性人才究竟需要什么样的课程资源条件？这些认识问题又是解决创造性人才培养的课程资源条件问题的基本前提。本章从分析创造性人才培养的课程资源条件之内涵出发，探讨创造性人才培养的课程资源条件之基本诉求。

3.1 课程资源与创造性人才培养的课程资源条件保障

3.1.1 课程资源

3.1.1.1 "课程资源"概念面面观

课程资源是教育资源的一部分，早在20世纪50年代，美国著名的教育理论家拉尔夫·泰勒在分析编制课程和教学计划的研究中指出，学校不仅要提出明确的教育目标，而且要有实现这些目标的具体措施。从这个意义上讲，课程资源就是"寻求目标、选用教学活动、组织教学及制定评估方案过程中可资利用的资源"。泰勒则依据课程研制过程和资源可利用特点，将课程资源分为"目标资源""教学活动资源""组织教学活动资源"以及"制定评估方案资源"。[①]

---

① Aoich Lewyed. The International Encyclopedia of Curriculum Oxford[M]. Oxford, UK: Pergamon Press, 1991:56.

在我国，理论界对课程资源的定义可谓众说纷纭。范蔚认为：资源从本义上讲是某种物质的天然来源，是本来就有的，课程资源也是客观存在的各种事物，而课程是教育系统中的基本要素，是为实现教育目的服务的。尽管当前对课程的理解存在着分歧，但"课程目标指向学生的发展""课程内容富含教育性"等认识，是被广大教育工作者所认同和接受的。所以她将课程资源定义为"富有教育价值的、能够转化为学校课程或服务于学校课程的各种条件的总和"①。

徐继存等指出："课程资源是课程设计、实施和评价等整个课程编制过程中可以利用的一切人力、物力以及自然资源的总和，包括教材以及学校、家庭和社会中所有有助于提高学生素质的各种资源。课程资源既是知识、信息和经验的载体，也是课程实施的媒介。"②

范兆雄所做的界定非常广义，认为"可能进入课程活动，直接成为课程活动内容或支持课程活动进行的物质和非物质的一切"③可以称为课程资源。他在其《课程资源概论》一书中将课程资源定义为："供给课程活动，满足课程活动需要的一切。"④

吴刚平先生从相对宏观的角度提出并论证了课程资源的基本概念框架，指出：课程资源的概念有广义和狭义之分，狭义的课程资源仅指形成课程的直接因素来源，广义的课程资源是指有利于实现课程目标的各种因素，是"形成课程因素来源与必要而直接的实施条件"。⑤⑥后来，他又撰文指出，按照课程资源的功能特点，可以把课程资源划分为素材性资源和条件性资源两大类。其中，素材性资源的特点是作用于课程，并且能够成为课程的素材或来源，它是

① 范蔚. 实施综合实践活动对课程资源的开发利用 [J]. 教育科学研究，2002(3)：32-34.

② 徐继存，段兆兵，陈琼. 论课程资源及其开发与利用 [J]. 学科教育，2002(20)：1-5.

③ 范兆雄. 课程资源系统分析 [J]. 西北师范大学学报 (社会科学版)，2002(3)：101-105.

④ 范兆雄. 课程资源概论 [M]. 北京：中国社会科学出版社，2002：2.

⑤ 吴刚平. 课程资源的开发与利用 [J]. 全球教育展望，2001(8)：24-30.

⑥ 吴刚平，樊莹. 课程资源建设中的几个认识问题 [J]. 教育理论与实践，2001，21(7)：40-42.

学生学习和收获的对象，比如知识、技能、经验、活动方式与方法、情感态度和价值观以及培养目标等方面的因素。条件性资源的特点是作用于课程却并不是课程本身的直接来源，并不是学生学习和收获的对象，但它在很大程度上决定着课程的实施范围和水平，比如直接决定课程范围和水平的人力、物力、财力和时间、场地、媒介、设备、设施和环境等因素。[①] 显然，在吴先生看来，课程资源中的素材性资源应该就是指狭义的课程资源，素材性资源与条件性资源之和就是广义的课程资源。

如此众多的课程资源界定观，皆有一定的教育理论依据，各有一定的价值取向，且从某种角度揭示了课程资源的本质，为我们认识创造性课程资源和研究创造性人才培养的课程资源条件及其保障问题提供了有益的参考。

3.1.1.2 "课程资源"概念的二维分析与效用性界定观

从字面上来看，对课程资源的界定应从课程与资源两个维度来进行，因为不同的课程观和不同的资源观都会影响对课程资源的界定观。

在教育领域中，课程是含义最复杂、歧义最多的概念之一。张华在《课程与教学论》一书中从课程的词源学分析、三种含义以及课程内涵的发展趋势等三个方面系统地总结了具有代表性的各种课程观。认为，"概括而言，课程概念的内涵主要包括三个方面，即课程作为学科，课程作为目标或计划，课程作为经验或体验。晚期的课程理论与实践发展中，课程概念的内涵发生了重要变化，出现了新的趋势，主要包括：从强调学科内容到强调学习者的经验与体验，从强调目标、计划到强调过程本身的价值，从强调教材的单因素到强调教师、学生、教材、环境四因素的整合，从只强调显性课程到强调显性课程与隐性课程并重，从强调'实际课程'到强调'实际课程'与'空无课程'并重，从只强调学校课程到强调学校课程与校外课程的整合。"[②] 从课程维度来进行界定，就是要辩证地吸收这些课程研究成果的精华，并以此作为界定课程资源的

---

① 吴刚平 . 课程资源的分类及其意义（一）[J]. 新理念，2002（9）：4.

② 张华 . 课程与教学论 [M]. 上海：上海教育出版社 .2000：65-72.

理论基础和依据。

从资源维度来看，课程资源显然属于教育资源的范畴，是教育资源的子概念。顾明远先生在其编著的《教育大词典》中认为"教育资源"的含义是"教育过程中所占用、使用和消耗的人力、物力和财力的总和"。[①]笔者在绪论部分详细地介绍和分析了各种教育资源概念的界定观，并提出了自己的观点，即凡是教育实践所需的具有教育效用性的各种资源都可称之为教育资源。按照定义的定义，子概念＝种差＋母概念，要界定课程资源，关键在于种差，而种差应当反映子概念在母概念范畴内的本质特点。庄寿强认为，所谓特点，就是一类事物区别于其他类事物的属性；如果事物 A 确实具有特点 S，那么下面的两个全称判断则必然同时成立：

(1) 凡是事物 A，则必然具有 S；

(2) 凡是具有 S 的事物，则必然是事物 A。[②]

资源科学对资源的研究表明，社会化的效用性是资源的本质特点[③]；笔者对教育资源的研究表明教育资源的本质特点是教育效用性，而且它们都能使这两个全称判断同时成立。由此看来，从效用性的角度可以揭示课程资源的本质特点。那么，从效用性的角度，课程资源作为一类教育资源，其本质特点应该体现在其教育效用性方面的与众不同。据此，笔者对课程资源的本质特点进行了认真的研究，并在此基础上提出了课程资源的"效用性界定观"。即，课程资源是实现课程目标所需的具有课程效用性的教育资源。课程资源的本质特点是课程效用性。课程资源在某一层级的课程目标系统中有明确的目标指向，并当其所在的课程系统正常运行时能积极地促使其所指目标的实现，这样的教育效用性就是课程效用性。

⸳⸳⸳⸳⸳⸳⸳⸳⸳⸳⸳⸳⸳⸳⸳⸳⸳⸳⸳⸳⸳⸳⸳⸳⸳⸳⸳⸳⸳⸳⸳⸳⸳

① 顾明远.教育大词典：教育经济学第 6 卷，"教育资源词条" [M].上海：上海教育出版社，1997.

② 庄寿强.试论特点、属性的区别与联系及其在科学研究中的意义 [J].自然辩证法研究，1997(11)：114-117.

③ 刘成武，黄利民等.资源科学概论 [M].北京：科学出版社.2004：41-43.

3.1.1.3　课程资源的向量分析

依笔者之见，资源的效用有三个基本的要素，笔者称之为效用要素：其一，效用指向，也就是对谁有用；其二，效用性质，也就是有积极和消极之分，亦即在目标实现的过程中是起积极的促进作用还是消极的阻碍作用；其三，效用能力，也就是能产生多少效果，能起多大的作用。这三个要素中，前两个是应该明确的，即效用应该有明确的目标指向，应该是积极的，因为消极的效用是目标制定者和目标实现者所不希望的，应该被淘汰。从数学的视角看，资源的效用性可以用向量来描述，而成为一个向量概念，笔者称之为效用向量，如图3.1所示，其中向量的方向代表效用指向和效用性质，向量的长度代表效用能力的大小，只要效用能力不为零，资源的效用向量就是非零向量。

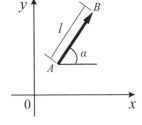

图3.1　向量 AB 示意图

既然资源有三个基本的效用要素，那么课程资源也有效用指向、效用性质和效用能力等三个基本的效用要素。按照课程资源的效用性界定观可知，课程资源的课程效用性主要表现在课程资源的效用指向和效用能力这两个方面。其中，课程资源的效用指向包括宏观指向和微观指向两个方面，宏观指向应是课程目标，而微观指向应是宏观指向下的某一层级的课程子目标。课程资源的效用指向无论是宏观指向还是微观指向都是刚性的，即必须有明确的课程目标指向和在该课程目标下某一层级的课程子目标指向；而课程资源的效用能力则是实现课程目标及其某一层级课程子目标所做贡献的内在能力，是弹性的，没有严格的要求，但只要求有而不能为零，为零说明没有课程效用性，效用能力越强说明课程资源的课程效用性越强。从数学的视角看，课程效用性也可以用向量来描述，而成为一个向量概念，笔者称之为课程资源的效用向量，如图3.1。可以认为，课程资源的效用向量也是非零向量。

3.1.1.4　课程资源与几个相近概念的比较

由于教育技术学里亦有两个相似的基本概念——"学习资源"和"教学资

源"，在此，笔者还想略费笔墨。美国教育传播与技术协会（AECT）在教育技术定义的多次表述中对学习资源给出了愈来愈广义的界定，尤其是1994定义把支持学习的资料来源（sources）都称为学习资源，包括支持系统、教学材料与环境。[1] 国内学者根据国外对学习资源解释的不同广义程度，提出狭义的学习资源是指学习内容和学习资料；广义的学习资源是对一系列提供学习、支持学习与改善学习事物的总称，不仅包括学习内容和学习资料，还包括人、媒体、策略、方法及环境条件等要素。这些资源来自两个方面：一是专门为了学习的目的而设计出来的资源，一是现实世界中原有的可被利用的资源。[2] 而"教学资源是指那些可以提供给学习者使用、能帮助和促进他们学习的信息、技术和环境。这些教学资源要素可以单独使用，也可以由学习者将他们结合起来使用"。[3] 显而易见，虽然它们都应该是教育资源的子概念，但正如课程和教学、学习这几个概念以及它们相应的衍生概念之间有本质的不同，课程资源和教学资源、学习资源之间同样有本质的区别。

3.1.2 课程资源条件与课程资源条件保障

有针对性地开设一些相应的课程是培养某种人才的重要举措，由于课程资源与课程存在着十分密切的关系，没有课程资源也就没有课程可言，相反，有课程就一定有课程资源作为前提，[4] 所以，培养某种人才对课程资源提出一些特殊要求是理所当然的。满足某种人才培养要求的课程资源当然是该种人才培养的课程资源条件，但对人才培养的课程资源条件的理解，不能只见树木不见森林，而更应该从宏观整体的角度去审视，因为培养人才的过程往往是由若

① 尹俊华，李艳玲.教学技术1994年定义的实质及其演变[J].中国电化教育，2000(1)：11-15.

② 章伟民.学习资源和学习过程——教育技术实践与研究的主要对象[J].中国电化教育，1997(7)：12-13.

③ 余武.信息化教学资源的开发和建设[J].中国电化教育，2001(7)：15-17.

④ 吴刚平.课程资源的开发与利用[J].全球教育展望，2001(8)：24-30.

干各种各样的课程资源系统地作用于培养对象的过程。此外，课程资源条件与人才培养具有不可分割的联系，任何人才培养都离不开一定的课程资源条件；而课程资源条件都是针对某类人才的培养，因此，讨论课程资源条件不能脱离人才培养这一基本的前提。

至此，笔者认为，某类人才培养的课程资源条件，从微观的角度来看，是指满足该类人才培养要求的各种课程资源；从宏观的角度来看，是指满足该类人才培养要求的各种课程资源所组成的课程资源系统。一言以蔽之，所谓某类人才培养的课程资源条件，是指满足该类人才培养要求的各种课程资源及其所组成的课程资源系统。

何谓"保障"？根据《现代汉语词典》，"保障"可作动词，亦可作名词。作动词时，"保障"即是保护(生命、财产、权利等)，使不受侵犯和破坏，如保障人身安全，保障公民权利；作名词时，"保障"即是起保障作用的事物，如安全是生产的保障。[①] 由此解释可以进一步推出，"保障"是因应某种需求(如，人们在生命、财产、权利等方面不受侵犯和破坏的需求)而提供满足的行为或事物。所以，在笔者看来，保障，也属于需求的满足。因此，所谓课程资源条件保障，是指培养某类人才所需课程资源条件的满足。课程资源条件保障的基本前提，应该就是对课程资源条件需求的认识，而对课程资源条件需求的认识，其基本前提是对课程资源条件的认识，即对各种课程资源及其所组成的课程资源系统的认识。

3.1.3　创造性人才培养的课程资源条件及其保障

由前所述，可以推知，创造性人才培养的课程资源条件，简而言之就是指，要培养创造性人才，在课程资源方面应该具备的条件。从微观的角度来看，是指满足创造性人才培养要求的各种课程资源；从宏观的角度来看，是指满足创造性人才培养要求的各种课程资源所组成的课程资源系统。一言以蔽

---

① 中国社会科学院语言研究所词典编辑室 . 现代汉语词典 [M]. 北京：商务印书馆 .2016：47.

之，所谓创造性人才培养的课程资源条件，是指满足创造性人才培养要求的各种课程资源及其所组成的课程资源系统。而创造性人才培养的课程资源条件保障，则是指培养创造性人才所需课程资源条件的满足。

这里的课程资源应该具有有别于他类课程资源的独特之处，这个独特之处在于该类课程资源能满足创造性人才的培养要求。为便于表述，笔者将能满足创造性人才培养要求的各种课程资源归类并命名为创造性课程资源，把"创造性人才培养的课程资源条件"简称为"创造性课程资源条件"。显然，创造性人才培养的课程资源条件及其保障问题，首先就是创造性课程资源及其组成系统的认识问题。按照创造性人才培养的课程资源条件的定义，笔者从微观和宏观的角度来深入探讨创造性人才培养的课程资源条件的认识问题。那么，首先就从微观的角度探讨创造性课程资源的认识问题。

3.2 创造性人才培养的课程资源条件保障之微观考察

3.2.1 创造性课程资源的基本含义

从微观的视角来看，构成创造性人才培养的课程资源条件的基本元素是创造性课程资源。创造性课程资源是课程资源的组成部分，是课程资源的子概念，其与课程资源的概念在内涵上有一致之处，而且创造性课程资源亦有效用指向、效用性质和效用能力等三个基本的效用要素。然而，这里的"创造性"与"创造性思维"里的"创造性"有本质的区别。依据创造性思维的"五维界定观"[①]，创造性思维里的"创造性"是指思维结果的新颖性；而"创造性课程资源"里的"创造性"不是强调课程资源的新颖性，而是从课程资源的效用性角度来界定的。由于创造性课程资源是课程资源中的一类，其课程效用性应该有别于它类课程资源。具体的区别主要表现在目标指向和实现目标的能力这两个方面，而且这两个方面都是专属于创造性人才的培养。在此，结合上述课程资源的"效

---

① 王伟清. 对创造性思维界定的发展性探索——"五维"界定观 [J]. 湖南科大学报 (社科版), 2005 (1): 120-123.

用性界定观"，笔者提出创造性课程资源的"效用性界定观"，即，凡是能用于培养创造性人才各种创造性素质／创造性素养／创造性能力，并能有效地促使所指课程子目标实现的各种课程资源都是"创造性课程资源"。简而言之就是，凡是创造性人才培养实践所需的具有课程效用性的各种课程资源都是"创造性课程资源"。我们可以用一个简单的图表示资源、教育资源、课程资源和创造性课程资源之间的关系，如图3.2所示。

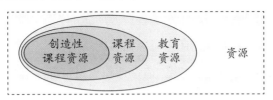

图3.2　资源、教育资源、课程资源、创造性课程资源之间的关系

从创造性课程资源的这个"效用性界定观"可以得出，其一，创造性课程资源的效用向量也是非零向量，其效用指向非常刚性，必须是指向创造性人才培养的大小目标，其效用能力则比较弹性，只要能有效促进所指向的这些大小目标的实现即可。其二，该界定观不要求创造性课程资源在培养创造性人才的创造性素质、素养、能力三个方面都具有效用性，但要求在这三个方面中至少有一方面有效用性；其三，不要求课程资源本身是否新颖，只要求在这三个方面中至少有一方面有效用性即可，即使刚开发出来的课程资源——它肯定是新颖的——如果不能用于培养创造性人才在创造性实践中所需的各种创造(性)素质或者创造(性)素养或者创造(性)能力，那么它也不是创造性课程资源；其四，创造性人才培养需要多种创造性课程资源，要有培养创造性素质的课程资源，要有培养创造性素养的课程资源，还要有培养创造性能力的课程资源。

3.2.2　创造性课程资源主要类别及其课程效用性分析

如前所述，按照吴刚平对课程资源的分类理论，按照课程资源的功能特点，课程资源可以划分为素材性资源和条件性资源两大类。其中，素材性资源的特点是作用于课程，并且能够成为课程的素材或来源，它是学生学习和收获的对象，比如知识、技能、经验、活动方式与方法、情感态度和价值观以及培养目标等方面的因素。条件性资源的特点是作用于课程却并不是课程本身的直接来源，并不是学生学习和收获的对象，但它在很大程度上决定着课程的实施范围和水平，比如直接决定课程范围和水平的人力、物力、财力和时间、场地、媒介、设备、设施和环境等因素。[①] 按照范兆雄的观点，课程资源是"可能进入课程活动，直接成为课程活动内容或支持课程活动进行的物质和非物质的一切"。[②] 虽然吴刚平和范兆雄对课程资源所做的界定与笔者所做的相比有一定的出入，但他们的分类理论还是可以借鉴的。所以，笔者把创造性课程资源划分为创造性课程内容资源(或叫创造性课程素材资源)和创造性课程条件资源两大类。其中，创造性课程内容资源就是指那些能成为创造性人才培养课程的内容资源，如知识、技能、经验、活动方式与方法、情感态度和价值观等；创造性课程条件资源就是指那些支持创造性人才培养的课程活动进行的物质和非物质的一切，如人力、物力、财力和时间，等等。值得说明的是，这两类课程资源并没有严格的界限，现实中很多课程资源往往既包含着课程的素材，又包含着课程的条件，例如一个有很多创造性实践经验和教训的教师，等等。

3.2.2.1　创造性课程内容资源及其课程效用性分析

创造性课程内容资源种类繁多，形式各样。在创造性人才的培养过程中，创造性课程内容资源能发挥不可替代的积极作用。概括地说，该类创造性课程资源的课程效用性往往有以下多方面的表现：

其一，创造性课程内容资源是开展创造性人才教育培训的不可或缺的课程资源。这是因为创造性课程内容资源是创造性人才培养课程形成的必备要素，没有创造性课程内容资源也就没有创造性人才培养课程，也就无法培养创造性人才。

其二，创造性课程内容资源是创造性人才在创造性实践中所需的各种创

---

① 吴刚平. 课程资源的分类及其意义(一) [J]. 新理念，2002 (9)：4.

② 范兆雄. 课程资源系统分析 [J]. 西北师范大学学报 (社会科学版)，2002(3)：101-105.

造性素质、创造性素养和创造性能力培养的有效载体。在创造性人才培养的过程中，学员通过对创造性课程内容资源的学习，能够获得对创造理论与实践的基本知识和经验，形成基本的创造性能力。

其三，创造性课程内容资源丰富了人才培养的课程内容。创造性课程内容资源不仅包括知识性资源、经验性资源，同时还包括相关的技能练习资源。尤其是技能练习资源，它突破传统课堂教学模式，通过各种形式的活动授予学生创造的基本技能和方法，使学生在体验中学习，在体验中获得。同时在创造性课程内容资源的表现形式上，不再局限于教材，各种丰富的真实案例和影像资料都是其课程资源的重要组成部分，它们以不同的方式向学生传递与创造活动有关的知识，大大地丰富了教学内容，有效地提高了创造性人才的培养质量。

其四，某一具体的创造性课程内容资源，其课程效用性的表现往往是更加具体明确，更有针对性。如有针对创造性思维能力培养的，有针对创造性人格培养的，等等，往往还有同时针对几个方面能力或素质培养的，即呈现出课程效用多样性特点。

例如，科学家道尔顿就是坚持了57年，做了2万余次的观察，才从气体的压力、体积、扩散、溶解和物质的化学组成引出原子学说。清代名医王清任前后经历了42年时间，终于撰成了关于人体内脏的著作，即著名的《医林改错》；德国细菌学家埃利希经过606次试验，才发现"606"，为化学疗法的发展做出重大贡献。马克思创作《资本论》花费了40年的时间。这些案例性的创造性课程内容资源可以用来培养学生创造性人格中的坚韧不拔的个性，因为这些案例都说明，创造活动需要坚强的意志和顽强的毅力，必须依靠坚韧不拔的精神，才能去摘取成功的果实。

例如，伽利略还是个医科学生的时候，有一天，他正在教堂里做礼拜，一个教堂的司事刚注满从教堂顶端悬挂下来的油灯，漫不经心地让它在空中来回摆动。这本来是一件平常的事情，千百年来都是这样。伽利略却特别小心地观察着。"真奇怪，怎么每次摆动的时间都一样？"他去推了一下灯，再仔细观察；开始，灯摆动的幅度很大，后来逐渐变小，但无论摆动的幅度大或小，所需要的时间都相同。伽利略回家后，找来两条同样长的绳索，并各坠上一块相同重量的铅块，然后分别将两条绳头系在横梁上，请他的教父做实验。他让教父数一数其中一条绳索的摆动次数，伽利略数另一条。结果是：虽然起点大不相同，但在同样的时间内摆动次数是一样的。这样，伽利略发现了自然界的节奏原则——等时性原理。今天，这个原理正被广泛应用于计数脉搏、时钟计时、计算日食和推算星辰的运动等方面。谁会想到，这个重大发现竟始于教堂油灯的摆动呢？这个案例性的创造性课程内容资源可以用来培养学生创造性人格中的问题意识、探索精神，还可以培养学生的发现能力、观察能力和创造性思维能力等。

3.2.2.2 创造性课程条件资源及其课程效用性分析

如前所述，创造性课程条件资源就是指那些支持创造性人才培养的课程活动进行的物质和非物质的一切，如人力、物力、财力、时间和政策，等等。笔者将这些资源命名为创造性课程人力资源、创造性课程物力资源、创造性课程财力资源、创造性课程时间资源和创造性课程政策资源，等等。值得说明的是，这里同样是进行了效用性命名，并不是强调这些资源就必须是新颖的。其实，这些资源是否新颖并不重要，真正重要的是这些资源对创造性人才培养必须具有很好的课程效用性，这才是问题的关键。这些资源特别是其中的人力资源、物力资源、财力资源和政策资源等实质上就是应用于创造性人才培养领域中的教育经济资源。此外，创造性课程条件资源种类繁多，本书不能穷尽所有，而只能择其要者予以探讨。

其一，创造性课程人力资源。创造性课程人力资源又包括创造性教师与创造性教育管理者这两类资源，这两类资源对于创造性人才的培养来说都是非常重要的。围绕创造性课程人力资源的重要性，很多专家学者站在不同角度对不同类别的创造性课程人力资源进行过论述，其具体观点，在前面的文献综述部分都有介绍。关于创造性教师的重要性，现有学者的观点主要集中在"关键"与"条件"两个方面。其中,有的学者如王德中[①]、李娟[②]等认为,创造性教师是培养创新人才的关键;有的学者如王寿斌[③]、孙秀莲[④]等则认为,创造性教师是实施创新教育培养创新人才的必要条件。而关于创造性教育管理者的重要性,现有学者的观点虽然都是强调实施创新教育培养创新人才的条件,但也有区别。其中,庄寿强[⑤]、王寿斌[⑥]等认为创造性教育管理者是实施创新教育的必不可少的"基本条件",而蒋太岩[⑦]等则强调创造性教育管理者是实施创新教育的"首要条件"。从这些专家学者的论述中可以看出,虽然他们的观点有差异,但都认为,在创造性人才的培养过程中,创造性课程人力资源能发挥不可替代的积极作用。其实,创造性课程人力资源的课程效用性往往有多方面的表现,如创造性课程人力资源是创造性课程目标的确立者和实现者,创造性课程计划的制订者和实施者,创造性课程资源的开发者、配置者和利用者,创造性课程思想的创造者,创造性课程实施的评价者,等等。因此,完全可以说,不只是在所有的创造性课程条件资源中,而且在所有的创造性课程资源中,创造性课程人力资源都是最重要的,因而也是我们应当重点探讨的对象。

其二,创造性课程物力资源。创造性课程物力资源是创造性课程实施所需要的各种物质要素总和,是教育物力资源的一部分。教育物力资源是指教育生产所需要的各种物质要素总和,如各类校舍、仪器设备、图书资料等。教育物力资源的教育效用性体现在,它是教育事业发展、学校教育和教学活动开

① 王德中,钱惠英.落实创新教育应有的四个必要条件——陶行知创造教育思想给我们的启示 [J].职教通讯,2001(12):8-10.

② 李娟.创新教育的必要条件:建设良好的校园创新环境 [J].中国科教创新导刊,2009(11):12.

③ 王寿斌.中小学校实施创新教育的环境与条件研究 [J].基础教育研究,2000(5):7-8.

④ 孙秀莲.对当代大学生实施创新教育的基础与条件 [J].齐齐哈尔大学学报(社科版),2000(5):106-108.

⑤ 庄寿强.普通行为创造学 [M].徐州:中国矿业大学出版社,2013:210-211.

⑥ 王寿斌.中小学校实施创新教育的环境与条件研究 [J].基础教育研究,2000(5):7-8.

⑦ 蒋太岩.培养创造性人才应具备的基本条件与对策 [J].中国高教研究,2000(4):40-41.

展的重要物质基础和技术基础保障。其中的用于培养创造性人才那一部分教育物力资源也就成为创造性课程物力资源。创造性课程物力资源的课程效用性体现在，它们是创造性课程目标系统中大小目标实现的物质基础。当然，这是对创造性课程物力资源课程效用性的概括表述，具体到每一个创造性课程物力资源，其课程效用性也更加明确具体。如，摆放在一起的各种各样、各级各代的自行车是典型的具体的创造性课程物力资源，其课程效用性是，在学生结合自己所学对这些自行车的观察与研究的过程中，有益于他们去发现、总结和领悟自行车的发明创造规律，以及促使他们对技术发明规律乃至更普遍更基本的创造规律的理解与掌握。

其三，创造性课程财力资源。创造性课程财力资源是创造性课程研究、建设、实施与评价及其他等方面所需各种费用的总和，是教育财力资源的一部分。教育财力资源的短缺问题时常发生，并普遍存在，创造性课程财力资源的稀缺性同样如此。创造性课程财力资源主要包括：(1)创造性课程研究所需要的各种费用，如课程内容、课程条件、课程建设、课程实施与课程评价等方面都有值得研究的课题，尤其结合专业学科领域的创造性人才培养值得研究也有待研究的课程问题非常之多，研究这些问题就需要很多研究费用；(2)创造性课程建设包括课程内容建设与课程条件建设，如编辑出版创造性教材，培训师资，创设实践教学条件，特别是创造性课程物力资源的开发与购置，等等，这些都需要很多经费的支持；(3)创造性课程实施所需付给教师和管理者的工资和课时酬金，实施过程中所用的易耗品及材料费、试剂费、教学仪器设备维修费，等等；(4)对创造性课程建设与实施等方面进行的各种评价所需的费用，如付给专家的报酬等，课程实施后所产生的成果如学生的创造发明成果专利申请与论文发表等方面所需的费用。创造性课程财力资源对这些方面经费需求的满足恰恰就是其课程效用性的具体表现。

其四，创造性课程时间资源。创造性课程时间资源是创造性课程研究、建设、实施与评价等所需各种时间的总和，是教育时间资源的一部分。时间最基本的特征就是一维性、不可逆性，它只有从过去、现在到将来的一个方向，一去不复返，永不停息，人类的任何活动都是在时间数轴上展开的。时间就其本身而言，是永恒的、无限的，是无始无终、无尽无休的，但对每个生命个体或具体事物而言，时间就是一种资源，总是稀缺的、有限的，是有始有终、有尽有休的。人类的任何活动都需要消耗一定的时间资源，离开了必要的时间资源保障，人类的任何活动都无法进行，创造性人才培养目标的实现同样如此。创造性课程研究、建设、实施与评价等方面对时间资源的需求，恰恰说明了创造性课程时间资源的课时效用性就是对这些需求的满足。

　　创造性课程时间资源极为重要的部分是课时资源，这是创造性课程实施过程中所需的那部分时间资源。创造性课程研究、建设与评价等所需的时间资源相对而言比较弹性，因为这三个环节往往不一定直接面对课程作用对象——学生，往往还可以直接利用或借鉴他校的成果而减少自身时间资源的消耗。相反，创造性课程实施过程中必须直接面对学生，并需结合课程内容与课程目标以及培养对象来确定课时资源的消耗，因此，课时资源是保障课程活动正常进行和课程目标顺利实现所必备的刚性条件之一。

　　其五，创造性课程政策资源。政策就是国家或者政党为了实现一定历史时期的路线和任务而制定的行动准则。不少学者认为，政策是一种资源，且是能够"带来"资源的资源。[①] 目前政策作为一种特殊资源已越来越被人们所重视，因为人们认为政策是一种无与伦比的资源，它有着无限的威力和惊人的效益。政策的社会效用性主要表现在：能够提高一般资源如物质资源、劳动力资源等的使用效率，能优化一般资源的合理配置，能扩大一般资源的开发和利用范围。人们总是希望自己总能享受到良好的政策所带来的更多实惠，但由于任何政策往往只能在一定的时间、空间范围内和在一定的条件下惠及部分对象群体，时间、空间、条件和对象以及与其他政策的兼容性和匹配性等都是影响政策有效性的主要因素，因此，政策也具有明显的相对稀缺性。显然，政策因具有资源的社会效用性和相对稀缺性而成为政策资源。从逻辑学的角度上来看，

....

① 詹亮宇.论政策资源——兼论税收政策资源的三元特征 [J]. 扬州大学税务学院学报，1996(3)：31-32.

课程政策是教育政策的下位概念，而教育政策又是政策的下位概念。因此，笔者认为，教育政策、课程政策都是一种重要的教育资源。

教育政策是国家为完成教育任务、实现教育目标而协调教育的内外关系所做出的一种战略性、准则性的规定。教育政策具有阶级性、实践性、科学性和严肃性等基本性质。一般来说，一个国家要制定教育体制政策、教育经费政策、教育人员政策、教育质量政策等四大教育政策，这四大教育政策构成了一个国家教育政策的基本结构体系。[①] 教育政策也是一种重要的教育资源，同样具有类似于政策资源的社会效用性，如能解决教育人力资源、教育财力资源、教育物力资源等教育资源的供给问题、教育资源配置的合理问题和教育资源使用效率的提高问题，等等。

教育政策常常深入到课程领域而形成课程政策。课程政策是国家教育行政主管部门在一定社会秩序和教育范围内，为了调整课程权力的不同需要，调控课程运行的目标和方式而制定的行动纲领和准则。它的着重点在于解决"由谁来决定我们的课程"或课程权力的分配问题。它的构成要素主要有三个：第一，课程政策目标。这是课程政策三大要素中最重要的要素，反映政策的方向、目的和所要解决的课程问题，回答课程政策"为什么"而制定执行的问题。第二，课程政策载体（手段和工具）。这是三大要素中的主体，具有保证实现课程目标的作用。第三，课程政策主体。这是指课程政策的制定者和政策的执行者。课程政策也是一种教育资源，即课程政策资源。

针对创造性课程的课程政策，笔者称之为创造性课程政策，创造性课程政策是课程政策的重要组成部分，是课程政策在创造性人才培养领域的具体化和专门化。创造性课程政策的课程效用性在于：(1)创造性课程的设置和地位合法化与制度化，如1995年中国矿业大学就把创造性课程——《普通创造学》列为所有全日制本科专业的公共必修课；(2)把专家学者研究出来的各种创造性人才培养目标作创造性课程目标纳入课程政策目标体系之中；(3)把专家学者研究

---

① 孙绵涛. 教育行政学 [M]. 武汉：华中师范大学出版社 .1998：92-98.

出来的创造性课程的课程内容以课程大纲的形式成为课程运行的纲领；(4)为解决创造性人才培养所需的人力资源、物力资源、财力资源和时间资源等创造性课程条件资源的保障问题，提供政策依据和政策保障。正如我国高校目前的马克思主义政治理论课因为有很好的课程政策才成就其今天的课程地位和课程资源条件的充分保障，如果没有良好的创造性课程政策，创造性课程就不能被纳入官方的轨道，创造性人才培养所需的人力资源、物力资源、财力资源和时间资源等创造性课程条件资源也得不到充分的保障。因此，从资源科学的视角来看，创造性课程政策是极为重要的创造性课程条件资源，笔者称之为创造性课程政策资源。

　　由上述分析可知，培养创造性人才对这两类创造性课程资源都是必不可少的，而且往往是缺一不可的，可以说，这两类创造性课程资源都是创造性人才培养的必需的课程资源条件。在创造性人才培养的过程中，各自发挥着不可替代的课程效用性，共同实现创造性人才培养目标。值得一提的是，在财力、物力、时间、政策等资源条件得到充分保障的前提下，创造性课程内容资源和创造性教师资源这两类直接作用于学生的创造性课程资源则是创造性人才培养的最为关键的资源，因此，本书将予以重点探讨。

3.2.3　基本的创造性课程资源条件分析——创造性课程内容资源

3.2.3.1　创造性课程内容资源的基本性质与条件保障分析

　　其一，课程效用性。如前所述，课程效用性是课程资源的基本性质，也是课程资源有别于它类教育资源的本质特点。创造性课程内容资源的课程效用性前面已有论述，在此不再重复。

　　其二，效用条件性。创造性课程内容资源教育效用性的发挥往往需要一定的资源条件，离开了基本的资源条件，它的效用性就发挥不出来或发挥得很不充分，这种性质笔者称之为效用条件性。之所以存在效用条件性，那是因为创造性课程内容资源往往是处于某一课程系统之中，系统中的任何一个元素往往不是孤立的，而是与其他某些元素存在着某种既相互依赖又相互制约的关系，因而系统中任何元素作用的发挥往往以其他元素满足某些基本要求为前提条件。这就是说，其他元素不只是必不可少，还必须在数量、功能、性能等方面与之匹配。

例如，培养创造性人才需要讲述创造规律，笔者就以其中的还原创造规律为例来予以说明。如图3.3所示，"从一个事物的任一创造起点按人们的创造方向进行反向追索到其创造原点，就可以原点为中心进行各个方向上的思维发散并寻找其他创造方向，用新的思想、新的技术在新找的思维方向上重新进行创造——这种先还原到原点、再从原点出发解决创造的问题，或者说是回到根本上去抓住问题的实质，往往能取得较大的成功、产生突出的成果，这即是还原创造原理"。① 这是庄寿强研究总结出来的一条重要的创造规律，当然也是重要的创造性课程内容资源，具有很好的课程效用性，但还是显得晦涩难懂。还原创造原理的课程效用性要发挥作用，除了需要诸如创造的原点、创造的起点、创造的方向之类的辅助性解释说明以外，还需要一些利用还原创造原理进行发明创造的具体案例，如火箭锚、螺旋锚、吸附锚、冷冻锚等完全新颖的各种锚的发明，这些案例当然也是重要的创造性课程内容资源。在诸如此类案例的帮助下，还原创造原理这一创造性课程内容资源才能发挥其课程效用性。同

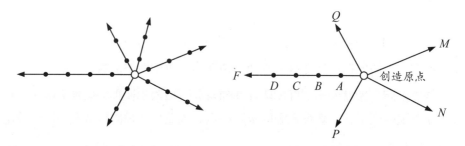

图3.3　同一层次上创造的原点和起点示意图　　图3.4　锚的创造的起点和原点

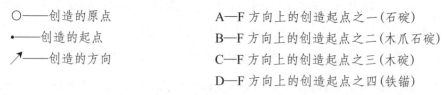

〇——创造的原点　　　　　　A—F 方向上的创造起点之一（石碇）
●——创造的起点　　　　　　B—F 方向上的创造起点之二（木爪石碇）
↗——创造的方向　　　　　　C—F 方向上的创造起点之三（木碇）
　　　　　　　　　　　　　　D—F 方向上的创造起点之四（铁锚）

---

① 庄寿强.普通行为创造学 [M].徐州：中国矿业大学出版社，2013：160-162.

样，诸如火箭锚、螺旋锚、吸附锚、冷冻锚等新颖的各种锚的发明案例，也需要在还原创造原理这一创造性课程内容资源的帮助下，才能发挥其课程效用性。庄寿强在他的《普通行为创造学》专著中，为了阐释还原创造原理，详细分析了各种锚的发明(如图3.4)，还阐释了如何突破原有的关于火柴知识的桎梏，开发发明者的思路，从而发明出各种类型的打火机。在这些创造性课程内容资源的相互支持下，各自的课程效用性就能得到很好地发挥，人们很容易掌握什么是还原创造原理，如何运用该原理进行创造活动。

其三，供给稀缺性。培养创造性人才需要大量的各种各样的创造性课程内容资源，但事实上，由于各种原因，已有的创造性课程内容资源不能满足创造性人才的培养需求，出现了不同程度的供给不足现象。这种相对创造性人才培养需求而言供给不足的性质，就是创造性课程内容资源的相对稀缺性。这种稀缺性主要表现在以下几个方面：

(1)理论性课程资源缺乏。这是由于创造性人才培养的有关学科，如创造学、创造心理学、创造教育(或创新教育)等，学科研究起步较晚，进展较慢，还不成熟，有的甚至连学科地位都没有确立。理论研究的滞后，必然导致理论性课程资源缺乏。

(2)实践性课程资源缺乏。要培养创造性人才在创造性实践中所需的各种素质、素养和能力，离不开具体的实践。他们只有在创造性实践中有所体验，有所感受，有所领悟，才能将所学的理论知识内化为自己的素养和能力，并提高自身的素质。这显然离不开实践性课程资源，但这类课程资源却太少了。

(3)发展性课程资源缺乏。因为社会对创造性人才的素质能力等方面的要求是发展变化的，这就要求创造性人才培养目标也必须是发展变化的，相应地，创造性人才培养性课程资源也必须适应这些发展变化。能适应这些发展变化的创造性课程内容资源就是发展性课程资源，但问题是所需的这类课程资源或者没有，或者不能满足要求，即出现了稀缺。

(4)即用性课程资源缺乏。所谓即用性课程资源，就是不需开发即能满足课程要求，拿来即可进入课程加以利用的课程资源。事实上，并非所有开发出来的课程资源都是即用性课程资源而马上能进入创造性人才培养课程，只有那些合乎培养目的、满足受训人员需求特点的资源才能成为创造性课程内容资源，这就表现出稀缺性。此外，不同个性、不同层次、不同学科的受训人员，要把他们培养成合格的创造性人才，对相应的课程资源也应有一定程度的针对性。问题是这种有针对性的即用性课程资源往往不能满足创造性人才培养的客观需求，呈现出非常严重的稀缺性。

(5)优质的课程资源缺乏。培养创造性人才，对创造性课程内容资源的客观需求，不只是表现在数量上，还表现在质量上，而且质量上的客观需求更为重要，因为课程内容资源的质量严重影响着人才培养的质量，创造性人才的培养也不例外。正因为如此，创造性人才的培养对创造性课程内容资源在质量上的客观需求往往是无止境的，而且还会随着创造性人才培养目标的发展变化而不断提出更多的质量需求。然而，创造性课程内容资源的无论是数量还是质量上的供给往往是滞后的，而且这种滞后在不同的专业学科领域还普遍存在，完全可以说，优质的创造性课程内容资源的相对稀缺性是不争的事实。

其四，种类多样性。创造性课程内容资源虽具有相对稀缺性，但其种类却是多样的。从创造性课程内容资源涉及的学科领域来看，有自然科学领域、工程技术领域、人文社会科学领域、经营管理领域、文学艺术领域及其他领域的课程资源；从结构内容来看，既有知识资源，也有经验资源，还有各种各样的技能练习资源；从时间分布来看，既有现代的课程资源，也有近代的甚至古代的课程资源，如田忌赛马之类的古代案例性课程资源；而从分布的空间和地域来看，既有校内的资源，也有校外资源等；从功能目标看，既有针对创造性思维能力培养的课程资源，也有针对创造性人格塑造的课程资源，等等。

其五，价值潜在性。很多创造性课程内容资源在成为创造性人才培养课程内容之前就已经存在，其具有转化为创造性人才培养的课程内容的可能性，但还不是现实的课程内容，体现出一种价值的潜在性。例如，一个成功的科技发明案例，它只是一个潜在的创造性课程内容资源，但还不是培养创造性人才的即用性课程资源，因而还不能马上纳入课程内容之中。如果要将其转化为创造性人才培养的课程内容，必须经过课程实施主体自觉、能动地加以开发和利用，才能转化为现实的即用的课程内容，才能发挥它的课程作用和教育价值。1998年11月9日《科技日报》报道："湖北钟公略首创出汽油汽化割焊技术，发动了一场切割技术的革命，把乙炔气请下了它早该让出的王座。"这个成功的科技发明案例通过开发可以作为创造性课程内容资源，因为它具有潜在的价值。我们可以从思维的角度开发成具有创造性思维能力培养价值的创造性课程内容资源，也可以从人格的角度开发成具有创造性人格培养价值的创造性课程内容资源。

其六，生成过程性。这是从历史的角度来分析创造性课程内容资源的基本性质。任何创造性课程内容资源都是要经历一个不断生成的过程，这种性质就是生成的过程性。这一性质不仅表现在创造者不断研究和探索的过程中，也表现在课程资源开发者不断研究和开发的过程中。

例如，飞机的发明经历了一个非常曲折的过程，既有成功的喜悦，更多的是失败的折磨，既包括思维过程，也包括试制过程，……在时间数轴上展开的一点一滴共同构成了飞机的发明过程。"飞机的发明"是很好的潜在的创造性课程内容资源，但如果只有飞机发明的结果而没有发明的过程，那么飞机发明案例的在创造性人才培养方面的教育效用性就大大降低了。飞机发明过程的结束也就标志着作为潜在的创造性课程内容资源生成过程的结束，笔者把这一过程称为创造性课程内容资源的潜在性生成过程。之所以说是潜的，那是因为如果人们不去开发它，使之进入课程之中，那么它将永远沉寂在史册之中而不能发挥它的教育效用性。把"飞机的发明"这一潜在的创造性课程内容资源开发成即用的创造性课程内容资源，这一开发的过程就是"飞机的发明"这一即用的创造性课程内容资源生成的过程，笔者把这一过程称为创造性课程内容资源的即用性生成过程。

其七，创生社会性。这是从社会的角度来分析创造性课程内容资源的基本性质。资源科学认为，一切社会资源无不是在一定的社会活动中造就出来的，都是社会劳动的产物，创生的社会性是社会资源的基本性质之一。①创造性课程内容资源也属于社会资源的范畴，也是人类社会劳动的产物，它们的创生无不打上人类社会活动的烙印，在各个不同的社会阶段，具有不同的种类、数量和质量的创造性课程内容资源，而且不同的历史年代，不同的民族、文化，不同的外界条件，不同的社会活动方式，都会创造出不同种类、数量和质量的创造性课程内容资源。因此，创生的社会性也是创造性课程内容资源的基本性质。

其八，适可替代性。替代就是替换和取代，一物 A 可以被它物 B 所替代，这种性质笔者称之为可替代性，即 A 是被替代物，具有可替代性；而 B 则是替代物，具有替代性。在人类的实践活动中，物物替代的情况经常发生。需要某物 A，但由于某种原因而不能满足，此时人们就会寻求同样能实现活动目标的它物 B 来替代。可替代性的程度取决于 A、B 两者功能的相同程度和性能上的差距。相同的功能越多，性能差距越小，两者相互的可替代性程度越大。反之，可替代性程度越小。如果 A 的性能不如 B，而 B 包含了 A 所有的功能且还有 A 所不具有的功能，则理论上而言，A 可完全被 B 替代，A 对 B 来说可替代性程度100%，而 B 只能部分被 A 替代，B 对 A 来说可替代性程度小于100%。但是，物物间的替代除了受到双方自身因素的制约外，往往还会受到一些外部条件的限制。因为，两物所具有的属性不完全相同，如果替代物 B 的属性与被替代物 A 所处的环境有冲突，那么替代物 B 对被替代物 A 的替代性将大大地降低。因此，物物之间的替代往往是在适当条件下的替代。笔者将物物之间的适当条件下的可相互替代的性质称为适可替代性。

创造性课程内容资源之间往往也有不同程度的适可替代性，有时候甚至是可完全替代，这种替代主要表现在具有相同课程效用性的创造性课程内容资源之间的替代。例如，在给学生讲解创造原理中的同类组合原理，往往会列举一些同类组合的实例，如双人自行车、电源组合插座、两用呆扳手、由几个音

---

① 刘成武、黄利民等.资源科学概论 [M].北京：科学出版社.2004：52-53.

符同类组合而创作出来的所有的曲调，等等^①，虽然它们组合的方式、结构不同，但这些实例都是具有相同课程效用性的创造性课程内容资源，都能促进学生理解领会创造原理中的同类组合原理的基本思想，因此，它们之间可完全替代。但是，如果是用于讲解机械创造规律中的同类组合原理时，双人自行车、两用呆扳手等实例之间可完全替代，而"由几个音符同类组合而创作出来的曲调"则不可。

此外，由于人们在不断开发出各种创造性课程内容资源，特别是对已有的创造性课程内容资源进行不断的优化，这就大大增加了原有创造性课程内容资源的可替代性，不断优化而形成的新的创造性课程内容资源针对原有创造性课程内容资源的替代性也就大大增强，甚至可以完全替代。

其九，成本差异性。这是从教育成本的角度来认识创造性课程内容资源。教育经济学界对教育成本的本质内涵有着基本的认识，即教育成本是指培养学生所耗费的社会劳动，包括物化劳动和活劳动。其货币表现为培养学生由社会和受教育者个人及其家庭直接或间接支付的全部费用。^②王善迈强调教育资源，认为教育成本是用于培养学生所耗费的教育资源的价值，或者说是以货币形态表现的，培养学生由社会和受教育者个人或家庭直接或间接支付的全部费用。^③创造性课程内容资源作为一种教育资源，其开发与利用的过程中也要耗费一定的社会劳动，包括物化劳动和活劳动。只不过，不同的创造性课程内容资源，耗费的社会劳动也不一定相同。当然开发和利用的目的是为了培养创造性人才，因此，创造性课程内容资源也存在教育成本问题。不难理解，不同的创造性课程内容资源之间存在成本的差异性，这种差异性，从纵向看主要表现在开发与利用的过程中耗费社会劳动的差异性，从横向看主要表现在耗费物化劳动和活劳动的差异性。

一般而言，如果对不同的创造性课程内容资源进行成本的差异性比较，

① 庄寿强.普通行为创造学 [M].徐州：中国矿业大学出版社，2013：156.
② 范先佐.教育经济学新编 [M].北京：人民教育出版社，2015：334-336.
③ 王善迈.教育投入与产出研究 [M].石家庄：河北教育出版社，1996：168.

那是没有多大意义的，因为不同的创造性课程内容资源之间存在成本差异是不容置疑的。但是，如果对具有相同课程效用性的多个创造性课程内容资源进行成本的差异性比较，那就很有意义了，因为这有利于在满足课程目标充分实现的前提下降低教育成本。

创造性课程内容资源很可能不止如上所述的九个基本性质，随着研究的深入，很可能还会发现新的基本性质。创造性课程内容资源基本性质的分析，不只是加深了对创造性课程内容资源的认识，而且带来了许多有益的启示。

课程效用性要求我们在配置时，首先必须清楚所配置的创造性课程内容资源究竟有何课程效用性，其课程效用性的三个基本要素是否满足创造性人才培养目标对它的具体要求。供给的稀缺性要求我们必须重视各种创造性课程内容资源的开发，不然就可能无课程资源可配；必须重视各种创造性课程内容资源配置的动态性和发展性，即一旦有更好的创造性课程内容资源，就应该及时将其配入创造性人才培养课程之中。创生的社会性说明，人类的社会实践活动特别是创造活动是创造性课程内容资源重要的开发途径，我们要深入研究人类创造活动与民族、文化、外界条件以及社会活动方式等方面的关系，以此开发出丰富多彩的创造性课程内容资源，以解决供给的稀缺性问题。种类的多样性告诉我们，配置时配置者应该有宽阔的视野，其配置视角不要局限于单一种类的创造性课程内容资源。生成的过程性说明，无论是在创造者的创造过程中还是在开发者的开发过程中，亦即无论是在潜在性生成过程中还是在即用性生成过程中，创造性课程内容资源生成过程本身往往也是具有创造性的，而且过程有时候比结果更有价值。因此，配置和利用创造性课程内容资源时不应该忽视生成的过程及其过程性成果、中间生成物等。

要实现创造性人才培养目标，必须科学配置创造性课程内容资源。创造性课程内容资源种类的多样性和适可替代性表明，我们在给某一层级的课程系统配置创造性课程内容资源时，有很多可供选择的配置方案。从成本差异性的分析中可以得知，选择不同的配置方案所消耗的财力资源是不同的。因此我们要充分考虑和利用这些基本性质，在确保该系统大小目标得到充分实现的前提下，选择教育成本效益问题解决得最好的配置方案。同时由于创造性课程内容资源的课程效用性的发挥往往是有条件的，不同的条件其课程效用性发挥的程度是不同的，因此，还必须充分尊重创造性课程内容资源的效用条件性，即配置时必须清楚所配置的创造性课程内容资源课程效用性的发挥必须具备哪些必需的资源条件，并把这些资源条件齐全地配置到该系统中去。价值的潜在性要求我们要有敏锐的眼光去发现具有潜在价值且客观存在的创造性课程内容资源，并认真分析它们的潜在价值，尤其是多重价值之所在，要把这种多重价值开发出来，这既可解决创造性课程内容资源供给的稀缺性问题，也能降低创造性课程内容资源的开发成本。

3.2.3.2　创造性课程内容资源的初步分类与条件保障分析

分类是以比较为基础，按照事物间性质的异同，将相同性质的对象归为一类，不同性质的对象归入不同类别的思维方法[①]。分类是基本逻辑方法之一。通过分类，使知识组成条理并进行系统化，促进认知结构的发展，这是分类的目的所在。

对事物进行分类，须具备以下三个要素：被划分的对象，划分后所得的类概念，划分的标准。分类的关键在于正确地选择分类标准，一个科学的分类标准必须能够把所需要分类的对象进行既不重复且无遗漏的划分。在选择划分标准时，应遵循同一性原则。同一性是指在对同一被划分对象进行分类时，划分标准是不变的，也就是说同一层次的类概念是通过同一划分标准而得到，而再次划分时，同一层次类概念不同的划分对象可以选择不同的划分标准。例如，对一个班级学生进行分类，首次分类对象是全班的学生，按性别划分可以分为男同学和女同学，而不能用如"地区"分出一个"长沙"的同学的类概念，这就是违背了同一性原则。男同学再次进行分类，可以根据地区分类标准分；女同学可以根据身高这个分类标准分，因为已经是不同的划分对象，所以虽然采用了不同的分类标准，却没有违背同一性原则。

....

① 马忠林.《数学思维方法》[M]. 南宁：广西教育出版社，1996：112.

每一次分类标准的选择可根据研究主体的研究目的或观察问题的角度来进行。科学的分类，可以使被分类对象组成条理清楚的系统，从而便于被分类对象的管理和有关问题的解决，最终为研究主体服务。各种分类标准各有所长，在实践中，我们应避其所短，提高不同分类系统的可比性，在确定了类概念和分类的标准之后，对各分类系统进行比较分析，作为设置更为科学的分类系统的参考依据。各分类系统彼此并不绝对排斥，而是相互渗透和交叉，同时它们却具有明确的相对独立性[①]。

由于人们对于创造性课程内容资源概念理解角度的不同，因而对于该课程资源的分类亦不一样，遂形成了不同的分类方案。

其一，按照功能用途分。按照创造性课程内容资源的功能用途，可以把其划分为素质类创造性课程内容资源、素养类创造性课程内容资源、能力类创造性课程内容资源。其中，素质类创造性课程内容资源是指主要用于培养创造性素质的创造性课程内容资源，素养类创造性课程内容资源是指主要用于培养创造性素养的创造性课程内容资源，而能力类创造性课程内容资源则是指主要用于培养创造性能力的创造性课程内容资源。每一类创造性课程内容资源还可以依据领域性特点再分成若干小类，如能力类创造性课程内容资源可以再分为发现能力类创造性课程内容资源、发明能力类创造性课程内容资源、创新能力类创造性课程内容资源、创建能力类创造性课程内容资源和创作能力类创造性课程内容资源等。因为，创造性能力简称创造能力，从领域的视角来看，通常包括发现能力、发明能力、创新能力、创建能力和创作能力，而且它们有各自的领域性特点，那么培养这些创造能力所需的创造性课程内容资源也应有各自的领域性特点。

其二，按照可用性程度分。按照创造性课程内容资源的可用性程度，可以把其划分为即用性课程资源和待优性课程资源。这里的即用性课程资源是指有很好的教育效用性，能满足实现目标所需的质性要求，不需加工优化即可配入到创造性课程资源系统中的创造性课程内容资源。这里的待优性课程资源则

① 丁雅娴.《学科分类研究与应用》[M].北京：中国标准出版社，1994：26-27.

是指虽有较好的教育效用性，但还需加工优化才能满足实现目标所需的质性要求，才能配入到创造性课程资源系统中的创造性课程内容资源，待优性课程资源实质上就是有待加工优化的素材性课程资源。

其三，按照配置者的掌握情况分。按照创造性课程内容资源被配置者掌握的情况，可以把其划分为在握性课程资源和缺失性课程资源。这里的在握性课程资源是指已被配置者掌握的那部分创造性课程内容资源。这里的缺失性课程资源是指现实需要但未被配置者所掌握的创造性课程内容资源。缺失性课程资源客观上不一定不存在。

其四，按照存在情况分。按照创造性课程内容资源的存在情况，可将其划分为实在性课程资源和实无性课程资源。实在性课程资源是指客观上已经存在的课程资源。实无性课程资源是指客观上虽不存在但现实需要、希望具有的课程资源。实无性课程资源必须经过人们的创造才能诞生，因为现实需要、希望具有，所以才有创造的必要，一旦创造出来就成了实在性课程资源。根据存在方式的差异，实在性课程资源还可以分为显性课程资源和隐性课程资源。显性的课程资源是指易被发现的，可直接运用于培养创造性人才的课程资源；隐性的课程资源则是指以潜伏的方式存在而往往不易被发现的，需课程资源开发者以敏锐的发现意识与能力努力去发掘才能运用于培养创造性人才的课程资源。

其五，按照表现形式分。按照表现形式的不同，创造性课程内容资源可以分为知识性课程资源、经验性课程资源、技能练习性课程资源，等等。

其六，按照教育等级分。按照教育等级的不同，创造性课程内容资源可以分为高等教育类创造性课程内容资源、中等教育类创造性课程内容资源、初等教育类创造性课程内容资源，等等。

除上述罗列内容之外，还有许多种关于创造性课程内容资源的分类方案，在此就不一一列举了。值得注意的是，对同一事物按照不同的标准进行分类所得结果之间应是一种相互交叉的关系。例如，创造性课程内容资源中的知识资源只是按照"表现形式的不同"划分出来的一种分类结果，它与按其他标准对创造性课程内容资源进行分类的结果之间不存在一一对应的关系。

需要说明的是，上述分类并非是非常严格的分类，因为很难选择科学的分类标准，很难做到"既不重复且无遗漏"。如，按照功能用途分类就是如此，因为，创造性课程内容资源往往具有多种教育效用性，一些创造性课程内容资源既可以用于培养创造性素养，也可以培养创造性能力。此外，上述分类是一种初级的分类，并未建立非常严格的创造性课程内容资源分类体系。如果要建立非常严格的创造性课程内容资源分类体系，首先必须掌握大量的各种各类创造性课程内容资源；其次要充分研究各种各类创造性课程内容资源的性质特点，并选择科学的分类标准；再次必须研究和界定各层级子类的类概念。显而易见，就目前的研究深度和本书的研究重点，笔者还不能建立非常严格的创造性课程内容资源分类体系，这也正是笔者将来应该努力的方向。当然，不严格的分类并不妨碍本书对若干课程资源条件问题的研究，然而，大体了解创造性课程内容资源的分类情况，对于进一步理解其概念和性质等理论及对后续的研究，尤其是创造性课程内容资源条件的保障问题都是十分有利的，因为从对创造性课程内容资源的分类中，至少可以获得以下关于创造性课程内容资源条件保障问题的几点认识：

其一，从第二章分析中可知，创造性人才的培养有大大小小的各种各样的目标，如，既有素质目标，又有素养目标，还有培养能力目标。实现这些大大小小的各种各样的培养目标需要具有各种功能用途的创造性课程内容资源作保障，可以说创造性人才需要的创造性课程内容资源是五花八门的，而不是局限于单一的种类，因此，要保障创造性人才培养的课程资源条件就必须要有开阔的视野，依据创造性人才培养的各种各样的目标去寻求具有相应功能用途的创造性课程内容资源。

其二，创造性人才的培养应该从小抓起，而且应该贯穿整个教育阶段，因此，针对不同年级的培养对象，创造性人才的培养应该有不同的阶段特点和培养目标，需要不同教育等级的创造性课程内容资源来保障。

其三，各专业领域都需要创造性人才，各专业领域对创造性人才的要求和培养目标除了共性以外，还存在专业领域的个性。例如，创造性能力简称创造能力，从领域的视角来看，通常包括发现能力、发明能力、创新能力、创建能力和创作能力，而且它们有各自的领域性特点，那么培养这些创造能力所需的创造性课程内容资源也应有各自的领域性特点。因此，创造性人才培养的课程资源条件保障同样具有领域性特点。

其四，由于创造性课程内容资源不一定能满足实现创造性人才培养目标所需的质性要求，或由于配置者不一定掌握了所需的那些创造性课程内容资源，或由于所需的那些创造性课程内容资源客观上根本就不存在，所以，培养创造性人才所需的创造性课程内容资源条件不一定具备。因此，创造性课程内容资源条件的保障问题，已不仅仅是创造性课程内容资源条件的认识问题了，还必然涉及创造性课程内容资源的开发问题，即在充分认识的基础上，通过创造性课程内容资源的开发，来满足创造性人才所需的创造性课程内容资源条件。

3.2.4　基本的创造性课程资源条件分析——创造性教师

3.2.4.1　关于创造性教师的几种典型界说

何谓创造性教师？对此可谓众说纷纭。首先，在概念文本的选择上，正如"创造性人才"一样，就有诸如"创造性教师""创造型教师""创新型教师"等多种选项，呈现出使用随意而不很规范的局面。其次，在概念内涵上，见仁见智。国内外一些学者曾给创造性教师(或创造型教师)下过不同的定义。国外方面，如美国创造教育的权威史密斯认为，创造型教师是吸取教育科学提供的新知识，在课堂中积极运用并能发现新的实际方法的教师。日本学者波多野完治认为，创造型教师是不僵化的教师、心智灵活随机应变的教师，而且是不断渴求新知识、向往新事物的教师。苏联教育家哈尔莫夫认为，创造型的教师是指关于设计学生最近怎么发展，今后的一段时间又该怎么发展的教师。[1] 国内如吴安春和朱小蔓认为，创造性教师是指在教育教学活动中，能用自己独特的教育理解，发现和创设各种有利的教育情境和条件，进而成功地影响学生，促进

---

[1] 商继宗.中小学比较教育学 [M].北京：人民教育出版社，1992：238-240.

学生完整生命和谐地、可持续性地发展的人。[①] 季诚钧认为，创造型教师是能按照现代教育思想开展教育教学工作，能创造性地解决教学问题并进行教育科学研究的教师。[②] 陈晏辉认为，创造型教师是那些能够适应创造性教学和创造性人才培养要求，具备复合素养和开放品质的有独特创造性人格的教师。[③] 这些界定从不同侧面勾画出创造型教师(或创造性教师)的形象和特征。

有的学者认为要对"创造型教师(或创造性教师)"这一概念做出合适的界定确非易事，他们从教师的教育教学实践活动中去考察判断教师是否具有创造性。日本学者恩川彰则从创造型教师的特征加以界定：(1)善于组织激发学生求知欲的学习环境；(2)善于创造令人感到温暖的互相谅解和理解的气氛；(3)善于诱发学生的动机和及时给予评价；(4)善于提出适当的课题不使学生气馁；(5)善于使学生自发地学习和发挥他们进行研究的主动性；(6)善于引导学生独立思考，让学生自己去形成概念；(7)善于尊重学生个人的独立性；(8)善于创造性地组织小组学习；(9)善于建立与各类专家协作的体制，借助社会力量发展学生的创造力。而美国教育学家托兰斯则认为，创造型教师在工作中必须遵循五个原则：(1)尊重学生与众不同的观念；(2)尊重学生与众不同的疑问；(3)给学生以不计其数的学习机会；(4)向学生证明他们的观念是有价值的；(5)使评价与前因后果联系起来。由托兰斯的观点似乎可以得知，违背这五个原则的教师就不是创造型教师。[④] 这些论述从教育教学的具体工作角度揭示了创造型教师的内涵。

由于创造性教师(或创造型教师)这一概念内涵丰富，界定难度大，虽然上述不同角度、不同层面的种种界说都有一定的道理，值得借鉴，但还未能一言以蔽之以给人们一个清晰完整的印象。目前，人们对这一概念的困惑并没有消除。例如，究竟应该用"创造型教师"还是用"创造性教师"这种文本的规范性问题，创造性教师与普通教师之间的区别问题，创造性教师与其他类创造性人

① 吴安春，朱小蔓. 对创造性教师的研究 [J]. 上海教育科研，2002(5)：4-8.

② 季诚钧. 创造型教师：一个值得推广的概念 [J]. 教师教育研究，2006(3)：44-47.

③ 陈晏辉. 略论创造型教师 [J]. 泉州师范学院学报（自然科学），2008(2)：11.

④ 邵瑞珍. 教育心理学 [M]. 上海教育出版社，1997：108.

才之间的区别问题，等等，这些问题都是有待于人们探索与研究。为了消除这种种困惑，也为了本书的研究，笔者认真审视和辩证吸收他人的研究成果，立足于创造性教师教育实践的实际，结合自己的理论研究与多年的创造教育实践，从文本的选择和内涵的界定等方面，与笔者夫人肖善芳老师一起提出了创造性教师的四维界定观。

3.2.4.2　创造性教师的四维界定观

从字面上来看，创造性教师与创造型教师应该是有所区别的两个概念。为了规范起见，笔者在文本选择上，结合上述关于"性"与"型""创造性"与"创造型""创造性人才"与"创造型人才"等几组概念的辨析结果，在此笔者同样倾向于使用"创造性教师"一词。当然，目前人们所说的创新型教师、创造型教师与创造性教师主要内涵是相同的，他们的根本任务都是开发学生的创造潜能，努力把学生培养成为创造性人才。那么究竟何谓创造性教师？肖善芳的硕士论文已就创造性教师的四维界定观进行了阐释，要点如下：

首先，创造性教师是创造性人才。因为从前述的四维人才观来判断，教师是教育领域里的人才，那么创造性教师应当就是创造性人才。这意味着创造性教师也应当具有如前所述的创造性人才普遍具有的基本特征，如具有较强的创造性思维能力和明显的创造性人格特征等。

其次，创造性教师是教育领域中的创造性人才。因为教育领域虽不同于科学技术及艺术等创造领域，但也是一块广阔的创造天地，是创造性教师施展创造性才能的殿堂。只不过是教育领域的创造性主要不在于对未知领域的探索和发现，而在于育人方面，在于创造性地运用教育教学规律，在复杂多变的教育情境中塑造发展中的人，这是教育领域和教育对象的特殊性所决定的。这种创造性首先表现在因材施教上，教师必须针对每个学生的具体特点，有的放矢地、创造性地开展教育教学工作，才能收到良好的效果；其次表现在对教学原则的运用、教学方法的选择、教学内容的处理上。可以说，在教育领域，创造性教师有大量的创造创新的机会，要想在教育领域做出创造性成果，则必须具有针对教育问题的创新素质、创新素养和创新技能，笔者谓之为教育创新素质、教育创新素养和教育创新能力。而创造性教师在教育领域所取得的创造性成果正是其教育创新素质、教育创新素养和教育创新能力的具体表现，这三个方面正是创造性教师与普通教师的本质区别。

再次，创造性教师是能培养创造性人才的教师。并非一切受过师范教育、懂得专业知识和教育理论的教师都是创造性教师。创造性教师应当是受过良好的专业训练，具有良好的教师职业素质、很高的教育理论素养和很强的教育能力，以培养创造性人才为主要职责的具有专业性和不可替代性的专门人才。这种专业性和不可替代性就表现在教育素质、教育素养和教育能力的结构成分上，即含有开发学生创造潜能培养创造性人才所需的那种创造教育素质、创造教育素养和创造教育能力。即创造性教师除了具有较强的创造性人才基本特征之外，还应该具有良好的创造教育素质、较高的创造教育素养和较强的创造教育能力。良好的创造教育素质、较高的创造教育素养和较强的创造教育能力既是创造性教师有别于普通教师的又一本质区别，同时也是创造性教师与其他创造性人才的本质区别。

总之，创造性教师就是教师中的具有良好的教育创新素质与创造教育素质、较高的教育创新素养与创造教育素养、较强的教育创新能力与创造教育能力的创造性人才。由图3.5中可以看出，按照集合论的观点，创造性教师是人才、教师、创造性人才三大集合的交集。

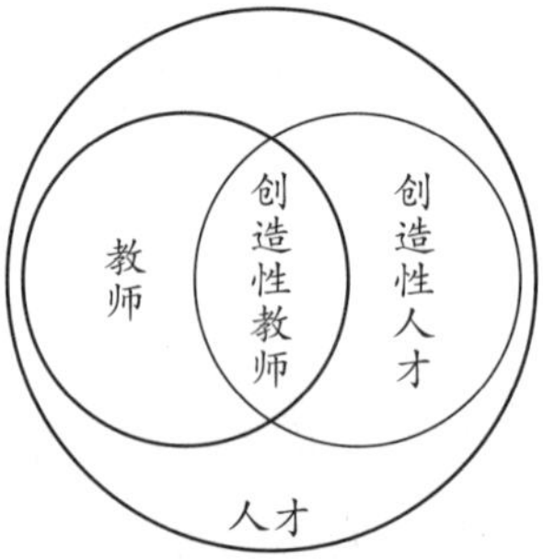

图3.5　人才、教师、创造性人才、创造性教师四者关系示意图

3.2.4.3　创造性教师条件保障分析

前述分析可知，作为最重要的创造性课程条件资源，创造性教师必须具有良好的教育创新素质与创造教育素质、较高的教育创新素养与创造教育理论素养、较强的教育创新能力与创造教育能力，以便于其在具体的教育教学工作中能够通过教育教学改革创新，卓有成效地进行以开发学生创造潜能为核心目的的创造性人才培养实践。这是时代对创造性教师的基本要求，这也是创造性

人才培养对教师条件的基本诉求。

其中，教育创新素质、教育创新素养与教育创新能力是针对教育教学改革创新实践的，重在创造创新，是创造性人才的创造性素质、创造性素养与创造性技能在教育教学改革创新实践中迁移而形成的专业性创造性人才特征；而创造教育素质、创造教育素养与创造教育能力却是针对开发教育对象创造潜能培养创造性人才的教育实践而言的，重在教育教学，是教师的教育素质、教育素养与教育能力在以开发教育对象创造潜能为核心目的的创造性人才培养实践中迁移而形成的领域性教师特征。创造教育素质与创造教育素养是创造教育能力的支持与保障，而创造教育能力则是它们两者价值升华的手段。教育创新素质、教育创新素养与教育创新能力的关系同样如此。

由于教育对象的创造力发展具有年龄阶段性特点，即因年龄阶段的不同而不同；同时创造教育与教育教学改革创新也会呈现出学科领域性特点，即因学科领域的不同而不同，所以，创造性教师的四维界定观和这个基本诉求中"教育创新素质与创造教育素质、教育创新素养与创造教育素养、教育创新能力与创造教育能力"这三组概念的具体内涵在具有共性的同时，还会因教育类型、层次、专业学科领域等因素不同而具有鲜明的个性。创造性人才培养对教师条件的基本诉求并非千篇一律，而是共性与个性的统一。因此，创造性教师条件的保障也必须因创造性人才培养的类型、层次、专业学科领域等因素不同而应有鲜明的个性。

3.3　创造性人才培养的课程资源条件保障之系统考察

3.3.1　实现创造性人才培养目标的主渠道——创造性课程与创造性课程系统

课程是人才培养中的重要因素，是实现人才培养目标的主要渠道，[①] 人才

---

① 王世荣，冯亚青.加强课程建设，发挥人才培养主渠道作用 [J].中国大学教学，2009(8)：13-14.

培养往往是通过相应的课程及其教学来实施的，这就意味着我们还应从课程视角来考察创造性人才培养，为此笔者提出"创造性课程"概念。这里的"创造性"同样不是强调课程的新颖性，而是强调这种课程是用来培养人才的创造性。因此，笔者仍然从效用性的角度来定义创造性课程，即凡是以培养人才的创造性为课程目标的课程就是创造性课程。其中，"人才的创造性"是指人才的创造性素质、创造性素养、创造性能力等几个方面。

吴刚平先生认为，课程资源与课程存在着十分密切的关系，没有课程资源也就没有课程可言，相反有课程就一定有课程资源作为前提，但是它们毕竟还不是一回事，课程资源的外延远远大于课程本身的外延，因为一方面条件性课程资源并不能作为素材成为课程的组成部分，另一方面即使是素材性资源也不能直接构成课程，它还只能是备选材料，它只有在经过加工并付诸实施时才能成为课程。课程实施的范围和水平，一方面取决于课程资源的丰富程度，另一方面更取决于课程资源的开发和运用水平，也就是课程资源的适切程度。[①] 虽然吴刚平先生所谈的课程资源与笔者所谈的有一定的出入，但已从很大程度上说明了课程资源与课程之间的密切关系，并由此推知创造性课程与创造性课程资源条件的密切关系。

系统科学有一个前提性的基本命题：系统是一切事物的存在方式之一，因而都可以用系统观点来考察，用系统方法来描述。一般地说，现实世界不存在没有任何内在相关性的事物群体，凡群体中的事物必定以某种方式相互联系，否则不成其为群体。[②] 因此，从系统科学的角度来看，课程通常也表现为系统，即课程系统。一门课程就是单课程系统，若干门课程组成的系统就是多课程系统，如一个专业的各门课程组成的系统就是培养专业人才的多课程系统。单课程系统也就是一门系统性的课程，一门课程通常由若干部分组成，这些部分就是单课程系统的初级子系统；多课程系统的初级子系统则是单课程系统。无论是单课程系统还是多课程系统，课程资源都是它们的基本元素。

....

① 吴刚平.课程资源的开发与利用 [J].全球教育展望，2001(8)：24-30.

② 许国志.系统科学 [M].上海：上海科技教育出版社，2000：17-18.

同样，作为实现创造性人才培养目标的主渠道，创造性课程也具有系统性，因而也可以叫创造性课程系统，一门创造性课程也是单课程系统。创造性课程系统往往是由若干门创造性课程组成的系统，也就是我们通常所说的创造性人才培养的课程体系，是一个多课程系统。

3.3.2 创造性课程系统的二元分割

凡系统都具有功能，系统是由相互制约的各个部分组成的具有一定功能的整体。[①] 既然有功能，那就有功能目标，亦即任何系统都有自己的功能目标，也就是系统目标。任何课程都有自己的课程目标，任何课程系统也有自己的课程系统总目标。由于创造性课程系统是教育系统的子系统，按照笔者关于教育系统的"二元分割"理论，任何创造性课程系统 S 亦可以进行二元分割，得出创造性课程资源系统 Z 和创造性课程目标系统 M，即 S ＝ Z ＋ M。其中，创造性课程目标系统 M 是由大大小小的创造性课程子目标组成的，其总目标就是创造性课程系统 S 的总目标；创造性课程资源系统 Z 是由各种创造性课程资源共同组成的具有一定功能的有机的整体，其功能就是要实现创造性课程资源系统 Z 的系统目标。创造性课程资源系统 Z 和创造性课程目标系统 M 之间具有相互依存的层级对应关系，其中，Z 是 M 中的大小目标实现的资源条件，即任何层级创造性课程目标都要靠一定层级的创造性课程资源系统去实现，没有 Z，M 中的大小目标的实现就是一句空话。而 M 则是 Z 的灵魂与配置的依据，没有 M 的创造性课程资源系统就不能叫创造性课程资源系统而只能是创造性课程资源仓库或创造性课程资源的集合。

值得注意的是，创造性课程资源系统的功能总目标、创造性课程目标系统的总目标及两者所在的创造性课程系统的系统目标，三者是一致的，如图 3.6 所示，而且都要依靠创造性课程资源系统去实现。

---

① 许国志. 系统科学 [M]. 上海：上海科技教育出版社，2000：26.

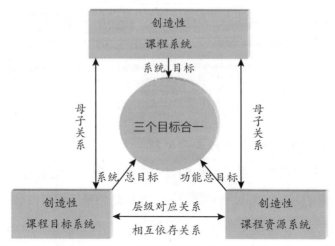

图3.6 创造性课程系统二元分割及其子系统之间的相互关系示意图

3.3.3 创造性课程资源系统的内涵、性质与功能

创造性课程系统的二元分割理论对创造性课程资源系统功能的分析，充分说明了创造性课程资源系统在创造性人才培养中具有不可或缺的作用和地位，因此，加强对创造性课程资源系统的研究是在创造性人才培养理论的探讨中极为重要的工作。其中，首先要做的就是解决创造性课程资源系统的认识问题，如，内涵、性质与功能等方面。

如前所述，创造性课程资源系统是由各种创造性课程资源共同组成的具有一定功能的有机的整体，这是从系统的概念推演出来的定义，但还不足以表达其内涵。由于创造性课程资源系统也是一种课程资源系统，这里的"创造性"也不是强调课程资源系统的新颖性，而是从课程资源系统的效用性角度来界定的。在此，笔者提出创造性课程资源系统的"效用性界定观"，即，创造性课程资源系统是由各种创造性课程资源共同组成的，旨在培养人才的创造性的各种课程资源系统。其中，"人才的创造性"是指人才的创造性素质、创造性素养、创造性能力等几个方面。该界定表明，创造性课程资源系统的功能是培养人才的创造性。它与创造性课程系统、课程系统、教育系统之间同样存在着如图3.7所示的逻辑关系。

图3.7　教育系统、课程系统、创造性课程系统、创造性课程资源系统之间的关系

创造性课程资源系统具有层级性、目标对应性、多样性、时变性和权变性等基本性质，充分认识这些基本性质对通过创造性课程资源的配置和创造性课程资源系统的构建来保障创造性人才培养的课程资源条件大有裨益。

所谓创造性课程资源系统的层级性是指创造性课程资源系统往往可以分解成若干层级的子系统。从上述关于创造性课程系统及其二元分割的论述中可以得出创造性课程资源系统的层级性。同时，还可以得出创造性课程资源系统的目标对应性。所谓目标对应性，就是指创造性课程资源系统对应着创造性课程系统的另一个子系统——创造性课程目标系统的总目标，创造性课程资源系统的各层级子系统对应着创造性课程目标系统相应层级的大小子目标。因为创造性课程目标系统中各层级的大小子目标需要相应层级的创造性课程资源子系统去实现。

从创造性人才培养目标的定位分析来看，创造性人才培养目标具有多样性特点，这种多样性是由环境、教育系统及其相互关系的复杂性引起的多重目标特性。例如，国家和政府、教育机构和教师，以及用人单位等方面往往基于不同的价值判断对教育系统提出了多样性的需求，从而导致创造性人才培养目标的多样性。创造性人才培养目标的多样性无疑会导致创造性课程资源系统的多样性，单说工程技术领域、自然科学领域、人文社会科学领域、经营管理领域、文学艺术领域等几大领域的创造性人才培养目标就有显著的不同，相应的创造性课程资源系统也应该有明显的差异，由此导致它们的多样性。即使是创造性人才的培养目标相同，但因创造性课程资源的各种差异，也会导致它们所组成的创造性课程资源系统的多样性。

目标系统总是处于动态的过程之中。诸教育目标之间此时此地可能是协调的，彼时彼地可能又会产生新的不协调，这个特点就是教育目标的时变性，因此一个合适的教育目标总是在该系统的生命周期内适时调整、不断修缮中形成的，这就是教育目标的权变性或灵活性。[①]人才培养目标、课程目标等都是属于教育目标的范畴，各领域创造性人才培养目标同样具有时变性和权变性或灵活性等性质，这就导致了导致创造性课程资源系统的时变性和权变性，即创造性课程资源系统也并非一成不变，而是要与时俱进，适时调整，不断修缮。

如前所述，创造性课程资源系统的功能是培养人才的创造性，因而，创造性课程资源系统的功能总目标也就是要实现相应的创造性课程目标系统的总目标，亦即要实现其所在的创造性课程系统的系统目标，即三者合一，因为任何课程资源系统的功能都是要实现课程目标系统的大小目标，课程系统也就是要靠其子系统——课程资源系统来实现其系统目标，即课程目标。以培养人才的创造性为自己的功能，这是创造性课程资源系统有别于其他课程资源系统的本质特点。如果不以培养人才的创造性为自己的功能，那么，创造性课程资源系统就不配冠以"创造性"这一头衔，而且创造性课程资源系统也就失去了存在的依据。

3.3.4 创造性课程资源条件的系统保障

创造性课程目标系统的总目标及其大小子目标一旦确立，就必须有相应的创造性课程资源系统以实现这些大小目标，因此创造性人才培养的课程资源条件即创造性资源条件的保障问题绝不只是单个资源的保障问题，也不只是一类资源的保障问题，也不只是某些资源的保障问题，而是创造性课程资源系统的保障问题。按照系统科学的理论，系统是元素与结构的统一，元素和结构是构成系统的两个缺一不可的方面，它们一起组成系统的内部构造；系统的元素是指系统的最小组分，即基本组成单元，人文社会系统的元素一般称为要素；而系统的结构是系统元素之间相对稳定的、有一定规则的联系方式的总和；给

[①] 王伟清 . 论"教育资源学"的创生 [J]. 湖南科技大学学报，2006(4)：123.

定元素和结构两个方面，才算给定一个系统。[①] 因此，创造性课程资源系统的保障问题应包括要素和结构两个方面的保障问题。

首先，关于要素的保障。显然，创造性课程资源是创造性课程资源系统的组成要素，没有创造性课程资源也就没有创造性课程资源系统可言。由于创造性课程资源系统与创造性课程目标系统之间存在着相互依赖的层级对应关系，所以，创造性课程资源系统客观上对其系统要素在种类、品质与数量等方面必然有明确的要求，创造性课程资源系统要素的保障实质上就是对这些要求的充分满足。然而，对于具体的某门创造性课程之课程资源系统和具体的某一创造性课程资源来说，它们之间未必具有直接的必然的联系，也就是并非任意创造性课程资源都能成为某门创造性课程之课程资源系统的组成要素，或者某一创造性课程资源并非都能成为任意创造性课程之课程资源系统的组成要素。从前述对课程资源的课程效用性分析可知，创造性课程资源要进入创造性课程资源系统，它的效用宏观指向必须与课程目标相一致，效用微观指向必须是课程目标下的某一层级子目标；效用性质必须是积极的，促进效用指向目标的实现；效用能力要满足实现效用指向的基本要求。总之，创造性课程资源课程效用性或者课程效用向量要符合课程的基本要求。

其次，关于结构的保障。笔者认为，系统结构可分为微观结构和宏观结构。微观结构是指元素间的关系，宏观结构则是指子系统间的关系。因此，结构的保障既指微观结构的保障，也指宏观结构的保障。对于创造性课程资源系统来说，虽然系统中的各元素在系统中的作用和地位是不同的，但系统中的任何一个元素往往不是孤立的，而是与其他某些元素存在着某种既相互依赖又相互制约的关系，因而系统中任何元素作用的发挥往往以其他元素满足某些基本要求为前提条件。只有满足这些基本要求，元素之间才能保持良好的匹配关系，也才能充分发挥其应有的作用。创造性课程资源系统微观结构的保障实质上就是要发现创造性课程资源之间的既相互依赖又相互制约的关系，并满足某种基本要求来确保创造性课程资源之间保持良好的匹配关系。

....

① 苗东升 . 系统科学精要 [M]. 北京：中国人民大学出版社，2010：22-23.

同理，创造性课程资源系统宏观结构的保障实质上就是要发现子系统与子系统之间的关系，设法满足某些基本要求来确保创造性课程资源子系统之间保持良好的匹配关系。例如，创造性课程资源系统有两个必不可少的子系统，即创造性课程内容资源系统和创造性课程条件资源系统，且这两个子系统之间存在着既相互依赖又相互制约的辩证关系。前者是由创造性课程内容资源组成的，是创造性人才应当学习和收获的系统化了的知识、技能、经验、活动方式与方法、情感态度和价值观等，是提升人才的创造性素养、创造性素质和创造性技能的有效载体，是后者资源配置与系统构建的依据，也是后者实现其系统功能的媒介。没有前者，后者也就没有构建的必要，其内部的各种创造性课程条件资源会因为其稀缺性而被配置到其他课程资源系统中去，后者的系统功能会因系统的不存在而不存在，更谈不上功能的实现。而后者是由创造性课程条件资源组成的，是前者发挥其功能的平台，并在很大程度上决定着创造性课程实施的范围和水平。没有后者，前者就会或因没有开发、配置与构建的主体而不能创生，即使已经创生，也会因缺人力、物力、财力、时间和课程政策等资源而很难甚至根本就不能实现其功能。因此，这两个子系统中的任何一方都必须以另一方为条件方可在创造性人才培养中充分发挥其应有的功能，即必须借助另一方才能充分实现其功能目标，如果任何一方脱离了另一方，不但不能充分实现其功能目标，甚至不能作为创造性课程子系统而存在。从两个子系统之间的辩证关系可以得知，创造性课程内容资源系统客观上对创造性课程条件资源系统在人力、物力、财力、时间和课程政策等资源方面会有一系列的基本要求，设法满足这些基本要求，确保这两个子系统之间保持良好的匹配关系，才能充分实现它们的功能目标。

人才培养的过程往往是由若干各种各样的课程资源系统地作用于培养对象的过程，创造性人才的培养也不例外。创造性课程资源条件的系统保障绝不是建立装有各种创造性课程资源的仓库，也不能简单地把创造性课程资源系统理解为各种创造性课程资源基于共同宏观效用指向的集合。要系统地保障创造性人才培养的课程资源条件，需要通过创造性课程资源的配置来构建、完善和维护与创造性人才培养目标相对应的创造性课程资源系统，在配置创造性课程资源来构建、完善和维护某一创造性课程资源系统的过程中，必须充分尊重创造性课程资源系统的基本性质。创造性课程资源系统构建、完善和维护的过程就是创造性人才培养的课程资源条件创建和保障的过程。

3.4　创造性人才培养的课程资源条件保障之主体考察

所谓创造性课程资源保障的主体，是指承担创造性课程资源保障任务的主体，这里的主体既包括组织，如各级政府、教育行政管理部门等，也包括个人，如教师、教育管理者、理论研究者等。笔者将创造性课程资源保障的主体简称为保障主体。从整体上来看，创造性课程资源的保障工作是由很多主体共同完成的，呈现出多主体性。首先，从保障的行为措施来看，可以分为创造性课程资源的开发和创造性课程资源的配置，因而，创造性课程资源保障的主体就有开发主体和配置主体之分。其次，从保障的资源种类来看，可以分为创造性课程内容资源和创造性课程条件资源，因而，创造性课程资源保障的主体就有创造性课程内容资源的保障主体和创造性课程条件资源的保障主体之分。创造性课程资源保障的主体所承担的任务常有交叉现象，如既是承担开发任务的主体，又是承担配置任务的主体，这种"交叉"给我们分类探讨增加了难度。为简便起见，笔者只对几个主要的保障主体予以分析。

3.4.1　各级政府

各级政府是创造性课程资源保障的主要主体之一，主要承担着创造性课程条件资源的保障任务，其中主要是通过教育投资和教育政策等方面来保障创造性人才培养的课程资源条件。于教育既具有一定的"私人性"，又具有一定的"公共性"，因此，教育被普遍视为一种介于"私人产品"与"公共产品"之间的"准公共产品"。因而，无论是社会主义国家还是资本主义国家，无论是发达国家还是发展中国家，无论是实行计划经济的国家还是实行市场经济的国家，教育投资的主要来源都包括各级政府的教育投资在内的国家教育投资。因此，一个国家对教育的投资是决定该国教育能否正常、稳定发展的一个最关键的因素。就我国而言，由于国家及其各级政府集中的财政收入，在国民收入分配中是居于主导地位的，所以，政府对教育的投资，在我国整个教育发展中更是起着决定性的保障作用。由于创造性课程资源直接或间接来源于各级政府的教育投资，特别是创造性课程条件资源中的财力资源就是直接来源于政府的教育投资，所以，确保足够的教育投资，应是各级政府这一极其重要的创造性课程资源保障主体的基本职责。

同时，政府是国家教育方针、政策的制定者和推行者。教育方针是一个国家管理教育工作的根本指导思想，是整个教育工作的最高准则，教育方针规定教育的目标及实现教育目标的根本途径或条件。教育方针所规定的教育的培养目标及要求是通过一项项教育政策体现出来的。而教育政策是国家为完成教育任务、实现教育目标而协调教育的内外关系所做出的一种战略性、准则性的规定。[①] 开发人的创造潜能，培养创造性人才，建设人力资源强国，这是时代赋予教育的重任。鉴于目前我国创新型、实用型、复合型人才紧缺，培养创新人才的重要性和紧迫性日益凸显，为了建设创新型国家，2010年我国推出了《国家中长期教育改革和发展规划纲要（2010—2020年）》，其中明确提出，战略目标是"到2020年，基本实现教育现代化，基本形成学习型社会，进入人力资源强国行列"；战略主题的重点是"面向全体学生、促进学生全面发展，着力提高学生服务国家服务人民的社会责任感、勇于探索的创新精神和善于解决问题的实践能力"；同时还表明要进行体制改革，并在教师队伍建设、经费投入等方面提供必要的保障；在第二十一章中提出要进行"拔尖创新人才培养改革试点，探索贯穿各级各类教育的创新人才培养途径，鼓励高等学校联合培养拔尖创新人才，支持有条件的高中与大学、科研院所合作开展创新人才培养研究和试验，建立创新人才培养基地"。此外，该规划纲要还要求各级政府必须

① 孙绵涛. 教育行政学 [M]. 武汉：华中师范大学出版社，1998：89-95.

"围绕《教育规划纲要》确定的战略目标、主要任务、体制改革、重大措施和项目等，提出本地区实施的具体方案和措施，分阶段、分步骤组织实施。各有关部门要抓紧研究制定切实可行、操作性强的配套政策，尽快出台实施"。可以说，在整个规划纲要中，"创新人才"成了高频词，达19处之多。这些足以说明，在创造性人才培养所需的包括政策资源在内的很多创造性课程条件资源的保障方面，各级政府具有其独特的权力优势，完全有责任、有能力、有条件提供其他主体难以提供的创造性课程条件资源保障。总之，从中央到地方，各级政府都是创造性课程条件资源宏观层面上的保障主体。

3.4.2 理论研究者

创造性人才培养的理论研究者主要是指那些在高校或科研机构从事创造性人才培养理论研究的工作者，是创造性课程资源保障的主体之一。与其他主体相比，这些理论研究者一般具有较高的学历，拥有较强的创新精神和较宏观的理论视野，且在创造性人才培养理论方面已有一定的研究成果，因此他们可以充分发挥自身的优势在创造性课程资源保障方面承担其他主体难以完成的保障任务，从而成为创造性课程资源保障的重要主体。他们所承担的保障任务主要表现在以下几个方面：

其一，探究创造性课程资源开发的一般规律，从而使更多的开发者掌握开发的一般规律，提高开发的效率，以开发出大量的创造性课程资源，为创造性人才培养提供课程资源的保障。

其二，从事针对创造性课程资源的各个层面的开发实践。理论研究者有自身的理论优势，更懂得创造性课程资源开发的一般规律，因此，他们不只是寻找、发现那些客观需要的实在性课程资源，也不只是加工优化那些已经找到的待优性课程资源，而且还会去创造出现实还没有的创造性课程资源。这里的创造性课程资源既包括创造性课程内容资源，也包括一些创造性课程条件资源，如创造性课程政策资源等。

其三，探讨创造性课程资源开发的后期管理。即构建和完善创造性课程资源数据库来加强对开发出来的各种创造性课程资源的管理，避免所开发的重要课程资源遗失，以备用时之需。

其四，探究各种创造性人才的培养目标，科学设立各种创造性课程目标，构建创造性课程目标系统，为创造性课程资源的保障提供配置依据。

其五，探究创造性课程资源配置的一般规律，从而为更多的具有配置权力的主体提供配置理论的指导，减少甚至消除创造性课程资源配置的盲目性，增强创造性课程资源系统的系统性，从而为创造性人才培养提供课程资源条件的系统保障。

其六，探究各种创造性课程和创造性课程系统及其相应的创造性课程资源配置问题。例如，各阶段、各领域应设置什么样的创造性课程，需要构建什么样的创造性课程系统，应配置什么样的创造性课程资源来构建相应的创造性课程资源系统。

其七，开展创造性课程资源保障的质量水平问题研究。主要研究的问题有：创造性课程资源个体品质评价问题；创造性课程资源系统的系统性程度评价问题，具体包括系统要素的品质及其齐全程度、系统要素之间的匹配程度、系统的结构和系统对目标的整体涌现性等内容；如何提高创造性课程资源保障的质量水平。

3.4.3 一线教师

这里的一线教师是指直接从事创造性人才培养工作的一线教师，他们也是创造性课程资源保障的主体。一线教师的主要工作是教育教学，在一线教学的实践中，他们总会发现已有的创造性课程内容资源不能完全满足教学的实际需求，他们需要不断开发创造性课程内容资源，并根据需要把开发出来的创造性课程内容资源配入到课程中，用以实现其课程教学的目标，因此，他们是创造性课程内容资源的开发者，也是创造性课程内容资源的配置者和利用者，他们主要承担着创造性课程内容资源的保障。具体来说，一线教师的保障任务主要表现在以下几个方面：

其一，对已有的创造性教材进行二次开发。教师是课程的具体实施者和操作者，教材是教师课程实施的重要媒介，教材是课程资源的集合。创造性教材是由各种创造性课程内容资源按照一定的结构组成的创造性课程内容资源系统，一线教师借用创造性教材来实现相应的课程目标。但随着时间的推移、环境的变化，教材的内容与实践会有出入，因此，教师对现有教材的利用不能简单移植和照搬，有必要根据实际情况对其进行重组和改造，即教材的二次开发。教材的二次开发是对创造性课程内容资源与创造性课程内容资源系统的加工与优化。

其二，自主开发和配置急需的创造性课程内容资源。创造性人才培养目标不可能一成不变，总会因时因地地根据客观需求而发生改变，因而相应的课程目标也会随之而变。加之教育对象的不断改变，以及创造性教材本身的局限性和变化的滞后性，客观需求的创造性课程内容资源往往难以得到满足，因此，一线教师必须自主开发急需的创造性课程内容资源。

其三，即兴开发配置过程中的创造性课程内容资源。我们常见这种情形：在教学过程中，教师发现有些学生对某概念存在错误的理解，或在某一方面容易出错，如，学生对压强的概念、压强（P）与压力（F）及受力面积（S）三者之间的关系就很容易搞错，于是就马上抓住这些错误进行重点讲解，学生一般情况下就不容易重蹈覆辙了。这实质上就是教师即兴开发了教学过程中的课程内容资源，并起到了良好的效果。同样，在创造性人才培养的过程中，也常常需要即兴开发很多过程中的创造性课程内容资源。例如，针对某个问题提出解决方案时，学生可能会提出超乎教师和其他同学想象的新方案，显然，这一新方案的提出必然伴随着创造性思维的参与，即兴了解和分析新方案产生的思维过程，哪怕就是借此及时表扬该同学都是很有意义的。如果学生提不出解决方案，说明学生很可能是受到某种思维定式的约束，即兴了解和分析该思维定式，显然有益于学生摆脱思维定式的约束和创造性思维能力的提高。这种及时了解、分析和表扬的行为，实质上就是即兴开发和利用过程中的创造性课程内容资源。

其四，创造性课程资源内容开发的后期研究。主要是将前述几种情况开发出来的创造性课程资源做进一步的分析研究，明晰它们的基本性质和类别，特别是它们的教育效用性及效用条件性，并把它们纳入创造性课程内容资源库和创造性课程内容资源系统之中，以完善以后的教学。

除了承担创造性课程内容资源的保障任务外，一线教师还承担了部分创造性课程条件资源的保障任务。例如，假若一线教师热爱教育事业，热衷于创造性人才培养的研究与实践，那么，这就意味着他们为创造性人才培养提供了创造性课程人力资源和创造性课程时间资源的保障。

3.4.4　创造者

创造者是创造性课程资源保障的又一主体。如前所述，无论是知识形态的创造性成果，还是物化形态的创造性成果，只要在创造性人才培养过程中具有课程效用性的创造性成果均可成为创造性课程资源，其中物化形态的创造性成果还可以成为创造性课程条件资源中的物力资源，而各领域知识形态的创造性成果则可以成为创造性课程内容资源。而且无论何种形态的创造性成果，其产生的过程都是非常重要的创造性课程内容资源。然而，各领域任何创造性成果，无论是何种知识形态，都是创造者创造出来的，其产生的过程实际上就是创造者创造的过程。这就意味着，不论创造者在从事创造性实践中是否意识到自己创造行为与创造性课程资源之间会有何种关系，甚至也不论他的创造性实践是成功还是失败，只要创造者从事创造性实践活动，那么这种创造性实践过程也就是相应的创造性课程内容资源创生的过程。例如，飞机的发明，千百年来人类为实现邀游天空的梦想，进行了百折不挠的创造活动，有成功的喜悦，更有生命的代价，飞机的发明史可谓人类一部可歌可泣的创造史。无可否认，飞机的发明这一案例业已成为培养创造性人才所需的经典的创造性课程内容资源，我们更不能否认，没有那些勇敢的创造者的创造性实践，哪来这个经典的创造性课程内容资源？

当然，由于创造者创造性实践的目的本身往往并不是为了开发创造性课程资源，况且在从事创造性实践中几乎没有创造者会意识到自己的创造行为与创造性课程资源之间会有何种关系，所以只能说创造者通过创造性实践间接地开发(创造)了创造性课程资源。据此，笔者认为，创造者是创造性课程资源的间接开发者。我们人类周围的一切文明都是创造者创造出来的，人类进步和发展的历史本身就是一部创造的历史，人类的每一个创造成果及其创造的过程都是创造性课程资源，因此，可以说他们也是创造性课程资源的主要创造者。同时，我们也应该意识到，创造者间接地开发的创造性课程资源往往是原生态的素材资源。

诚然，无可否认，除了上述间接地开发创造性课程资源的创造者以外，还有一批创造者因客观需求，有意识地、有针对性地去创造一些新的创造性课程资源。因为在创造性人才培养的过程中，实无性课程资源的开发常常是不可避免的，即客观必需某种创造性课程资源，而实际上却并不存在，只好通过开发，使实无性课程资源变成实在性课程资源，亦即需要创造者去创造这种课程资源，因此这些创造者理所当然也是开发的主体，而且是直接主体。

总之，创造者开发创造性课程资源，无论是直接还是间接，都是在解决创造性课程资源的保障问题，因而，他们也是创造性课程资源的保障主体。

3.4.5　教育行政组织

教育行政组织是指国家教育部、省(直辖市、自治区)的教育厅(教育局)、地市的教育局、县市的教育局和乡镇的学区等及其内部有关的分支机构，他们是创造性课程资源保障的重要主体。在创造性人才培养的课程资源条件保障中，他们的任务至少包括以下几个方面：

其一，向政府争取更多的财力投入到教育之中，确保政府的教育投资能满足教育应有的需求，即解决教育投资外部比例的应有值问题。如很多年以来，教育部就一直在为教育投资占国民生产总值的4%而努力。从政府财政中争取到的教育投资越多，创造性课程资源的保障问题解决的可能性也就越大。

其二，研究并拟定有利于创造性人才培养的教育政策，领导辖区内教育行政部门和各学校贯彻执行国家关于创造性人才培养方面的教育方针、政策、法规和上级教育行政部门的各项决定，并进行检查与督促。

其三，在教育系统内部，确保在创造性人才培养方面有足够的教育投入。

其四，开展创造性教师队伍建设工作。主要是保障创造性教师队伍建设的教育投入，在经费、政策等方面鼓励、支持在职教师研修创造性课程，吸引包括在职教师在内的优秀大学毕业生攻读创造教育与教育创新方面的硕士和博士学位。

其五，组织创造性课程建设，保障足够的经费资助，建设一批精品的创造性课程。

其六，组织创造教育实验室建设。组织研究与制定创造教育实验室建设标准，保障创造教育实验室建设的教育投入，建设一批示范性的创造教育实验室。

其七，组织理论研究。主要是设立有关创造学、创造心理学、创造性人才及其培养等方面的理论研究课题，保障足够的经费资助。

3.4.6 学校管理者

这里的学校管理者指的是，学校人力、物力、财力等教育资源的支配者，课程开设的决定者，学校内部管理的规章、制度、政策措施的制定与推行者，教学管理者，等等。他们是创造性课程资源保障的直接主体，他们的保障任务主要是以下几个方面：

其一，贯彻执行国家和各级教育行政管理部门关于创新人才（创造性人才）培养的各种政策要求。

其二，决定实现创造性人才培养目标的课程途径，为创造性课程资源的保障提供依据。创造性人才培养的各种目标实现的课程途径有改良途径、独立途径和混合途径三条。(1)改良途径，是指对已有的知识传授型课程进行改革，即在知识传授型课程的教学内容、教学方式等方面渗透一些创造教育的因子。这条途径的优点是投入少，但往往因整个评价体系未变和教师的习惯与惰性而难以实施。(2)独立途径，是指开设专门的创造性课程，不依附于现有的知识传授型课程，具有很大程度的独立性，提升了课程地位，但需配置该门创造性课程所需的各种创造性课程资源，方可保障该门创造性课程的顺利实施。(3) 混合途径，是改良途径和独立途径的结合，就是既对已有的知识传授型课程进行改革，同时也开设专门的创造性课程。改良途径和独立途径实现创造性人才培养的目标是非常有限的，而混合途径实现创造性人才培养的目标最多，因而是最为理想的课程途径，但需保障的创造性课程资源也是最多的。正因为这样，所以学校管理者必须做出选择，方能谈得上创造性课程资源的保障。

其三，给予创造性课程应有的课程地位。即确定是选修课还是必修课，是专业选修课还是公共选修课，是专业必修课还是公共必修课。例如，南开大学新闻网2010年4月7日报道，该校从2010级本科生开始，将"问题意识与创新思维"列为大学生的必修课。①

其四，为课程实施提供创造性课程条件资源的保障。主要是提供必要的人力、物力、财力、时间、规章制度与政策环境方面的保障。课程资源条件的保障力度很大程度上取决于课程的地位，例如，1995年中国矿业大学就把《普通创造学》确定为全校所有本科专业的公共必修课，建立了以庄寿强为带头人的教师队伍，在课时、经费等方面都给予了必要的保障。据庄寿强介绍，《普通创造学》在未取得全校所有本科专业公共必修课的课程地位之前，学校的课程资源条件保障力度就小得多。

其五，在财力、时间和政策等方面加大投入，以加强创造性教师队伍建设。如支持鼓励教师进修深造，提高其开展创造教育与教育创新实践所需的各种素质、素养和技能等。

其六，建立针对创造性人才培养的评价指标体系，科学地评价教师的教与学生的学，以确保教师教学投入的积极性和教师队伍的稳定。

---

① 梁化奎.论高校在创新人才培养中的地位及核心价值目标 [J].高教论坛，2012（12）：32.

第四章　创造性人才培养的课程资源条件保障不足的表现与原因

　　目前，创造性人才及其培养的重要性已经成为人们的共识，无论是高等教育还是基础教育，无论是官方的文件还是领导的报告，常见到有关创造性人才(1995年以后主要是用"创新人才"一词)及其培养的字眼与话语。如前所述，要大批培养创造性人才，必须具备一些基本的课程资源条件。然而，笔者多次调查发现，迄今为止，创造性人才培养的课程资源条件保障不足的现象普遍存在，甚至是能最基本的课程资源条件都得不到应有的保障。所谓创造性人才培养的课程资源条件保障不足，是指培养创造性人才所需要的课程资源条件没有得到应有的满足。创造性课程资源包括创造性课程内容资源和创造性课程条件资源，因此，创造性人才培养的课程资源条件保障不足或表现在创造性课程内容资源方面，或表现在创造性课程条件资源方面，或同时表现在这两个方面。深入探讨创造性课程资源保障不足的表现与原因，有利于提出解决问题的对策。创造性课程资源种类繁多，保障不足的表现与原因也因类而异，因此，本章将分别就这两大类进行探讨。

4.1　创造性课程内容资源保障不足的表现与原因

4.1.1　创造性课程内容资源保障不足的表现

　　创造性课程内容资源保障不足，主要指培养创造性人才所需要的课程内容资源条件没有得到应有的满足。创造性人才培养的课程资源条件，是指满足创造性人才培养要求的各种课程资源及其所组成的课程资源系统，因此，可以从个体与整体两个层面来分析创造性课程内容资源保障不足。概括地说，创造性课程内容资源保障不足主要表现在种类、品质和系统性等几个方面。

4.1.1.1　种类上保障不足

创造性课程内容资源是创造性人才在创造性实践中所需的各种创造性素质、创造性素养和创造性能力培养的有效载体。培养创造性人才，需要各种各样的创造性课程内容资源，既需要素质类创造性课程内容资源，也需要素养类创造性课程内容资源，还需要能力类创造性课程内容资源。但在实际的培养过程中，创造性课程内容资源在种类上常常得不到应有的保障，某种或若干种必需的创造性课程内容资源缺失现象常常发生且普遍存在。

创造性人才应当掌握人类基本的创造规律，各专业领域的创造性人才应当掌握专业领域的基本创造规律，那么，有关创造规律方面的知识就是必需的素养类创造性课程内容资源而应当进入课程，尤其是在高等教育阶段。因为《国家中长期教育改革和发展规划纲要》明确规定，培养创新人才尤其是拔尖创新人才是教育尤其是高等教育的重要发展任务，同时高校普遍强调要培养创造性人才，许多高校甚至在专业培养目标上写明要培养本专业的创新人才或创造性人才。以学科为基础的各种专业都有其创造规律，专业知识主要是专业相关学科知识的有机构成。任何学科的发展历史都是一部创造的历史，学科的每一个知识点都是人类创造活动的结晶，任何学科都应该有其自身的创造规律，即学术性创造规律。此外，还应该有运用学科知识开展创造活动并产生创造性成果的创造规律，即应用性创造规律。专业学科领域的创造性人才应当掌握这些创造规律，应当将这些创造规律作为素养类创造性课程内容资源配入课程之中。但事实上，在培养方案上却很难见到讲授有关创造规律方面知识的课程，即使开设了有关学科发展史之类的课程，如物理学专业的经典物理学史，往往也只是介绍时间、国别地点、人物与成果等，却不介绍成果是如何创造出来的。可以说在教师讲授的课程内容里也很难见到有关创造规律方面的知识，这种现象非常普遍，这就是典型的创造性课程内容资源种类保障不足的具体表现。

4.1.1.2 品质上保障不足

所谓创造性课程内容资源品质上保障不足是指创造性课程内容资源的品质不能满足创造性人才培养的客观要求。按照前述关于课程资源的向量分析可知，创造性课程内容资源有效用指向、效用性质与效用能力等三个基本的效用要素。由于课程资源的课程效用性是课程资源的本质属性，所以这三个基本的效用要素是衡量课程资源品质的三个指标。因此，创造性课程内容资源品质上保障不足主要表现在效用指向、效用性质与效用能力这三个指标中的若干不能满足创造性人才培养的客观要求。如前所述，课程资源的效用指向包括宏观指向和微观指向两个方面，宏观指向应是课程目标，而微观指向应是宏观指向下的某一层级的课程子目标。所谓创造性课程内容资源的效用指向不符合要求，是指该创造性课程内容资源的效用指向与其对应的课程目标及其子目标不一致，通俗地说，即该创造性课程内容资源不是用来实现与其对应的课程目标及其子目标的。所谓创造性课程内容资源的效用性质不符合要求，是指在实现该创造性课程内容资源所对应的课程目标及其子目标的过程中，不能起到积极的促进作用，有时甚至是消极的阻碍作用。所谓创造性课程内容资源的效用能力不符合要求，是指在实现该创造性课程内容资源所对应的课程目标及其子目标的过程中，所起的积极作用不够。下面以"脑筋急转弯"与创造性思维能力培养为例，来进一步阐明创造性课程内容资源品质上的保障不足问题。

创造性思维能力是创造性人才应当具备的基本的创造能力，要培养人才的创造性思维能力，就需要配置相应的能力类创造性课程内容资源。由于"脑筋急转弯"也是一种思维游戏，"脑筋急转弯"话语突破人们的常规思维定式(认知定式)来巧设"谜面"，使人们在误入思维陷阱后举步维艰，人们只有突破常规思维定式，改变原有的思维方式，在原有的经验上进行超越性的思考，才能得到出乎意料的惊喜和恍然大悟的轻松[1]，因此有些教师就用"脑筋急转弯"这样的思维游戏来进行所谓的创造性思维训练。笔者以为，"脑筋急转弯"这种

[1] 肖翠云. 积淀与超越——论心理定式与修辞接受 [J]. 黔东南民族师专学报，2002(2)：64-65.

游戏如果是用来增加生活情趣和培养"脑筋急转弯"游戏的创作与识解能力倒是无可厚非，但如果作为创造性课程内容资源用来进行创造性思维能力的培养，则是极为不妥的，甚至是完全错误的。

"脑筋急转弯"是一种集语言游戏、思维游戏于一身的有趣的智力游戏。例如，"打什么东西，不必花力气？(打瞌睡)"；"如何形容世界上最繁忙的机场？(日理万机)"；"稀饭贵还是干饭贵？(稀饭贵，因为'物以稀为贵')"；"8的一半是多少？(3或0)"。戴静[①] 从语言层面，将"脑筋急转弯"的生成机理归纳为五个方面：故意割裂能指与所指的联系、故意将语言单位升降级、故意将同音词或多义义项错位、故意利用同形异构产生歧义、故意转移注意焦点等。张先华[②] 从逻辑角度研究了"脑筋急转弯"的生成机理，将其生成归纳为"违反同一法、违反排中法、冲破定势法、命题错位法、还原本相法、巧解法"等六类。周一农则将"脑筋急转弯"的识解抽象化地诠释为：在多维的语义指向中，预设答案反叛并跳脱了习惯锁定的视域。[③] "脑筋急转弯"的生成是在交际意向态度制约下，出题者故意留下能够引发刻意曲解的语言因素的产物；而"脑筋急转弯"的识解则是解答者在刻意曲解"谜面"之后，利用内涵外延的传承关系进行概念置换，即偷换概念的结果。

无论是在自然科学领域、工程技术领域，还是在很多社会科学领域，各种创造活动都要求概念明确、科学严谨，容不得"刻意曲解""偷换概念"等，显然，用"脑筋急转弯"这样的思维游戏来进行所谓的创造性思维训练，结果是把学生思维训练得神经兮兮的，不但达不到训练目的，而且还适得其反。因此，无论是从效用指向来看，还是从效用性质或效用能力来看，"脑筋急转弯"都不能满足创造性思维能力的培养要求。

① 戴静.脑筋急转弯的构成方式 [J].贵阳师范高等专科学校学报(社会科学版)，2004 (4)：79-81.

② 张先华.制作"脑筋急转弯"的方法 [J].思维与智慧，2002(8)：6.

③ 周一农.游戏之后"脑筋急转弯"的语文创造学解读 [J].绍兴文理学院学报，2002 (5)：45-49.

4.1.1.3 系统性保障不足

创造性人才培养目标包含创造性素养、创造性素质和创造性技能等几个方面的子目标，本身就构成了一个目标系统，即创造性课程目标系统。这就要求系统地配置与之匹配的创造性课程内容资源，即构建创造性课程内容资源系统。也就是说，应当系统地配置创造性课程内容资源，并以开设创造性课程的形式，通过教学方式，系统地作用于培养对象，来实现创造性课程目标系统中的大小目标。那么，如果没有开设创造性课程，这就足以反映出创造性课程内容资源的系统性保障不足。事实上，据笔者的调查了解，目前很多学校，很多专业并没有开设创造性课程，而是教师在一些课堂上零散地讲授过少量的有关创造、发明、创新之类的内容，有的甚至几乎就没有这方面的内容，这就足以说明这些学校、专业在创造性课程内容资源方面的系统性保障显然是不够的。

当然，也有一些高校非常重视创造性课程的开设，如，湖南科技大学教育学院应用心理学和小学教育本科专业开设过专业选修课"创造心理学"。但按照系统科学的理论，系统是元素与结构的统一，元素和结构是构成系统的两个缺一不可的方面，它们一起组成系统的内部构造；系统的元素是指系统的最小组分，即基本组成单元，人文社会系统的元素一般称为要素；而系统的结构是系统元素之间相对稳定的、有一定规则的联系方式的总和；给定元素和结构两个方面，才算给定一个系统。[①] 因此，创造性课程内容资源是否得到系统性保障，主要从要素和结构两个方面来判断。对于一门创造性课程，即单课程系统而言，即应判断：与其课程目标系统对应的必需的各种创造性课程内容资源是否配入，在性质特点上是否合乎要求；同时，这些创造性课程内容资源形成的结构，即彼此之间的关系是否能满足其课程目标系统中大小目标实现的需要。对于由多门创造性课程组成的多课程系统，系统的要素则是其子系统，即单课程系统，则除了应按单课程系统的要求判断外，还应判断：与其课程目标系统对应的必需的各种资源子系统是否配入，在性质特点上是否合乎要求；同

---

① 苗东升. 系统科学精要 [M]. 北京：中国人民大学出版社，2010：22-23.

时，这些资源子系统形成的结构，即彼此之间的关系是否能满足其课程目标系统中大小目标实现的需要。通常，培养创造性人才所需的课程系统都是由多门创造性课程组成的多课程系统，因此，即使开了一门创造性课程，也不能充分说明创造性课程内容资源得到了系统性保障。

事实上，不是所有的学校都开设了创造性课程，更不是所有的学校都开设了多门创造性课程。特别值得称赞的中国矿业大学，虽然把"普通创造学"明文规定为所有本科专业的公共必修课，但也不是该校所有专业都开设了多门创造性课程，因此，创造性课程内容资源系统性保障不足是普遍存在的。

其实，在研究生教育中，这种情况也特别突出，并引起了专家学者的注意。研究生创新能力的培养，是研究生教育的根本任务，创新能力是检验研究生教育质量的根本标志。[①] 研究生课程在创新人才培养中具有重要作用，创新能力的培养主要在于培养学生发现问题、分析问题和解决问题的能力，而实现这一过程又必须具备完备的知识结构和专业技能，这在很大程度上依赖于专门化的研究生课程。研究生课程体系在研究生培养方案中处于核心地位，同时，课程体系与培养目标、学制、学科和专业划分等之间也存在着相互影响、相互制约的关系。[②] 章英才认为，课程设置是研究生培养过程中的一个重要环节，对研究生创新能力的培养起着至关重要的作用，目前研究生的课程设置存在着课程设置的灵活性不够、课程体系存在较大的局限性、课程教学活动中学生的参与度不够、知识性课程类型偏多而实践性课程类型偏少、课程内容的研究性与前沿性突出不够等一些不合理因素，不利于创新意识、创新精神和创新能力的培养。[③] 虽然，这些专家学者的观点与笔者的有一定出入，但也在很大程度上说明了创造性课程内容资源系统性保障不足是普遍存在的。

....

① 刘尧. 构建以研究与创新为主线的研究生培养方式 [J]. 江苏高教，2010(2)：42-44.

② 侯加林，李光提，岳远彬. 改革研究生课程体系培养创新型人才 [J]. 高教论坛，2008(6)：57-61.

③ 章英才. 硕士研究生课程体系与创新人才培养 [J]. 高教论坛，2011(12)：87-90.

4.1.2 创造性课程内容资源保障不足的原因

课程资源也是一种社会资源，按照资源科学的理论，社会资源是指自然资源以外的其他所有资源的总称，它是人类劳动的产物。[①] 因此，课程资源同样打上了人类劳动的烙印，也是人类劳动的成果，这里的劳动主要包括对课程资源的开发、配置和利用等各个环节，各个环节都有不一定相同的劳动主体。显然，课程资源不只是有种类的多样性，而且有劳动主体的多样性，这种多样性造成了创造性人才培养的课程资源条件保障不足之原因的复杂性。由于课程资源条件的保障措施主要是对课程资源的开发和配置，所以探讨创造性课程内容资源条件保障不足的原因应从其开发和配置的主体方面来进行。

4.1.2.1 模糊的目标模糊了主体的行动方向

这里的目标既指创造性人才培养目标，也指创造性课程目标。笔者认为，创造性人才培养目标的模糊性导致了创造性课程目标的模糊性，从而使主体在开发和配置创造性课程内容资源时无所适从。

创造性人才培养的目标不够明确，这是普遍存在的现象。例如，翻阅许多高校各种专业人才的培养方案，在人才培养目标里常常注明了要培养该专业领域的创造性人才或创新人才，但也仅仅只见有这么一句非常笼统的话语。也许在培养方案这样的文件里，不便写得太详细，但笔者也没有见到关于该专业创造性人才或创新人才培养的其他详细的说明文本。《现代汉语词典》中"目标"有两层含义：①射击、攻击或寻求的对象；②想要达到的境地或标准。[②] 培养目标是人才培养的规格和标准，是学校培养什么样的人的具体要求，也是学校人才观的集中反映。从组织管理角度来看，培养目标是学校人才培养工作的出发点和归宿。管理始于目标的设计，而终于目标的实现。因此，学校教育的质量首先取决于学校人才培养目标设计的质量。明确人才培养目标，是确保学校

---

① 刘成武，黄利民等.资源科学概论[M].北京：科学出版社，2004：51.

② 中国社会科学院语言研究所词典编辑室.现代汉语词典[M].北京：商务印书馆，2016：923.

人才培养应有质量的前提。

　　创造性人才培养的目标应该是指培养创造性人才想要达到的质量标准，也应该是创造性人才培养质量的衡量标准。创造性人才培养目标不够明确，其深层次的原因又在于人们对创造性人才培养目标研究不够。虽然人们已经意识到创造性人才培养目标的多样性，也意识到创造性人才培养应与具体的专业结合起来，如唐贤清[①]探讨了综合性大学汉语言文学专业创新人才培养的目标与方法，但已有的研究从总的说来还非常肤浅，基本上停留在把创新人才培养的基本目标如创新意识的培养、创新思维的培养、创新能力的培养、创新情感和创新人格的培养等作为标签贴在某一专业上，甚至完全是两张皮，谈不上是真正的结合。总之，在创造性人才培养目标设计上普遍存在空洞而肤浅、笼统而无个性的现象。如果创造性人才培养的目标笼统模糊而不够具体明确，那么，创造性课程目标也是不明确的。如前所述，创造性课程目标是创造性课程资源的配置依据，因此，不明确的创造性人才培养目标必将导致不明确的创造性课程目标，进而导致不明确的配置依据，让人无所适从，也就无法确定究竟需要什么样的创造性课程内容资源，那么，创造性课程内容资源保障不足也就理所当然了。

4.1.2.2　错误的认识抑制了主体的开发意识

　　创造性课程资源得到充分保障的基本前提，是人们要开发出足够的创造性课程资源，以确保创造性课程资源的供给。而这有赖于开发主体在创造性课程资源方面的开发意识，没有开发意识就不会有有效的开发行为，从而也不会有足够的创造性课程资源。而主体的开发意识又有赖于主体对创造、创造性人才及其培养等方面的正确认识。正确的认识会激发主体的开发意识，相反，不当的、片面的甚至错误的认识，尤其是低估教育教学在创造性人才成长过程中的作用，则会抑制主体的开发意识。

----

① 唐贤清.综合性大学汉语言文学专业创新人才培养的目标与方法 [J]. 湖南师范大学教育科学学报，2004(5)：91-93.

目前，许多人对创造、创造性人才及其培养等方面缺乏正确的认识。由于长期以来，人们乐于崇拜、赞扬、宣传一些"大人物"的创造，却常常忽视了普通人的创造，只要一提起创造，人们便会自觉地想到爱迪生、爱因斯坦、伽利略、牛顿、门捷列夫、达尔文、高尔基、鲁迅等一大批贡献卓越、硕果累累的发明大师、科学巨匠和文坛泰斗，而很少有人会想到一般的、普通人的创造，更少有人会想到自己的创造。这样，人们无形之中就为创造和创造性思维添上了一层神秘的色彩，认为它们是深奥莫测、高不可攀的，似乎它们只能属于极少数的天才人物，而与大多数普通人无缘。即使有些人最初也相信自己也有创造性思维，也会有所创造，但在遇到三两次挫折或失败之后，因为不了解创造本身的机理和规律而怀疑自己的创造性思维能力的存在，乃至完全放弃了自己的创造，进而加深和坚定了"创造性思维只属于极少数天才人物"的理念，如果某一天，突然发现某人具有创造性思维能力，则认为那是他天资聪颖，而与教育无关。

古今中外，人们虽然无限赞美创造成果，崇拜科学家，敬仰发明者，但是对于人类自身所特有的创造性思维却知之甚少，对于创造性思维的本质、特征及其发生机制也知之甚少，连什么叫创造性思维，甚至也难以说得清楚。据庄寿强统计，仅国内学者对于创造性思维定义的看法至少就有50种以上，不同研究者在其论著中所表达的创造性思维的"特点"就多达180多个。[1] 笔者曾研究总结了人们在"创造性思维能不能教？怎么教？"这些问题上所存在的不同程度的误区，并归纳为以下三类：其一，认为创造性思维能力只是少数"天才"先天具有的能力，创造性思维是不能教的。其二，创造性思维不同于技术性知识，严格地说，是不能教的，但可以训练。这种训练就是"创造性思维"的启发和引导，也就是教师提出并解决某个问题，使得学生从中得到启发，以便在将来遇到其他类似的问题时，就多了一种解决问题的思维。其三，创造性思维能教，但只能教少数"天才"。

---

[1] 庄寿强.普通行为创造学 [M].徐州：中国矿业大学出版社，2013：107-109.

显然，这种天才论必然导致对创造潜力的普遍性和可开发性这两个基本性质的怀疑甚至否定，从而低估甚至否定教育教学在创造性人才成长过程中的作用。如果教师等开发主体持有这种天才论观点，那么，他们就难以有意识地去开发一些创造性课程内容资源来开发学生的创造潜力，即他们的课程资源的开发意识受到了抑制。

4.1.2.3　不当的评价扼杀了主体的行为动机

这里的"行为"是指开发和配置创造性课程内容资源这两方面的行为。行为主体特别是在教学一线的教师，即使能意识到应该开发和配置创造性课程内容资源来开发学生的创造潜力，培养他们的创造性，也不一定就会发生开发和配置创造性课程内容资源这两方面的行为。如果没有行为的动机，就没有行为的动力，也就没有开发和配置的行为，进而导致创造性课程内容资源的保障不足。因此，主体开发和配置行为的动机将严重制约着创造性课程内容资源的保障。然而，非常遗憾的是，当前不当的评价常常扼杀了主体开发和配置行为的动机。

教育评价就是根据一定的标准，运用科学可行的方法，对教育的要素、过程和效果进行价值评判的活动。教育评价具有导向功能，教育评价的导向功能是由其评价标准的指向性所决定的。一般地说，一定社会的教育观、质量观和人才观直接影响着教育目标的确定，而教育目标又是制定评价标准的主要依据。因此，教育评价实质上就是评价者按照一定社会的教育、质量和人才的观念来引导约束被评的发展方向。[①] 正因为如此，作为为教育服务的一种工具，教育评价既有可能成为创造性人才培养的内在动力，同时也有可能成为创造性人才培养的压制力量。

当前的教育评价与创造性人才培养很不匹配，评价不当现象普遍存在且常常发生，很多学者对此进行了研究。陆松指出，传统教育评价存在评价功能甄别化、评价内容知识化、评价方法数量化、评价主体单一化等问题，这"四

① 侯光文.教育评价概论 [M].石家庄：河北教育出版社，1999：55.

化问题"严重制约了创造性人才的培养。[1] 刘俊、尚海龙等认为，现行的教学评价体系存在着评价指标体系不科学，导向不明确，评价方式比较的单一，忽视过程性评价，评价结果静态绝对化等诸多弊端；而且目前教学评价改革的严重滞后已成为制约高校教学改革的"瓶颈"，也构成创造性人才培养的最大障碍。[2] 匡令芝认为，目前不少高校的教学评价状况不适应创新人才的培养，主要表现在：对教师的教学工作缺少公正客观的评价，并成为影响教师对教学投入的主要原因；以考试为重要手段的教学评价成为学生创新能力培养的压制力量。[3] 全世海、方芳认为，学业评估中存在功能错位、内容缺陷、标准单一等问题，严重阻碍了创新型人才的培养。[4]

一线教师是开发和配置创造性课程内容资源的主体，但他们开发和配置创造性课程内容资源的动机常常被不当的评价所抑制甚至扼杀。评价的不当至少表现在以下三个方面：

其一，知识过于注重。我国教育实践中，由于过分重视基础知识的考察，学业评估往往把对基本课程的考核作为主要评估内容，采用以检验学生某门学科学习效果的学业考试形式来考察，评估内容局限于书本知识。而书本知识虽然都是人类创造活动的结晶，但绝大多数是人类创造的学科结论，而非学科的创造规律。多少年来，人们普遍认为学生素质的高低，教师水平的高低，学校教学质量的优劣，主要是看学生的学业成绩的好差，因此学校重视传授应试的书本知识，对学校教师的评价也过于关注学生的考试成绩。从调查研究的情况看，当前大多数学校都把学生的学业评估当作评判、鉴定、考核教师教学质量与业务水平的主要方式，并且年度考核、教学酬金定档、优秀教师评选与职称评聘等都与学业评估挂钩。此外，开发和配置创造性课程内容资源来开发学

① 陆松. 新课程视野下传统教育评价的问题与成因 [J]. 基础教育参考，2007(9)：56-58.
② 刘俊，尚海龙. 改革教学评价体系培养学生创新能力 [J]. 职业教育研究，2011(10)：148-149.
③ 匡令芝. 以创新人才培养为导向的高校教学评价改革 [J]. 纺织教育，2009(1)：11-13.
④ 全世海，方芳. 学业评估改革与创新型人才培养 [J]. 科教文汇，2007(12)：3.

生的创造潜力，这本身就是一种创造性的劳动，一方面需要花费更多的时间与精力去钻研、探讨；另一方面要承担一定的风险，不一定能获得考评人员与学生的好评，尤其是学生，由于受传统应试教育的影响，他们最关心的是老师是否能较好地帮助他们理解、掌握教材里的知识而顺利通过考试。如果教师搞改革、创新，既提高了对他们的要求，增强了学习、考试上的难度，也可能使部分学生不适应，反而会导致学生对教师的评价过低，甚至有些学生有怨言或抵触情绪。这样，教师不仅费力不讨好，而且名誉、利益也受损害，这必然会导致教师丧失教学创新的激情而不愿去搞改革。于是，教师们只好严格按照教学大纲和评估标准教学，考什么教什么，一切为应试而教，而且有现成的教材、现成的课程内容、现成的教学参考书，何必去开发和配置与考核无关的创造性课程内容资源！这也是长期以来各高校对于教育改革创新喊得很响，但教师积极行动不够多的重要原因之一。

其二，创新极少体现。这是指在现行的教学评价对师生创新方面的成绩体现得太少了。造成这种局面的主要原因，一方面是现行的教学评价标准就没有对师生创新方面的成绩赋予应有的权重。现行的教学评价标准重知识、轻能力，重共性、轻个性，重智力因素、忽视非智力因素，重综合评价、忽视特殊能力评价。一般排在测评结果前几名的均是学习成绩较优秀的学生，学生的创新精神再强、创新能力再高也会因为权重较小而得不到体现。[①] 这种教学评价既难以充分发挥引导大学生创造性个性发展的作用，更难以有效激励教师开发和配置创造性课程内容资源以开展创造性教育活动。

另一方面是现行的教学评价方式难以检测师生创新方面的成绩。目前学校以考代评的现象相当普遍，现实中仍然在吟唱"应试教育"的主旋律，考高分依旧是不少学生潜意识中的"思维准则"，一些创新之举反被视为另类。传统的教学评价注重反映学生学习结果的终结性评价，而忽视体现在学习过程中

---

① 刘俊，尚海龙．改革教学评价体系培养学生创新能力 [J]．职业教育研究，2011（10）：148-149.

的形成性评价。这种强调终结性评价而忽视过程性评价的方式，难以全面、系统、准确地对学生的个体发展状况进行跟踪评价，不能体现学生创新能力的发展变化，因而单一的终结性评价必然带来教学评价功能的窄化，它只重视评价及测试的甄别与选拔功能，而学生的创新素质和创新能力很难通过一次期终考核就检测出来。由于缺乏形成性评价，期终考核只不过是给学生分出优劣、贴上标签而已，而且这种标签很多时候都有失真的一面，不能真正发挥奖优促劣的激励作用，更没能很好地反映学生的创新方面的成绩。学生创新方面的成绩没能得到很好反映，教师也就很容易感觉到自己开展创造性教育所取得的成绩没能得到充分肯定，甚至是被否定。那么教师开发和配置创造性课程内容资源的动机不但得不到激发，反而受到严重抑制。

其三，依据近乎苛刻。有不少教师开展了创造教育（创新教育）实践，如对学生进行创造性思维的教学和训练，取得了一定的成绩，一部分同学申请甚至获得了国家专利。但经调查研究和自身从事20多年的创造教育实践，笔者发现，在评价师生创新方面的成绩时，常常会有意无意地采用了一些很不恰当的甚至是非常苛刻的评价依据，这些依据就是如"挑战杯"之类的各种科技竞赛获奖成果的数量和奖励等级、获得批准的国家专利的类型和数量，等等。之所以使用这些依据：(1)创造教育评价理论的严重欠缺与滞后导致人们找不到更合适的评价依据；(2)以过于注重知识的考试为代表的现行教学评价方式难以检测师生创新方面的成绩；(3)这些依据弥补了这两方面的不足，而且操作起来简单方便，这些创造性成果及其等级非常直观，能让人信服，不会引起争议。

毋庸置疑，这些"依据"的确能够在较大程度上反映"教"与"学"的效果。但如果单纯据此衡量则是不合适的，甚至是苛刻的。一方面，师生创新方面的成绩绝不只是表现在这些依据方面；另一方面，能够获得奖励和专利的毕竟是极少数。奖励具有人为性、排他性和择优性。所谓人为性，就是评奖的结果受制于各种人为因素影响，如评奖标准不科学、人情利益因素导致的人为操纵等。因此，至少不能轻易否定没有获奖的成果内含其中的创造性。专利是法律赋予发明成果在一定时期内的知识产权保护形式，发明是指技术方面的创造。在现实的工作和生活中，非发明的创造(例如管理方面的创新)与发明同样重要，同样需要具有创造性思维能力的人才。如果仅用这个"依据"，则会错误地导向，导致创造教育被归结为几个创造技法的教学，从而误导学生多搞专利。更为严重的是，教育管理部门如果使用这个"依据"，则会错误地评价创造教育的效果和作用，严重影响教师教学科研的积极性和学生学习的兴趣。因为学生搞专利也绝非易事，没有一定的生活经验、技术支撑和经济条件，是很难获得专利的，对大部分文科学生和中小学生而言更显困难。片面的苛刻的评价依据会导致大部分师生创新方面的成绩得不到尊重和肯定，必然会挫伤教师开发和配置创造性课程内容资源以开展创造教育的积极性，即遏制开发和配置的行为动机。总之，在评价师生创新方面的成绩时，科技创新获奖和专利不能作为评价的唯一依据，评价依据须因评价对象而异。

4.1.2.4　理论的欠缺制约了主体的开发能力

创造性课程内容资源条件的保障问题首先就是创造性课程内容资源的供给问题，不能解决创造性课程内容资源的供给问题，也就无法解决创造性课程内容资源条件的保障问题。而要解决创造性课程内容资源的供给问题，又必须大力开发创造性课程内容资源，因此，创造性课程内容资源条件的保障有赖于主体的开发能力。创造性课程内容资源条件得不到应有的保障，在很大程度上反映了主体开发能力的不足。

主体能否开发出合乎创造性人才培养要求的创造性课程内容资源，其基本前提是，其一，开发主体必须明确自己的开发任务；其二，必须掌握开发的理论和方法。开发主体必须明确自己的开发任务，否则，任务不明，开发工作无法进行。开发主体也必须掌握开发的理论与方法，才能提高开发工作的绩效，否则，开发工作理性不足而盲目有余。这两个基本前提涉及好几个方面的问题：(1)何为开发？何谓创造性课程内容资源的开发？(2)何谓创造性课程内容资源？(3)要开发何种创造性课程内容资源？(4)要开发的创造性课程内容资源是用来培养什么规格的创造性人才？(5)何谓创造性人才？有何特征？(6)

要开发的创造性课程内容资源是用来实现什么样的课程目标？（7）如何开发创造性课程内容资源？（8）开发的创造性课程内容资源是否满足这种规格的创造性人才培养要求？是否满足相应的课程目标实现的需要？如何判断？……对于开发实践的主体来说，这些问题是基本的常识，而且对这些问题应该能做出准确的回答。否则主体的开发实践理性不足而盲目有余，开发出来的创造性课程内容资源也难以满足创造性人才培养要求。

显然，这些问题不只涉及创造性课程资源的开发理论，还涉及创造性人才理论、创造性人才培养的目标−资源理论、创造性人才培养的课程理论，等等。例如创造性人才的界定问题，创造性人才有别于普通人才的基本特征问题，创造性人才的类型问题，各专业领域创造性人才的能力结构、素质结构和素养结构问题，创造性人才的发展规律问题，等等，这些都是属于创造性人才理论的范畴。上述问题其实还涉及创造学、创造心理学和创造教育学等学科的理论。在此，笔者把这些培养创造性人才所需的各种理论归纳为创造性人才及其培养理论，上述问题都属于创造性人才及其培养理论的范畴。

主体的开发能力必然与包括创造性课程资源的开发理论在内的创造性人才及其培养理论有密切关系。毋庸置疑，具有良好的创造性人才及其培养理论素养的主体，其开发能力应该是不错的；相反，主体开发能力的不足则在很大程度上反映了理论的欠缺。这里所说的"理论的欠缺"主要表现在两个方面：其一，开发主体对理论所掌握的程度不够；其二，开发主体应该掌握的各种相关理论本身的科学性不够。理论的欠缺必然会制约主体的开发能力，因为开发主体对理论所掌握的程度不够，导致其创造性课程内容资源的开发实践具有很大程度的盲目性；理论的科学性不够说明理论本身还不够成熟，甚至还有错误之处，导致其对主体开发创造性课程内容资源的实践指导性不强，有时甚至会误导。

例如，创造性思维能力是创造性人才必须具备的基本能力，要培养创造性人才，就必须培养他们的创造性思维能力，这涉及创造性思维理论。创造性思维理论也是在不断地发展，也经历了从神秘、不成熟，到逐渐成熟的发展历程。很长一段时期，人们一直沿用吉尔福特的创造性思维理论来开发课程资源，培养学生的创造性思维能力。吉尔福特认为，创造性思维实际上是发散思维，其重要特征是流畅性、灵活性、独创性和精细性。[①] 于是很多学者，包括一线的教师，把创造性思维与发散性思维等同起来，以为培养学生的创造性思维能力就是培养学生的发散性思维能力，就是对学生进行发散性思维训练。因而，开发的用于培养学生创造性思维能力的创造性课程内容资源当然也就局限于发散性思维方面。

庄寿强则认为，创造性思维是具有新颖性思维结果的思维。他通过研究基本思维单元的旋回模式：确定思维的起点（SP）→选择思维的材料（M）→寻找思维的方向（D）→采用思维的形式（F）→产生思维的结果（R），找到了15种引发创造性思维的机制，即可以改变 SP，或改变 M，或改变 D，或改变 F，或同时改变其中的若干因子，共有15种不同的方案可能导致 R 产生新颖性。这15种机制不但完全涵盖了传统创造学中的所谓"发散性思维训练""摆脱习惯性思维训练""想象力训练"等全部练习内容，同时还增加了若干新型的如"创造性思维方式"等练习内容。这15种引发创造性思维的机制，可清楚地反映出人们在进行创造性思维训练时体现的由已知到未知、由具体到一般认识世界的过程和本质，具有明显的针对性、条理性、理论性和可操作性，从而在一定程度上解决了"创造性思维如何教"的问题，也只有在这个层次上，才能谈得上对创造性思维进行真正的"训"和"练"。因此，只要按这15种引发机制对创造性思维进行逐个练习（训练），就可以提高人们创造性思维的能力。事实上，这15种系统而全面的引发机制在中国矿业大学的创造教育实践中运用以后，收到的效果比传统的创造性思维"训练"明显要好得多。[②] 显而易见，庄寿强创造性思维理论比吉尔福特的创造性思维理论更成熟、更科学，对思维类的创造性课程内容资源开发更具有指导性。

然而，即使有了先进的创造性思维理论，如果主体尤其是一线的教师没有很好地掌握和熟练运用先进的创造性思维理论，对创造性思维的本质、特征及

① 俞国良. 创造力心理学 [M]. 杭州：浙江人民出版社，1996：35.

② 庄寿强. 普通行为创造学 [M]. 徐州：中国矿业大学出版社，2013：149-150.

其发生机制说不清、道不明，那么他们仍然很难开发出优质的创造性课程内容资源，去从事创造性思维真正意义上的"教"！这些一线教师往往只能搜集罗列一些他们自己认为思维比较新颖的事例告诉一批批的学生，希望他们从这些事例中得到一些启发，以期在以后遇到其他类似问题时，多一条解决问题的思路，即所谓的"创造性思维训练"。当然可以肯定，有不少学生在这些事例中会得到一些启示，但是，由于缺乏科学的理论依据，对于很多训练题，很难说清其到底能起到什么样的训练目的，这些目的与创造性思维到底有什么关系，以及能否达到预期的训练目的。至于前述的寻找一些脑筋急转弯的题目来进行所谓的"创造性思维训练"，那就更说明了理论的欠缺制约了主体的开发能力。

4.2 创造性课程条件资源保障不足的表现与原因

4.2.1 创造性课程条件资源保障不足的表现

如前所述，创造性课程内容资源系统是由创造性课程内容资源组成的，是创造性人才应当学习和收获的系统化了的知识、技能、经验、活动方式与方法、情感态度和价值观等，是提升人才的创造性素养、创造性素质和创造性技能的有效载体。创造性课程内容资源系统功能目标的实现有赖于创造性课程条件资源的充分保障，但事实上，创造性课程条件资源保障不足的情况普遍存在且常常发生。概括地，创造性课程条件资源保障不足主要表现在于种类、质与量等几个方面。但具体到某类创造性课程条件资源，保障不足的表现还有一些不同之处。

4.2.1.1 基本表现

其一，种类上保障不足。培养创造性人才，不只是需要各种各样的创造性课程内容资源，也需要各种各样的创造性课程条件资源，但在实际的培养过程中，创造性课程条件资源在种类上常常得不到应有的保障，普遍存在着某种或若干种必需的创造性课程条件资源缺失现象。

《国家中长期教育改革和发展规划纲要(2010－2020年)》明确指出："坚持以人为本、全面实施素质教育是教育改革发展的战略主题，是贯彻党的教育方针的时代要求，其核心是解决好培养什么人、怎样培养人的重大问题，重点是面向全体学生、促进学生全面发展，着力提高学生服务国家服务人民的社会责任感、勇于探索的创新精神和善于解决问题的实践能力。"从中可以看出，开展创造性教育，培养创造性人才，绝不只是哪几所学校的工作，也不只是哪一级教育的事，而是各级教育、所有学校都应该也必须开展的重要任务。但我国教育资源配置中存在着不平等和结构性失衡，在基础教育与高等教育之间、农村教育与城市教育之间、重点学校与薄弱学校之间、发达地区与欠发达地区之间有一定差距。个别部分学校具有超过当地消费水平的"豪华"设施，而很多学校的教育资源供给则存在着生存性短缺，一些欠发达地区还存在拖欠教师工资的现象。可喜的是，随着我国经济发展水平的不断提高，目前已跃升为全球第二大经济体，国家对教育的投入也在不断增加，办学条件不断改善。教育资源配置的城乡差距、地地差距、校校差距虽然较之过去缩小了许多，但差距仍然很大，这也是不可否认的事实。笔者调查发现，迄今为止，很多地区、很多学校的教育资源配置也只是保障基本的办学条件，有很多偏僻的乡村中小学师资力量非常薄弱，国家和地方政府出台政策鼓励城市优秀教师下乡支教就是为了缓解乡村中小学师资力量薄弱问题。由于创造性人才培养对创造性课程条件资源往往有特殊的要求，对于我们这样一个教育规模极其庞大的国家，各地各校，或此或彼，各种各类创造性课程条件资源不同程度地存在短缺问题，这是常态。即使是高校和城市中小学，创造性课程条件资源在种类上得不到应有的保障也是在所难免的，更何况那些薄弱学校。

其二，数量上保障不足。这主要是指具有明显的数量特性的创造性课程条件资源，如创造性课程人力资源的人数、创造性课程财力资源的金额、创造性课程时间资源的课时数、创造性课程物力资源的台套数、件数等。一般地，创造性课程条件资源都具有明显的数量特性，就是创造性课程政策资源也具有数量特性，可以用项数来表示。

虽然创造性课程条件资源在某些种类上得到了保障，但在数量上也常常会出现保障不足的情况。如有的学校开设了诸如《创造学》《创造心理学》之类的创造性课程，但用于实施创造性课程所必需的创造性教师人数、经费额、课时数等得不到应有的满足。2000—2005年期间，湖南省成人教育师范专业本科函授把《创造学》作为必修课程纳入了培养计划，当初正是湖南省成人教育师范专业本科函授的高峰时期，但能够上这门课的教师却很少，出现了师资数量上供不应求的局面。当初笔者一个人就不得不承担着原湘潭师范学院全校的成人教育师范专业本科函授《创造学》课程的教学任务，奔波于一个又一个函授站，被繁重的教学任务压得喘不过气来。

笔者调查发现，湖南某高校允许以公共选修课的形式面向全校开设《创造性思维与创造力开发》之类的创造性课程，设定课时20节，教师的课时费每节税前25元。虽然该门课很受学生欢迎，但由于课时数和课时费太少，教师没有开课积极性，该门课目前已经停开！

如果某种(类)创造性课程条件资源数量是为零，那么，这种情形既属于该种(类)创造性课程条件资源的数量保障不足，更属于种类上保障不足。

其三，品质上保障不足。创造性课程条件资源不只是在种类、数量上得不到保障，而且在品质上保障不足的情况也是处处可见。当然，这里的"品质"主要是指质量等级方面的含义，不能简单地理解为思想道德品质，因为创造性课程条件资源不全是指人，即使是指创造性课程人力资源，也不是简单的思想道德品质问题，而是强调培养创造性人才所需要的素质、素养和能力等方面的状况。如前所述，创造性课程人力资源包括创造性教师与创造性教育管理者这两类资源，对于培养创造性人才来说，他们尤其是创造性教师极为重要。按照笔者的"四维界定观"，作为最重要的创造性课程条件资源，创造性教师必须具有良好的教育创新素质与创造教育素质、较高的教育创新素养与创造教育素养、较强的教育创新能力与创造教育能力，以便于他们在具体的教育教学工作中能够通过教育教学改革创新，卓有成效地进行以开发学生创造潜能为核心目的的创造性人才培养实践。这是时代对创造性教师的基本要求，这也是创造性人才培养对教师条件的基本诉求。但是，如果按照创造性教师"四维界定观"去衡量，恐怕绝大多数教师不是创造性教师，至少可以说他们还不是合格的创造性教师。很多教师是传统意义上的优秀教师，甚至很可能也是创造性人才，但不一定是创造性教师。其实在各种创造性课程条件资源中，不只是创造性课程人力资源有品质上保障不足的问题，其他类创造性课程条件资源也有，而且各种创造性课程条件资源的品质和品质上的保障不足还有不同之处，详情请见分类表现。

4.2.1.2　分类表现

由于不同种类的创造性课程条件资源，保障不足的表现还有一些不同之处，所以，为了进一步说明创造性课程条件资源保障不足的各种表现，还必须进行分类分析。基本的思路是，从资源属性入手，针对各类创造性课程条件资源来分析其保障不足的各种表现，如图4.1所示。但考虑到创造性课程条件资源种类繁多，时间有限，难以穷尽，故择其要者以分析。

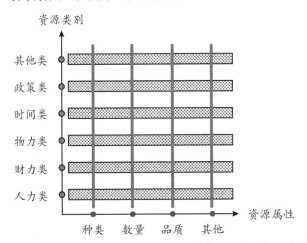

图4.1　创造性课程条件资源保障不足的表现二维分析示意图

其一，关于创造性课程人力资源。该资源包括创造性教师和创造性教育管理者，因此创造性课程人力资源的保障不足，在种类上表现为创造性教师的保障不足和创造性教育管理者的保障不足，其中创造性教师的保障不足问题最为严峻，因为创造性教师是创造性人才培养的主体。在等级上表现为各级教育的创造性课程人力资源保障不足，其中基础教育的创造性课程人力资源保障不足问题最为严峻，因为基础教育是比高等教育更注重知识的应试教育，可以说是应试教育的"重灾区"。在品质上表现为素质、素养和能力等几个方面的不足，其中教育创新素养与创造教育素养方面的缺失问题最为严峻，因为教育创新素养与创造教育素养方面的缺失必将严重制约相应的素质和能力的提高。袁盾等人指出，"时代呼唤创新型教师，而现实中却存在总量不足、结构失衡、功利倾向、创新意识和能力不强、创新人格尚不健全等诸多问题"。[①] 袁盾等人的观点充分说明了创造性教师在数量、品质等方面的保障不足。

其二，关于创造性课程财力资源。如前所述，创造性课程财力资源主要包括：(1)创造性课程研究所需要的各种费用，如课程内容、课程条件、课程建设、课程实施与课程评价等方面都有值得研究的课题，尤其是结合专业学科领域的创造性人才培养值得研究也有待研究的课程问题非常之多，研究这些问题就需要很多研究费用；(2)创造性课程建设包括课程内容建设与课程条件建设，如编辑出版创造性教材、培训师资、创设实践教学条件、创造性课程物力资源的开发与购置，这些都需要很多经费的支持；(3)创造性课程实施所需付给教师和管理者的工资和课时酬金，实施过程中所用的易耗品及材料费、试剂费、教学仪器设备维修费，等等；(4)对创造性课程建设与实施等方面进行的各种评价所需的费用，如付给专家的报酬等，课程实施后所产生的成果如学生的创造发明成果专利申请与论文发表等方面所需的费用。创造性课程财力资源的保障不足主要表现在以上几个方面数量上的保障不足，其中创造性课程的研究与建设方面所需财力资源的保障不足最为严峻，因为无论是基础教育还是高等教育，真正的创造性课程是很少的，已有的创造性课程也存在着不同程度的不成熟之处，迄今为止，笔者未见有能够涵盖幼儿教育、小学教育、中等教育和高等教育且比较成熟的创造性课程系统。其实，创造性课程财力资源同样存在品质的

---

① 袁盾，原川.创新与当前高校教师队伍存在的相关问题研究 [J].曲靖师范学院学报，2004(2)：100-104.

问题，在不同的情况下创造性课程财力资源将被赋予不同的质的内涵。例如"雪中送炭"与"锦上添花"，同样金额的创造性课程财力资源，其质的内涵是不一样的。因此，创造性课程财力资源的保障不足当然在品质方面也有非常普遍的表现，因为太多的学校太需要"雪中送炭"！此外，创造性课程财力资源内部结构的合理性程度也是该资源品质的表现。所谓创造性课程财力资源的内部结构是指，在创造性课程的研究、建设、实施与评价等各项及其内部的子项所投入的创造性课程财力资源而形成的数量结构；亦可以理解为，在创造性课程内容资源或者创造性课程条件资源及其内部所投入的创造性课程财力资源而形成的数量结构。毋庸置疑，合理的结构有利于提高创造性课程财力资源的利用效率和创造性课程目标的实现程度。虽然创造性课程财力资源内部结构如何才算是合理的，这确实是一个有待于研究的课题，但如果创造性课程财力资源内部结构出现了明显的极端性现象，则很容易评价和判断其不合理性。如在创造性课程内容资源或者创造性课程条件资源的研究、抑或建设等方面的财力资源投入很少甚至没有投入，这就是明显的不合理，而且这种现象在很多学校普遍存在，彰显出创造性课程财力资源在品质方面的保障不足。

其三，关于创造性课程物力资源。创造性课程物力资源是创造性课程实施所需要的各种物质要素总和，是教育物力资源的一部分，是创造性课程目标系统中大小目标实现的物质基础。开展创造性教育，培养创造性人才，这是《国家中长期教育改革和发展规划纲要（2010—2020年）》赋予各级各类教育及其学校的重任，这一重任客观上要求创造性课程物力资源应该得到充分的保障，但现实情况却不能如此，这是由于我国是一个教育规模极其庞大而教育资源严重短缺的国家，常规教育物力资源都不能得到充分的保障，更不用说创造性课程物力资源的保障问题了。因此，创造性课程物力资源的保障不足，一方面表现为理论上所需的资源总量得不到现实的满足，另一方面表现为现有创造性课程实施过程中所需的创造性课程物力资源得不到现实的满足。例如，笔者一直在努力为"创造学""创造心理学""创造性思维与创造力开发"等几门创造性课程建立必要的实验条件，笔者在担任我院实验室主任的期间更是如此，但由于学校投入的经费、场地等条件的限制，也由于我院几个专业的实验室建设任务繁重，这一努力一直没有成功。因此，到目前为止，这些课程也只能是讲授理论而已。

按理说，实验课是培养学生创新精神和实践能力的理想课程。然而，经调查，笔者发现，无论是高等教育还是基础教育，现有的实验课绝大部分是验证性质的，而非探索性质的。现有的验证性质的实验课，其中的每一个操作方法步骤都是给定的，甚至教师事先还演示过，学生只要依葫芦画瓢即可，毫无探索可言。因此，这种实验课是不能算作创造性课程的，其中所涉及的课程物力资源也不能算作创造性课程物力资源。这就意味着创造性课程物力资源的保障不足在实验课方面也有突出的表现。

两台刚刚下线的新车，一台价值是五十多万元的宝马车，另一台是五万多元的吉利车，显然，这台宝马车的品质远远地优于这台吉利车，此处车的品质就是人们通常所理解的质量、性能等含义。由于培养创造性人才对各种创造性课程物力资源的品质往往有特殊的要求，这种特殊要求就是创造性人才培养目标给创造性课程物力资源的品质赋予了新的内涵，因而创造性课程物力资源的品质与前述车的品质是有很大区别的。衡量创造性课程物力资源品质的好坏程度取决于该资源对创造性人才培养特殊要求的满足程度。例如，一件质量、性能等方面有问题的物品往往可以用来培养学生发现问题、分析问题和解决问题的意识与能力，即具有很好的创造性课程效用性，因而是品质良好的创造性课程物力资源。相反，在这种创造性课程效用性方面，质量、性能等方面没有问题的好物品则很可能不是品质良好的创造性课程物力资源。培养创造性人才对各种创造性课程物力资源在品质上的特殊要求往往是多方面的，但各种创造性课程物力资源在品质上不一定能满足这些特殊要求，因而，创造性课程物力资源的保障不足在品质方面也会有明显的表现。

其四，关于创造性课程时间资源。从教育资源学的视角来看，教育实践所需的各种时间也是重要的教育资源，称为教育时间资源。创造性课程时间资源也是教育时间资源的一部分，包括创造性课程研究、建设、实施与评价等所需各种时间资源。创造性课程时间资源保障不足主要表现在创造性课程研究、建设、实施与评价等方面所需各种时间的保障不足。其中创造性课程实施过程中所需的那部分课时资源保障不足尤为严峻，因为这部分课时资源是创造性课程时间资源极为重要的部分，是保障课程活动正常进行和课程目标顺利实现所必备的条件之一，但目前很多学校这部分课时资源保障严重不足。例如，笔者翻阅了近年来很多高校的专业人才培养方案，发现很多专业都注明了培养目标是培养创造性人才，但在培养方案里既没有创造性课程，更没有安排课时。

人类实践活动所需的任何时间资源都不只是一个量的概念，也是一个质的概念，因为人类的实践活动赋予了时间资源质的内涵。人类的任何实践活动都是在时间数轴上展开，人们实践活动的状态和条件也是时间的函数。在时间数轴上不同的时段，人们实践活动的状态和条件往往是不完全相同的，有时甚至有很大的差异。因此，即使活动消耗的时间资源相同，但活动的结果往往也有本质上的差异，这种活动结果的差异既赋予了时间资源质的内涵，也赋予了时间资源质的差异。作为人们创造性课程活动所需的创造性课程时间资源也不例外，因此，创造性课程时间资源保障不足不只是表现在数量上，也表现在质上。例如，高校往往按照45分钟一节课，上午安排四节课，第四节课的效果往往不如第二节、第三节课，因为很多同学肚子饿了，往往会坐立不安，有的甚至逃课去吃饭。尤为严重的是，如今一旦进入大学毕业的最后一年，因为考研、就业、实习等原因，学生上课的心就散了，特别是到了每年的11月份，逃课率超过70%的现象普遍存在，到了最后一个学期，逃课率达到100%的现象非常普遍。显然，在不同的时段，不论是学期或学年这样的大时段，还是一周或一天这样的小时段，同样是45分钟一节课，质量上就存在着明显的差异。如今，很多高校要么没有开设创造性课程，要么即使开了也是以选修课或公共选修课的形式，作为选修课往往被安排在最后一个学年甚至是最后一个学期，特别是作为公共选修课，往往被安排在周六、周日和晚上这些时段。显然，这些充分说明创造性课程时间资源在质上也没有得到很好的保障。

其五，关于创造性课程政策资源。从前述创造性课程政策的课程效用性分析可知，创造性课程政策资源是极为重要的创造性课程条件资源，但目前创造性课程政策资源保障不足的表现，主要在于没有一套完整而成熟的创造性课程政策体系，这已经成为制约创造性人才培养的瓶颈之一。具体来说，主要表现在创造性课程的设置、创造性课程大纲的制定、创造性课程实施所需的人力资源、物力资源、财力资源和时间资源等创造性课程条件资源的保障、创造性课程的评价等方面都在不同程度地缺乏政策的支持和保障。

中国矿业大学(徐州)1995年就明文规定把创造性课程——《普通创造学》列为所有全日制本科专业的公共必修课，《普通创造学》在该校取得了与马克思主义政治理论、大学英语大学体育等课程同样的课程地位。在这样的课程政策支持下，中国矿业大学成立了创造教育工程研究中心和创造学教研室等机构，配置了以庄寿强为带头人，吴红、刘开淼等为骨干的教师队伍，以及其他一系列的创造性课程条件资源也得到了很大程度的保障。但是像中国矿业大学制定这样的创造性课程政策，在全国高校中极为罕见，教育部中国矿业大学本科教学评估专家组也认为，创造教育是中国矿业大学本科教学的特色。

事实上，无论是基础教育还是高等教育，也无论是发达地区还是贫穷落后地区，很多学校都没有建立比较完整的创造性课程体系，而且创造性课程设置之少和地位之低，实施所需的人力资源、物力资源、财力资源和时间资源等创造性课程条件资源保障之严重不足，在很大程度上是因为缺乏良好的创造性课程政策之故。

4.2.1.3 整体表现

从上述分析中可知，以上两节是从资源属性和资源类别两个视角(如图4.1)对各种创造性课程条件资源保障不足的众多表现进行的归纳总结，这种分析是非常必要的，但存在不足之处，即这是一种局部的、孤立的分析，忽视了各种创造性课程条件资源之间的关系，忽视了从整体上来把握创造性课程条件资源保障不足的各种表现。因为创造性人才培养实际上是若干种创造性课程内容资源和创造性课程条件资源共同作用于培养对象的系统行为，而非某种创造性课程资源的个体行为，所以，上述对创造性课程条件资源保障不足的各种表现的分析还是很不够的，还必须从系统的视角来分析创造性课程条件资源保障不足的整体表现。

从系统的视角来看，创造性课程条件资源保障不足的整体表现最为突出的是系统性保障不足。按照系统科学，系统是由相互制约的各个部分(或曰元素或要素)组成的具有一定功能的整体。依笔者的理解，若干要素组成的整体，其系统性主要体现在基本要素的齐全性、要素之间的匹配性、整体的涌现性这三个方面。如果基本要素齐全，要素之间匹配性好，整体的涌现性强，那么这些要素组成的整体其系统性强，即这个整体就是一个很好的系统。据此，创造性课程条件资源的系统性保障不足之处主要表现在：

其一，基本的创造性课程条件资源不齐全，即有缺失，如缺少创造性教师。在基本的创造性课程条件资源中，最重要的是创造性课程人力资源。在创造性课程人力资源中，最重要的是创造性教师，因为教育管理者即使不能为创造性人才培养做出积极贡献，只要不成为消极的阻碍者，创造性人才培养实践还是可以继续下去，但没有创造性教师就难以为继，创造性人才的成长只能依靠其自身的主观能动性。目前，创造性教师的缺失是特别严峻的。

其二，创造性课程条件资源系统内部各种创造性课程条件资源之间、创造性课程条件资源与创造性课程内容资源之间的匹配性不强。创造性课程条件资源之间的匹配性既包括同类之间的匹配性，也包括异类之间的匹配性。以课程政策为例，培养创造性人才是各阶段教育的重要目标和任务，国家理应有配套的有利于创造性人才培养的课程政策支持体系，但上至国家、下至地方甚至教育单位，现有的课程政策之间很不匹配甚至相左的情况经常出现。例如，国家和各级教育行政部门制定的很多课程政策法规中一方面反复强调要培养学生的创新精神和实践能力，另一方面仍然高唱着应试教育的主旋律。吴文胜根据对杭州市三所中小学的调查发现，83.07%的教师认同创新理念，但担忧变革影响教学成绩，因为学校的评价制度有待改革，而且79.37%的教师认为影响教师创新的主要因素是教学管理制度刚性规定太多，不能满足教师个性需求。[①] 教师开展创造性教育的辛勤付出和取得的成绩与其实际获得的待遇很不相称，这就是财力资源与人力资源之间不匹配；湖南某高校2015年关于参加"挑战杯"大学生课外学术科技作品大赛的奖励政策是获得全国三等奖的奖励不如获得湖南省一等奖的奖励，这也是政策资源与财力资源、人力资源之间不匹配的表现；还有教师与教育管理者之间的不协调，教师的知识结构与创造性课程之间的不匹配等。总之，此类情况普遍存在。

其三，创造性课程条件资源系统的整体涌现性不强。若干事物按照某种方式相互联系而形成系统，就会产生它的组分及组分总和所没有的新性质，即系统质或整体质。这种非加和的新性质只能在系统整体中表现出来，一旦把整体还原为它的组成部分便不复存在。这种部分及其总和没有而系统整体具有的性质，即系统的整体涌现性。[②] 一堆自行车零件组装起来则具有单个零部件所没有的交通工具的功能，这就是自行车这个系统的整体涌现性，当然这需要借助路面。在笔者看来，系统的整体涌现性不只是映射出系统的功能，还映射出系统的性能。系统整体涌现性的强弱映射出系统性能的好坏，而系统的性能取决于系统要素的品质良莠、系统要素的齐全程度和匹配程度以及系统结构的合理程度等。特别是系统的结构制约作用更大，相同的要素按照不同的结构组成的系统其功能和性能很可能不同。系统要素的品质不好，必需的基本要素不齐全，要素之间不匹配，系统的结构不合理，这样的系统性能肯定好不了，那么系统整体涌现性肯定不强。各种创造性课程条件资源组成的系统具有单一的创造性课程条件资源所没有的功能——培养创造性人才，这就是创造性课程条件资源系统的整体涌现性，当然这需要借助创造性课程内容资源。创造性课程条件资源系统的整体涌现性不强是指该系统的性能不强，也就是创造性人才培养能力不强。目前，我国有很多大大小小的各种层次的创造性课程条件资源系统，这些系统的创造性人才培养能力普遍不强，即说明了这些系统的整体涌现

① 吴文胜. 学生创新为目标的教育：教师问题质询与激励视点 [J]. 当代教师教育，2010（1）：15-20.

② 苗东升. 系统科学精要 [M]. 北京：中国人民大学出版社，2010：32.

性普遍不强,"钱学森之问"就是创造性课程资源系统整体涌现性不强的有力证明。创造性课程条件资源系统的整体涌现性不强,也反映了创造性课程条件资源的品质、齐全性、匹配性及系统结构的合理性等若干方面存在着不足。

4.2.2　创造性课程条件资源保障不足的原因

创造性课程条件资源的保障是由若干主体来完成的,同一创造性课程条件资源的保障很可能是由若干主体共同完成的,同一主体很可能决定若干创造性课程条件资源的保障。这些主体主要是各级政府、各级教育行政管理部门和各级各类教学单位的有关组织和个人,个人方面既包括管理者也包括教师。无论是组织还是个人,无论是管理者还是教师,创造性课程条件资源的保障归根结底都是"人"这一主体的问题。既然如此,那么,创造性课程条件资源的保障就涉及几个方面的问题:(1)主体有没有意识去保障;(2)主体有没有足够的创造性课程条件资源去保障;(3)主体有没有强烈的意愿去保障;(4)主体有没有明确的保障依据;(5)主体知不知道需要什么样的资源去保障;(6)主体有没有得到良好的理论指导;等等。显而易见,要探讨创造性课程条件资源保障不足的原因,这些问题是不容忽视的线索。据此,创造性课程条件资源保障不足的原因至少包括以下几个方面。

4.2.2.1　主体认识偏颇,保障意识淡漠

创造性课程条件资源要得到充分的保障,其中的一个基本前提是具有创造性课程条件资源支配权力的主体要有保障意识,即主体要有意识地为创造性人才培养提供必要的创造性课程条件资源保障,以确保创造性课程的顺利实施和创造性课程目标的圆满实现。如果主体的这种保障意识淡漠,甚至没有这种保障意识,那么主体就很可能没有积极的保障行为,从而导致创造性课程条件资源保障不足。而主体的这种保障意识有赖于主体对创造、创造性人才及其培养、创造性人才培养的教育投资价值等方面的正确认识。正确的认识会激发主体的保障意识,相反,不当的、片面的甚至错误的认识,尤其是低估教育教学在创造性人才成长过程中的作用,低估教育投资在创造性人才培养中的价值,

则会抑制主体的保障意识，进而殃及创造性课程条件资源的保障。

事实上，并非所有的具有创造性课程条件资源支配权力的主体对创造、创造性人才及其培养、创造性人才培养的教育投资价值等方面都有正确的认识。如前所述，目前，许多主体虽然无限赞美创造成果，崇拜科学家，敬仰发明者，但是对于人类自身创造的活动知之甚少，对创造的机理知之甚少，对创造性思维更是充满了神秘感，认为创造活动是只有天才方能从事的活动，创造性思维能力只是少数"天才"先天具有的能力。他们怀疑甚至否定创造潜力的普遍性和可开发性这两个基本性质，怀疑甚至否定创造性思维的可教性，低估甚至否定教育教学在创造性人才成长过程中的作用。他们甚至列举了大量的实例来说明他们的这种天才观的正确性，如爱迪生没有受过多少学校教育却是世界上伟大的发明家，杨振宁、李政道所接受的是乱世之中的高等教育而获得诺贝尔物理学奖，……他们并没有接受过什么创新教育或创造教育却能成为杰出的创造者，没有特别聪颖的天资是不可能的！

当然，大多数主体也持有"创造性人才需要创新教育来培养"这样的观点，但这里的"大多数主体"可谓形形色色，且对这个观点的理解，其内涵和深度也并非一致。其中相当一部分是跟风，是随波逐流，因为这不是他们自己的研究领域，也不了解，只是因为大家都这么说。以前几乎不谈"创新教育"而是谈"创造教育"，但自从1995年江泽民[①]在全国科学技术大会上提出"创新是一个民族进步的灵魂……"之后，谈创造教育的人少了很多，而谈创新教育的则迅速多了。其中也有一部分是否定，即对传统教育的辩证否定，认为传统教育在创造性人才培养方面具有很大程度的局限性。其中还有一部分是渴望和追求，他们强调的"创新教育"是他们渴望和追求的一种更加科学的教育理念和一种理想的、成熟的创造性人才培养模式。然而，很遗憾的是，由于人们对自身各种创造活动研究得还不够深入，创新教育的理论还很不完善，而且已有的研究成果并非人人知晓，也并非被普遍认同，因此，很多主体对创造、创造性人才、创新教育(创造性人才培养)的认识存在着偏颇甚至是错误之处也就在所

---

① 《江泽民同志在全国科学技术大会上的讲话》，《人民日报》，1995年6月5日.

难免。

同时，由于创造教育的评价理论其科学性、系统性和可操作性还远远不够，也不值得推广实施，创造教育评价的难度和理论的滞后，以及创造教育本身的复杂性和效果的滞后性等，让主体很难及时看到创造教育的成效，因而又影响主体对创造教育投资的价值判断，其结果往往是主体低估创造教育的投资价值。在教育规模异常庞大而教育资源又严重短缺的时候，对于具有教育资源支配权力的主体来说，提高教育资源的利用效率是他们永恒的追求，因此成效显著的教育活动较之成效不显著的教育活动更容易得到教育资源的保障。如前所述，目前在评价创造教育的成效时，人们常常会有意无意地采用一些诸如"挑战杯"之类的各种科技竞赛获奖成果和获得批准的国家专利等来作为评价的依据，因为各种科技竞赛获奖成果的数量和奖励等级、获得批准的国家专利的类型和数量，这些确实是非常直观的、能让人信服的创造性成果。对于这些方面的创造教育活动，主体是乐意提供各种创造性课程条件资源的保障。然而，这些方面的创造教育活动不能代表创造教育的全部，因为这是面向少数群体的，而创造教育应当面向大众，况且创造领域是广阔的，创造性成果是多样的，创造教育是分阶段的，也是复杂的，这些决定了面向大众的创造教育其成效的多样性，这种多样性既有内容上的多样性，也有形式上的多样性，如有的像获得批准的国家专利那样是非常直观的，有的是很不直观甚至是隐匿性的，如创造性人格。如果主体不能正确地认识人类的创造活动，不能正确地认识创造教育，特别是没有正确的创造教育评价观，那么，主体低估创造教育的投资价值是很难避免的。虽然很多主体宏观上并不否认创造性人才培养的投资价值，但具体到某些创造教育活动，特别是教育成效比较隐匿和滞后的创造教育活动，主体因认识的偏颇，其资源保障意识难以避免地淡漠于此而厚于其他！

4.2.2.2　教育投入不足，保障资源不够

教育投资也称教育投入，是指投入教育领域中的人力、物力和财力的总和，或者说是指用于教育训练后备劳动力和专门人才，以及提高现有智力水平

的人力和物力的货币表现。一定的教育投入是教育事业发展的物质基础。[①] 创造性人才的培养是极为重要的教育实践活动，也必须要投入一定的人力、物力和财力等创造性课程条件资源，而这些资源的来源又受制于各级政府的教育投入和教育系统内部的投入情况，其中最为关键的是各级政府的教育投入情况，而教育投资的外部比例就是衡量这一情况的重要指标。所谓教育投资的外部比例是指一国、一地区教育投资占国民经济有关指标的比例，它反映教育与国民经济之间的关系、政府对教育的重视程度。长期以来，我国的教育投入不足，导致创造性课程条件资源得不到应有的保障，已经成为制约创造性人才培养的"瓶颈"。

1993年中共中央、国务院发布了《中国教育改革和发展纲要》，1994年国务院又出台了《＜中国教育改革和发展纲要＞的实施意见》(简称《纲要》及其《实施意见》)，首次明确提出国家财政性教育经费支出占国民生产总值的比例20世纪末达到4%的目标，教育经费支出在全国各级财政支出总额中不低于15%。1995年通过的《教育法》第七章的第五十五条规定，教育财政拨款的增长要高于财政经常性收入的增长，在校生均教育经费逐步增长，教师工资和学生人均公用经费逐步增长。这就是我国关于教育投入与条件保障的"两个比例"和"三个增长"。虽然教育投入与条件保障有了国家的法律法规来确保，但实际上，正如表4.1所示，2012年之前，虽然我国财政性教育经费也在逐年增加，但由于国内生产总值增长的速度更快，从而导致国家财政性教育经费支出占国民生产总值的比例始终低于甚至远远低于4%。2010年7月通过的《国家中长期教育发展规划纲要(2010—2020年)》及2011年3月通过的《中华人民共和国国民经济和社会发展第十二个五年规划纲要》再次将4%作为2012年财政教育投入目标。教育投入4%目标的两次提出竟然时隔17年，这17年期间不但始终没有达到4%的目标(直到2012年才达到4%)，而且存在着惊人的教育财政投入差量。所谓教育财政投入差量，是指教育财政实际投入与投入标准或者教育发展实际需求的差异数量。

....

① 范先佐 . 教育经济学 [M]. 北京：中国人民大学出版社，2008：181.

表4.1　国家财政性教育经费占国民生产总值 GDP 的比例(1991—2020)

年份	1991	1992	1993	1994	1995	1996	1997	1998	1999	2000
比例(%)	3.10	2.71	2.46	2.44	2.32	2.35	2.36	2.41	2.55	2.58
年份	2001	2002	2003	2004	2005	2006	2007	2008	2009	2010
比例(%)	2.79	2.90	2.84	2.79	2.82	3.00	3.32	3.48	3.59	3.66
年份	2011	2012	2013	2014	2015	2016	2017	2018	2019	2020
比例(%)	3.93	4.28	4.30	4.15	4.26	4.22	4.14	4.11	4.26	?

资料来源：国家统计局《中国统计年鉴2008》，中国统计出版社，2008；2007年教育经费数据来自教育部《2007年全国教育经费执行情况统计公告》，《中国教育报》2008年12月1日第2版；教育部及其部门网站等。

徐燕鹏对财政教育投入差量及成因进行了深入的研究。[①] 他根据《教育部国家统计局财政部全国教育经费执行情况统计公告》的有关资料整理出1999—2009年度财政教育投入比较统计表(见表4.2)，根据以上资料，在1999—2009年的11年内，财政教育投资共计62 185.05亿元，比按4% 标准计算的应投入的77 368.43亿元少15 183.38亿元。如果财政教育投入差量全部形成教育债务，仅融资利息就多达4 668.18亿元，本息合计财政教育投入差量约19 800亿元。

当前，随着我国经济的飞速发展，国家财政性教育经费占国内生产总值的比例已经非常接近中等偏上收入国家平均水平，但与高收入国家相比仍存在显著的差距。例如，2015年，我国财政性教育经费占国内生产总值的比例为4.26%，而同年这一比例的世界平均水平为4.57%，低收入国家为3.54%，中等偏下收入国家为3.63%，中等偏上收入国家为4.41%，高收入国家为5.17%。此外，相对于经合组织(OECD)国家而言，我国各级教育的生均经费明显偏低。[②]

----

① 徐燕鹏.财政教育投入差量及成因研究 [J]. 会计之友，2011(6) 下：118-121.

② 陈纯槿，郅庭瑾.世界主要国家教育经费投入规模与配置结构 [J]. 中国高教研究，2017(11)：77-85+105.

表4.2　1999—2009年度财政教育投入比较统计表

	国内生产总值（亿元）	全国财政性教育经费（亿元）			假设财政教育经费的差量全部靠融资补充	
		实际投入	按4%计算应投入	投入差量	年利率（%）	融资利息（亿元）
1999 年	81 911.00	2 287.18	3 276.44	989.26	7.20	712.27
2000 年	89 404.00	2 562.61	3 576.16	1 013.55	7.20	656.78
2001 年	95 933.00	3 057.01	3 837.32	780.31	7.20	449.46
2002 年	105 172.00	3 491.40	4 206.88	715.48	7.20	360.60
2003 年	117 252.00	3 850.62	4 690.00	839.38	7.20	362.61
2004 年	159 878.00	4 465.86	6 395.12	1 929.26	7.20	694.53
2005 年	183 084.80	5 161.08	7 323.39	2 162.31	7.20	622.75
2006 年	210 871.00	6 348.36	8 434.84	2 086.48	7.20	450.68
2007 年	249 529.90	8 280.21	9 981.20	1 700.99	7.20	244.94
2008 年	300 670.00	10 449.63	12 026.80	1 577.17	7.20	113.56
2009 年	340507.00	12 231.09	13 620.28	1 389.19	7.20	0.00
合计	1934212.70	62 185.05	77 368.43	15 183.38	7.20	4 668.18

　　注：1. 假设全国财政性教育经费差量全部形成教育债务；

　　　　2. 各年度的金融机构贷款利率统一按7.2%计算；

　　　　3. 1999年的贷款期限按10年计算，以此类推；

　　　　4. 不考虑复利问题。

　　2004年，教育部开始对普通高等学校进行本科教学工作水平评估，其中基本办学条件指标的合格指标标准有以下规定：生均占地面积最低的包括综合、师范、语文、财经政法类院校，人均54M²；生均教学行政用房最低的包括语文、财经、政法类院校，生均9 M²；生均宿舍面积平均为6.5 M²。徐燕鹏按照高等学校本科教学评估的生均土地及房屋建筑面积规定的最低标准，以河南××大学2005年建设完成的教学楼、宿舍楼的建造成本为基础，计算出普通本科院校每扩招一名学生的生均土地及房屋建筑支出成本(见表4.3)。他发现，1999—2009年仅土地购置及房屋建造的高等教育财政投入差量就达7 600亿元。同时他还按照工资、物价上涨因素影响计算，得出因工资、物价上涨，1999—2009年高等教育投入差量达7 100亿元。两者合计14 700亿元。他指出，如果财政教育投入缺口大部分没有形成教育债务，则可能因教学上的"偷工减料"而以牺牲教育质量为代价，4%的财政教育投入目标并不能满足教育发展的实际需求。

表4.3　普通高等学校扩招生均土地及房屋成本

项目	标准数量（平方米）	单价（元/平方米）	成本（元）
土地	54	241	13 014
教学行政用房	9	1 100	9 900
宿舍	6.5	1 238	8 047
合计	……	……	30 961

姑且不论徐燕鹏的计算数据是否准确，但至少在很大程度上反映了我国在相当长的时期内教育投入的严重短缺这一个不争的事实。教育投资外部比例过低，必然导致财政教育投入差量巨大，由此引起教育投资的分配结构和使用结构等教育投资内部比例的确定必须以"保吃饭、保运转"为原则。虽然自2012年以来，我国国家财政性教育经费支出占国民生产总值的比例每年都超过了4%（见表4.1），但由于长期的投入不足，累积的教育财政投入差量巨大，随着信息技术和人工智能的发展及其在教育领域应用的不断广泛和深入，当前的教育投入应对维持教育系统的正常运转、弥补过去的欠账和促进教育现代化的进程等方方面面的经费需求都显得捉襟见肘。在很多教育机构看来，素质教育也罢，创造（新）教育也罢，属于锦上添花，而他们最需要的是雪中之炭。因此，在这样的经费条件和这样的理念下，各级各类教育机构首选的教育目标就是尽可能地维持教育教学的相对正常的进行。对于义务教育阶段来说，就是努力确保"有学上"。对于高中阶段来说，就是努力搞好面向高考的应试教育。对于绝大多数高校来说，能维持学校的运转就已非易事，特别是对于那些严重

负债的高校来说，维持现行简单的教学工作都困难，更谈不上进行教育改革和实施创造(新)教育了。总之，经费严重不足的各级各类学校，疲于雪中找炭，很难顾及创造性课程条件资源的保障问题，往往只能把创造(新)教育作为一种理想、理念停留在脑海之中，而很难付诸实施。

4.2.2.3 业绩评价不当，保障意愿不强

在各种社会资源中，有很多资源具有明显的效用普适性特点，如财力资源、时间资源等，既可用于教育领域，也可用于其他领域如经济领域、军事领域等。同样在各种教育资源中，也有很多资源具有明显的效用普适性特点，如教育财力资源、教育时间资源等，可用于教育领域的很多方面。另一方面，具有资源支配权力的主体通常又同时控制着多个需求方向的资源配置。于是，在资源总量既定的条件下，每个方向的需求都有排他性，即在某一方向投入多了，总会在其他的某个方向减少投入。在每个需求方向投入的资源种类、数量、质量一旦确定，便形成了具有一定结构(种类、数量、质量)的配置方案。具有资源支配权力的主体通常有多种备选的配置方案，主体对配置方案的选择通常要进行反复权衡各种选择的利害得失，最后形成一种意愿倾向，即倾向于哪个配置方案就会选择哪个配置方案。在选择的过程中主体会受到各种因素制约，如有关的规章制度、来自有关利益集团的压力、社会舆论与评价、主体自身的利害得失和价值判断，等等。如果某一需求方向的资源保障充足，说明主体经过反复权衡以后在该方向的资源保障意愿非常强烈。反之，说明主体经过反复权衡以后在该方向的资源保障意愿不强。

同理，创造性课程条件资源的保障与主体的保障意愿有很大的关系，如果具有创造性课程条件资源支配权力的主体很愿意为创造教育提供充足的资源保障，创造性课程条件资源的保障问题就很容易解决，反之就很难解决。而主体的保障意愿又受制于人们对其业绩的评价，也受制于其自身的业绩评价观。不论评价者是谁，不同的业绩评价往往会对主体的保障意愿产生截然不同的影响。创造性课程条件资源的保障一方面取决于政府的教育投入，即资源总量情

况，资源总量越丰足，创造性课程条件资源的保障问题就越容易解决；另一方面取决于教育系统内部对创造性人才培养实践的教育投入。其中虽然保障主体不同、保障主体的工作和业绩评价不同，但如果业绩评价不当，无论主体是谁，其保障意愿很可能会受到挫伤，以致创造性课程条件资源的保障不足。然而，事实上，业绩评价常有不当！

政府教育投资的保障主体显然是政府，从理论上讲，政府对教育投资的动机主要是满足社会对教育的公共需要，实现教育机会均等，保证教育与经济社会协调发展，因此，政府必须在整个教育投资和教育发展中发挥重要的作用。但问题是，教育公共需要、教育机会均等，以及其他决定政府教育投资的因素，实际上是一种模糊指标，很难进行量化。因此，尚不能真正说明政府究竟应承担多大规模的投资，而只能是一种原则性的说明。至于政府对教育的具体投资支出，还应视一国一定时期的具体情况而定。虽然政府是公共利益的代言人，其职能是为了满足社会的公共需要，实现社会的公共利益，但政府本身并不像传统经济学所认为的那样，是一个理想的、超凡入圣的行为主体，它的行为在很大程度上受制于政府成员的具体行为，而这些政府成员固然具有其"公共性"的一面(他们服务于政府部门)，但他们也有"私人性"的一面，同样具有追求自身利益最大化的理性和行为动机，再加上受现实社会经济活动的复杂性以及信息的不充分性等因素的制约，政府的行为也会像市场一样产生一定的盲目性和随意性。同理，具体到教育投资这一领域，政府的教育投资作为政府投资的重要组成部分，由于受到教育自身属性与政府自身缺陷的制约，也会表现出一些固有的行为偏差。由于在现实中须由政府满足的公共需要有很多，如国防、行政、教育、交通等，而公共资源本身是有限的，政府必须对多种备选的方案进行权衡与选择。在这个过程中，政府会受到来自各方面的压力，而且不论做出何种选择，都会招致各种各样的、褒贬皆有的甚至影响政府形象的评价，于是政府又受到来自各种评价的压力，显然各种压力会影响政府的投资意向。虽然政府也认为对教育的投资应予以优先保障，但来自教育的压力远不如来自国防、行政的压力大，况且教育本身具有迟效性，这样，在现实中政府官员总是把教育支出放在不太重要的地位上，从而导致教育投入不足。[①]

政绩是指官员在任职期间的业绩，如果对官员的政绩评价考核不当，就很容易形成不好的政绩观。改革开放以来，随着对经济发展的强调，在地方政府的政绩考核与问责中，形成了两种错误的政绩观：其一，重经济增长，轻社会事业发展。当各级政府的首要任务是迅速发展经济的时候，GDP理所当然地成为一个地区经济发展水平的重要指标，也就成为考核政绩的主要参数。考核的"一手硬、一手软"，容易造成地方官员在工作上的畸重畸轻，造成经济建设和社会发展"一条腿长、一条腿短"。其二，重当前利益，轻长远发展。表现为目光短浅，热衷于"短、平、快"的政绩，热衷于搞"形象工程"或"泡沫工程"，对涉及长远利益的基础工作只停留在口头上，没有实际行动。[②] 由于教育属于社会事业，其投入产出具有明显的多样性、间接性和迟效性特点，且不易进行测定和考核，所以许多持有这两种政绩观的地方政府官员也就没有重视教育发展的内在动力，很多官员只是在口头上重视教育，实际上把发展教育当成"软指标""软任务"，因而教育发展实质上被边缘化。

党的十六届三中全会提出了科学发展观，科学发展观成为我国经济社会发展的指导思想后，地方政府的政绩考评与问责较之以往确实有很大程度的改观。单一以GDP考核官员政绩的情况得到了较大程度的改善，不仅重视经济增长，而且重视社会事业的发展，其中教育在考核中的地位有所提升，但教育优先发展的战略地位依然不能得到落实。例如，某市2007年实施的并在全国有一定影响的《关于体现科学发展观要求的市(县)区党政领导班子和主要领导干部工作实绩综合考核评估实施办法》，共设置经济发展、资源环境、社会发展、生活质量4大类39项指标，把其中20项指标设定为核心指标，加大了考核权重。在核心指标中经济发展类只设了3项，占15%，资源环境、社会发展、生活质量类共有17项，占85%。[③] 该指标体系突出地体现了"富民优先""节约

① 范先佐.教育经济学新编[M].北京：人民教育出版社，2015：232-242.

② 李灿.用科学的发展观构建新的政绩考核指标体系[J].统计与决策，2005(1)：4-5.

③ 盛克勤.建立体现科学发展观要求的干部政绩考核机制[J].领导科学，2007(21)：30-31.

优先"和"环保优先"，但遗憾的是完全没有体现"教育优先"。

显而易见，政绩的考评不当，导致不良的政绩观，进而导致教育不但没有被放在优先发展的地位上，而且实质上被边缘化，教育投入得不到政府应有的保障也就不足为怪了。

不仅政府的教育投入得不到应有的保障，而且不当的评价还左右教育系统内部主体的保障意向，从而影响教育投入的内部使用结构。基础教育方面，一些地方政府与地方党政主要领导把教育质量片面理解为升学率和考试分数，对于追求高考升学率不力的教育行政部门、学校予以行政惩处，运用公共权力推进"应试教育"，用错误的发展观和教育观阻碍区域教育的健康发展。例如，2005 年 8 月底，甘肃省某市某区没有完成预定的在全市"保二争一"的"高考奋斗目标"，上线率降至全市第五，区委、区政府联合下发文件，对区教育局进行通报批评，提出"全区教育系统要痛定思痛，吸取教训，全面对照检查，明确努力方向，采取有效措施，大打高考翻身仗"，"责成区教育局逐级分析原因，追究责任，对近几年高考质量逐年下降、工作无起色的学校校长及领导班子在全教育系统进行通报批评，对高考上线率大幅下降、作风漂浮、影响较大的学校领导班子以及不胜任现职的校长由区教育局提出意见，上报区委、区政府予以调整。要严格兑现奖罚，如明年高考位次再不能前移，将按照今年全区教育工作会议上确定的奖惩办法，对区教育局领导班子和相关学校的校长做出相应的组织处理"。文件还要求认真学习和发扬"领导苦抓、教师苦教、学生苦学"的"三苦"精神，层层明确责任，层层加强管理。该市的市委书记多次公开讲话："我不管它什么素质教育，我就要升学率！"使当地的"应试教育"全面回潮。[①]在这样的背景下，教育系统内部主体的资源保障意向只能是"应试教育"而不是创造教育。

尽管在开发学生创造潜力、提升其创造性等方面，高等教育因其自身的资源优势而有比较大的教育投入，但不当的评价同样影响高等教育方面主体

① 褚宏启.教育行政专业化与教育行政职能转变 [J].人民教育，2005(21)：5-8.

的资源保障意向。评价不当主要表现在评价师生创新方面的成绩时，常常会有意无意地采用了一些很不恰当的甚至是非常苛刻的评价依据，这些依据就是如"挑战杯"、数学建模竞赛、电子设计竞赛、计算机程序设计竞赛、机械创新设计竞赛之类的各种科技竞赛获奖成果的数量和奖励等级、获得批准的国家专利的类型和数量，等等，也就是那些非常直观的、能让人信服的创造性成果。教师指导的学生获了奖，拿到了专利证书，教师的工作就能得到肯定，否则就免谈，甚至是白干！由于各种科技竞赛获奖成果的数量和奖励等级、获得批准的国家专利的类型和数量等能够写进单位和个人的业绩报告之中，能为单位和个人的业绩添彩，单位需要添彩，单位的领导更需要添彩，因而那些能添彩的项目，能立竿见影的"短、平、快"项目，就很容易得到较多资源的保障。相反，那些虽然能提高学生的创造性素质和素养，但不能立竿见影的基础性的创造性课程活动项目，要得到必要的创造性课程条件资源的保障，相对而言就要难得多。笔者曾与参加我的导师庄寿强教授创造学课程研修班的几十位高校老师交流，从中发现，很多高校没有开设创造学之类的创造性课程，也有几所高校曾经开过创造学课程，但后来也被停开了，理由是没有看到上过这门课的学生获得过什么专利。湖南某高校曾经在教育学、小学教育和应用心理学专业开设了创造心理学课程，但从2010级开始也被停开了，理由同样是学这门课没有什么用！也没有看到上过这门课的学生获得过什么专利。这些创造性课程被停开，意味着该门创造性课程开设所需要的创造性课程条件资源投入到了其他方向。总之，业绩评价的不当和急功近利的教育投资观制约着主体对创造性课程条件资源的保障意向。

4.2.2.4　培养目标不明，保障依据缺失

这里的目标首先是指创造性人才培养目标，其次是指创造性课程目标。因为创造性人才培养目标的模糊性，往往导致创造性课程目标的模糊性，从而导致主体没有明确的保障依据而无所适从，即主体既不知配置创造性课程条件资源要实现何种课程目标，也不知在种类、数量、品质和结构上对创造性课程

条件资源有何要求。

如前所述，在创造性人才培养目标的设计上，普遍存在空洞而肤浅、笼统而无个性的现象。开发教育对象的创造潜力，提高其创造性，这是学校教育的基本任务和神圣使命，应该贯穿学校教育的始终。那么，诸如学校教育的各阶段有哪些培养目标，其中，哪些是基础目标，哪些是特色目标，各专业领域的创造性人才培养目标是什么，各类型如基础研究类、应用研究类、开发研究类等的创造性人才培养目标是什么，这些问题就应该给予明确的回答，而不是空洞而肤浅、笼统而无个性的所谓"创新精神""创新人才"。当然，应该肯定，很多学者对创造性人才培养目标进行了一些研究，也取得了一些研究成果。但整体上来看，一方面，现有的研究得还不够系统深入，迄今为止，笔者未见有关于创造性人才培养的贯穿各阶段的比较完善的目标系统。另一方面，已有的研究成果也往往还只停留在所发表的刊物里、所出版的专著里而被束之高阁，而没有转变为具有资源支配权力的主体的决策意志和作为可执行的资源保障依据。

翻阅各高校专业人才的培养方案，可以看出诸多问题，笔者以湖南某高校本科专业人才的培养方案为例予以说明。专业人才培养方案是高等学校人才培养的纲领性文件，是一所学校教育思想和办学理念的集中体现，是实现本科人才培养目标的具体实施方案，是确定教学编制、安排教学任务、组织教学过程、实施教学管理和进行教学质量监督的依据。从近年来该校关于制订本科专业人才培养方案所发的指导性文件中可以看出，该校非常重视创造性人才培养。这几个文件的"一、指导思想"中都明确指出，"……全面实施素质教育，着力构建具有时代特点和我校特色的人才培养体系，增强学生创新能力，促进学生全面发展，培养具有'厚基础、宽口径、强适应、有特长'的高素质创新型专门人才"。这几个文件的"二、基本原则"中的"1. 坚持德育为先、能力为重和全面发展原则"和"3. 坚持突出实践能力和创新能力培养原则"都特别强调了"培养学生的创新意识和创新精神，提高学生的创新能力"。这几点实质上就是提出了该校本科人才培养的创新目标和任务。学校下发的文件应该具有严肃性，因此，全校所制订的所有本科专业年级人才培养方案都必须严格执行相应的文件精神，都应该把"具有'厚基础、宽口径、强适应、有特长'的高素质创新型专门人才"纳入本专业人才培养目标之中，都应该坚持并执行这些基本原则，否则这个文件就是儿戏。然而，事实上到了各个学院各个专业并非如此！

笔者仔细研究了该校2010年版本科专业人才培养方案，查找了业务培养目标和业务培养要求中含有"创造／创新／创意／创作／开创"等字眼的关键词，如创造能力、创新精神、创新意识、创新能力、创新设计、开创精神等含有"创新"之意的词语，并对业务培养目标和业务培养要求中含有这些关键词的专业进行统计，结果发现，如表4.4所示，在所有的75个本科专业中，业务培养目标中含有这些关键词的有25个专业，占1/3；业务培养要求中含有这些关键词的有26个专业，占34.7%；业务培养目标或业务培养要求中含有这些关键词的有38个专业，占50.6%；在业务培养目标和业务培养要求中同时含有这些关键词的有13个专业，占17.3%。这就意味着，业务培养目标和业务培养要求中都没有含有这些关键词的本科专业有37个，占49.4%。

表4.4 湖南某高校2010年版本科培养方案的业务培养目标与业务培养要求中含有"创新"类关键词的专业统计情况表

	A中含有C	B中含有C	A且B中含有C	A或B中含有C	A且B中都不含C
专业个数	25	26	13	38	37
专业数占比	33.3%	34.7%	17.3%	50.6%	49.4%
说明	A：业务培养目标；B：业务培养要求；C：含有"创造／创新／创意／创作／开创"等字眼的关键词，如创造能力、创新精神、创新意识、创新能力、创新设计、开创精神等；2010年全校本科专业总数75个。				

此外，笔者仔细研究了培养方案中开设的各门课程，查找了开设的各门课程名称中含有"创造／创新／创意／创作"等字眼的关键词，并对课程名称中含有这些关键词的课程与课时及涉及的专业进行了统计，结果发现，开设的课程名称中含有这些关键词的共有9门课程，涉及的专业只有6个，占专业总数的8%，如表4.5。

表4.5　湖南某高校2010年版本科培养方案中创造性课程情况表

	专业	培养目标关键词	培养要求关键词	课程名称中含"创造／创新／创意／创作"字眼的课程与课时
1	安全工程		开拓创新	
2	建筑环境与设备工程	创新意识		
3	工业工程	创新人才		
4	土木工程		创新能力	
5	工程力学		创新意识	
6	机械设计制造及其自动化	创新能力	创新能力	机械创新设计、机械综合创新实验
7	工业设计	创新	创新能力	
8	测控技术与仪器		创新意识	
9	机械成型及控制工程	创新能力	创新意识	机械创新设计
10	金属材料工程	创新	创新能力	
11	化学专业		创新精神	
12	无机非金属材料工程		创新能力	
13	制药工程	创新精神	创新意识 创新能力	
14	电子信息科学与技术	创新意识		
15	应用电子技术教育		创新精神	
16	光信息科学与技术	创新意识		
17	生物工程	创新能力	创新能力	
18	园林专业		创新能力	
19	地理信息系统	创新精神		
20	汉语言文学		开创精神	文学创作与发表（2周实践）
21	历史专业	创造能力		
22	思想政治教育		创新精神	
23	哲学专业	创新精神	创新精神	
24	教育技术学	创造	创造	创造心理学、影视广告创作、数字电视创作
25	经济学	创新能力		
26	国际经济与贸易	创新人才	创新能力	

续表

	专业	培养目标关键词	培养要求关键词	课程名称中含"创造 / 创新 / 创意 / 创作"字眼的课程与课时
27	会计学	创新能力 创新人才		
28	财务管理	创新能力 创新人才	创新精神	
29	广告学	创新能力	创意	广告策划与创意
30	工商管理	创新能力 创新人才		
31	市场营销	创新人才		
32	物流管理	创新人才		
33	艺术设计	创作	创新设计	图形创意、设计实践与创作
34	体育教育		创新精神	
35	社会体育		创新	
36	人力资源管理		创新意识 创新精神	
37	旅游管理专业	创新意识	创新精神	
38	公共事业管理	创新能力		

说明与统计 ①培养目标和培养要求中的关键词是指含有"创造 / 创新 / 创意 / 创作 / 开创"等字眼的词语，如表。②创造性课程是指含有"创造 / 创新 / 创意 / 创作"等字眼的课程。③ L 表示理论课时，S 表示实验课时或实践课时。④总共有 75 个专业，其中在培养目标中含有关键词的有 25 个专业，占 1/3；培养要求中含有关键词的有 26 个专业，占 34.7%；在培养目标或培养要求中含有关键词的有 38 个专业，占 50.6%；在培养目标和培养要求中同时含有关键词的有 13 个专业，占 17.3%，开设的课程名称中含有关键词的共有 9 门课程，涉及的专业只有 6 个，占专业总数的 8%。

　　笔者还仔细研究了培养方案中文本，发现业务培养目标和业务培养要求中即使含有"创造 / 创新 / 创意 / 创作 / 开创"等字眼的这些关键词，其文本也仅仅是非常笼统的话语。也许在培养方案这样的文件里，不便写得太详细，但笔者也没有见到关于该专业创造性人才或创新人才培养目标和要求的其他详细的说明文本。笔者还研究了其他高校的本科专业人才培养方案，也发现了与该校相同的问题，只是程度不同而已，如表4.6。

表4.6　部分高校本科培养方案里培养目标、培养要求与开设的课程名称中含有关键词的专业数及其占专业总数的比例情况

高校名称	版本年份	专业总数	M 含有		Y 含有		M 或 Y 中含有		M 和 Y 中同时有		K 中含有	
			专业数	%	专业数	%	专业数	%	专业数	%	专业数	%
华中师范大学	2005	54	20	37.0	25	46.3	32	59.3	13	24.1	0	0
南京师范大学	2011	121	69	57.0	62	51.2	95	78.5	36	29.8	28	23.1
湖南师范大学	2008	96	16	16.7	31	32.3	35	36.5	8	8.3	28	29.2
湖南大学	2009	71	31	43.7	25	35.2	44	62.0	12	16.9	11	15.5
宁波大学	2007	86	20	23.3	19	22.1	33	38.4	6	7.0	1	1.2
湘潭大学	2005	68	20	29.4	27	39.7	37	54.4	10	14.7	5	7.4
长沙理工大学	2011	56	24	42.9	49	87.5	52	92.9	21	37.5	8	14.3
湖南科技大学	2010	75	25	33.3	26	34.7	38	50.6	13	17.3	6	8.0
合计		627	225	35.9	264	42.1	366	58.4	119	19.0	87	13.9

说明：关键词是指含有"创造/创新/创意/创作/开创"其中之一字眼的词语；M：培养目标；Y：培养要求；K：开设的课程名称；南京师范大学的专业数中包含了专业方向。

　　笔者认为，目前很多高校的本科专业人才培养方案中，或者没有设立创造性人才培养目标，或者设立了也是非常笼统模糊而不够具体明确，更谈不上构建了创造性人才培养的目标系统或创造性人才培养的目标体系，而且很多专业甚至没有开设实现目标的创造性课程。难道这种情况只有高校本科教育才存在？既然没有创造性人才培养目标，既然培养目标笼统模糊，既然没有开设实现目标的创造性课程，那么，主体凭什么给予创造性课程条件资源的保障？

4.2.2.5　目标资源不熟，保障措施不力

　　根据前述关于教育系统的二元分割理论，教育资源系统是教育目标系统中的大小目标实现的资源条件，即任何层级教育教学目标都要靠一定层级的教育资源系统去实现，没有教育资源系统，教育目标系统中的大小目标的实现就

是一句空话。这说明，教育资源的保障对教育目标的实现是非常关键的，也是必不可少的！要给予教育资源的保障还有一个基本前提，那就是配置主体必须非常清楚地知道"要实现某一目标所必须保障的资源是什么"。如果配置主体不知道实现某一目标所需的资源是什么，即使掌握了这些资源，他也很难为这一目标的实现给予应有的资源保障。这就意味着主体必须熟悉目标资源，所谓目标资源就是实现某一目标所需的资源。这就涉及资源的认识问题。对于创造性人才培养来说，就是要熟悉培养创造性人才究竟需要哪些创造性课程资源，其中哪些是创造性课程条件资源，这些创造性课程条件资源又有哪些种类，大类里又有哪些小类，各种类创造性课程条件资源有何性质特点，哪些是共性，哪些是个性，各种类创造性课程条件资源有哪些课程效用性，其课程效用性表现在哪些方面，其效用指向、效用性质和效用能力如何，各种课程效用性发挥的资源条件是什么，各种类创造性课程条件资源在创造性教育教学系统通常的作用与地位如何，创造性课程条件资源的类间关系如何，等等。按理说，为创造性人才培养提供创造性课程条件资源保障的主体应当能回答这些问题，他们心中应当有一个创造性课程条件资源库，且熟悉库中的每一个创造性课程条件资源，一旦某一创造性教育教学系统需要为某一创造性人才培养目标提供创造性课程条件资源保障，主体就应该能够迅速找到目标资源，即使某些资源不能给予保障，至少也能知道所缺失的资源是哪些，对这些资源的要求是什么。

然而，现实的情况却是，为创造性人才培养提供创造性课程条件资源保障的主体中，恐怕没有几个人能回答上述问题，他们心中没有一个创造性课程条件资源库，如果要他们为某一创造性人才培养目标提供创造性课程条件资源保障，他们往往不能找到目标资源，也不知道所缺失的目标资源是哪些，更不知道对这些目标资源的要求是什么。其实，不只是这些主体是这样，恐怕其他人也是如此，因为人们对创造性课程条件资源、课程资源、教育资源等研究得还很不够，迄今为止，专门以教育资源为研究对象的教育资源学还没有建立起来，也未见有人建立了关于创造性人才培养的比较成熟的课程资源理论体系，就连对最最基本的创造性课程条件资源——创造性教师这个概念都还说不清、道不明。但不论什么原因，为创造性人才培养提供创造性课程条件资源保障的主体不熟悉目标资源，就无法采取有力的保障措施，甚至能努力的方向都找不到。

4.2.2.6　相关理论滞后，保障理性不足

多年来，我国教育界围绕着开发创造潜力、培养创造性人才这一主题进行了广泛的理论研究和积极的实践探索，取得了很多成果，但也存在很多不足。从研究的领域看，这些研究多偏重于创造(创新)能力的含义、创造(创新)能力的构成、创造(创新)教育与素质教育的关系等一些理论性问题的研究，而较少探讨创造(创新)教育的操作性问题。即使涉及了创造(创新)教育的实施问题，也大多停留在转变教育观念、进行教学改革、提高教师队伍素质、增加教育投入等宏观层面的研究，而微观层面的、可操作性的对策实施研究则做得不够。在引进和吸收上，多是介绍国外的创造教育研究成果，如帕纳斯(Parnes)的创造力"万花筒"模型、塔尼贝克姆(Tannenbacm)的创造力综合模式、阿姆贝尔(Amabile)的创造力认知成分理论、斯坦伯格(Sternberg)的创造力投资理论等[1]，而较少着眼于我国历史的发展和现实的需要，构建具有中国特色的创造教育理论体系。教育实践需要教育理论的指导，而创造教育理论体系的不完善无疑给创造教育的实施带来了很多困难。

具体到创造性课程条件资源的保障问题上，从前述关于创造性课程条件资源保障不足的原因分析中可以看出，一些相关理论的不完善甚至缺失是导致创造性课程条件资源保障不足的更深层次的原因。例如，有助于激发主体保障动机的关于创造性人才培养的投资价值理论，有助于解决创造性课程资源配置依据问题的创造性人才培养目标及其构建理论，有助于解决创造性课程条件资源供给问题的创造性课程资源开发理论，有助于解决创造性课程条件资源系统构建问题的创造性课程资源配置理论，等等，这些理论还很不完善，甚至有的理论还有待建立。任何教育教学实践的顺利开展，都需要一定的教育资源来保障，而任何教育资源的保障最终都是通过教育资源配置的方式来实现，创造性

---

[1] 张景焕. 创造力的投资理论及其对创造性教学的启示 [J]. 教育研究，1998(1): 3-5.

人才培养的教育教学实践也不例外，而且包括创造性课程内容资源和创造性课程条件资源在内的创造性课程资源都属于教育资源的范畴，因此，笔者以教育资源配置理论为例，来说明理论的迟后导致创造性课程条件资源的保障措施理性不足。

创造性课程条件资源的保障必须通过创造性课程条件资源的配置去实现，创造性课程条件资源属于教育资源的范畴，因此，教育资源配置理论很大程度上影响着创造性课程条件资源配置者配置行为和配置结果。创造性课程条件资源的保障不足，在很大程度上反映出教育资源配置理论的不足，事实上，现有的教育资源配置理论确实存在着很大程度的局限性，并已经成为创造性课程条件资源保障不足的主要原因之一。

"教育资源配置"属于教育经济学的范畴，教育经济学的教育资源配置理论是目前指导教育资源配置实践的基本理论。教育资源配置理论至少要回答什么是教育资源的配置，以及配置的目的、依据和方法手段等问题，其中最为关键的问题是"何谓教育资源的配置"。经过一段时间的辩证否定之后，关于这一关键问题的探讨结束了众说纷纭的局面，概括起来可以归结为分层观和综合观。刘晖等在研究高等教育资源的合理配置问题时，认为高等教育资源配置有两个层次，即宏观配置层次和微观配置层次。宏观层次的高等教育资源配置是指在一个国家或地区高等教育资源总量一定的情况下，如何将这些总体资源在各级、各类高等教育部门、单位之间进行有效的分配，以使教育资源流向最需要的、最适宜的地区和高校。微观层次的高等教育资源配置通常是指在高校内部资源总量分配既定的条件下，如何合理组织、利用有限的人力、物力、财力资源，使之发挥最大的效益，以获得最大限度的质高、量多的科研成果和人才。[①②] 这是对"教育资源配置"概念的分层次表述，所以笔者谓之为分层观。分层观与厉以宁的《非均衡的中国经济》一书中的资源配置观[③] 极为相似。综合

① 林霞.高校内部资源配置的现状及优化途径 [J].江西金融职工大学学报，2007(2)：114.

② 刘晖.论高等教育资源的合理配置 [J].教育研究，1994(12)：39.

③ 厉以宁.非均衡的中国经济 [M].北京：经济出版社，1991：3.

观认为，教育资源配置，通常是指在教育资源数量一定的情况下，如何将有限的人力、物力、财力等在教育系统内部各组成部分，或在不同子系统之间进行分配，以期投入教育的资源得到充分有效的使用，求得教育持续、协调、健康发展。①② 因为这是一种不分层次的综合表述，所以笔者谓之为综合观。相比较而言，综合观更好地总结了教育资源配置的一般规律。

从这两种观点可知，教育经济学范畴内的教育资源配置理论来源于经济学的资源配置观；所指的教育资源局限于人力、物力、财力等资源；配置目的是追求教育资源的充分利用，教育持续、协调、健康发展，以及多出教育成果；强调实现配置目的之手段是进行教育资源的分配，但没有谈及如何分配。从经济学的视角来看，上述教育资源配置理论似乎无可厚非，然而，简单的移植就容易"水土不服"。笔者曾在《论基于需求的教育资源配置系统观》一文中比较系统地论述了这种从经济学移植过来的教育资源配置理论在教育领域里确实存在着一定的局限性，并且认为，用于指导人们的教育资源配置是不合适的。③ 具体到创造性人才培养领域，从经济学移植过来的教育资源配置理论不但不能很好地指导创造性课程条件资源保障问题的解决，而且往往还会导致保障措施理性不足以致失当，理由如下：

其一，《经济学大辞海》认为，资源配置又称资源分配，是指资源在不同用途和不同使用者之间的分配状况，④ 因此，从经济学移植过来的教育资源配置理论其核心思想实质上是分配思想。分配的基本思想就是"规则先定，依规而分，多则多分，少则少分，无则不分，有啥分啥，分啥得啥，分完为止"。以这种分配思想为核心的教育资源配置观有鲜明的特点，一是分配规则的科学性程度和执行规则的程度决定配置结果的合理性程度，二是教育资源配置以教育资源供给为主导而不是以需求为主导。所谓以供给为主导，就是指由教育资

① 范先佐.论教育资源的合理配置与教育体制改革的关系 [J].教育与经济，1997(3)：7.

② 田景荣.论教育资源配置与政策调整 [J].现代教育论丛.1997(2)：43.

③ 王伟清.论基于需求的教育资源配置系统观 [J].教育与经济，2010(1)：46-50.

④ 张跃庆，张念宏.经济大辞海 [M].北京：海洋出版社，1992：77.

源的供给情况决定配置教育资源的种类、品质和数量,亦即供给什么就配置什么,供给量多则配置量多,供给量少则配置量少。然而,要"求得教育持续、协调、健康发展",满足教育系统对教育资源的客观需求是基本前提,因此,教育资源的配置,由教育资源的供给情况来主导,是不能达到自身提出的这一配置目的的。对于创造性人才培养来说,要实现创造性人才培养目标,满足教育教学系统对创造性课程条件资源的客观需求也是基本前提。但创造性课程条件资源的配置由创造性课程条件资源的供给情况来主导并进行分配,这种客观需求往往也很难得到保障。

其二,教育资源配置针对的都是一个个大大小小的实实在在的教育系统,配入的教育资源将是该教育系统的元素,因而教育系统对配入的教育资源必然有诸如种类、质量、数量及匹配关系等方面的系统性要求。例如,在同一教育系统中,不同的教育资源其作用和地位是不一样的,有主次之分。不同的教育资源,其教育效用性是不一样的,而且教育效用性的发挥往往是以其他资源为条件的,在不同的资源条件下,其教育效用性发挥的程度是不同的。满足教育系统中教育资源之间这种相互依存关系就是基本的系统性要求。从经济学移植过来的教育资源配置理论,其核心思想是基于供给的分配思想,而《现代汉语词典》对"分配"的解释是:(1)按一定的标准或规定分(东西);(2)安排、分派;(3)经济学上指把生产资料分给生产单位或把生活资料分给消费者,分配的方式取决于生产资料所有制。[①] 笔者以为,分配是指掌握分配权力的分配者按照人为制定的某种规则或标准,将一定数量和品质的待分物流入到受体(待分物的接收者)的瓜分行为。分配的任务是把一定数量和品质的待分物瓜分给各个受体,瓜分行为终结,分配任务也就完成了。至于待分物流入到受体后起何作用,与受体中的其他成分有何关系等这些都不是分配要考虑的问题。这就意味着,基于供给的分配思想很难确保教育资源配置结果能满足那些系统性要求,创造性课程条件资源的配置也同样如此。据此,创造性课程条件资源系统性保障不足

① 中国社会科学院语言研究所词典编辑室.现代汉语词典(第6版)[M].北京:商务印书馆.2012:381.

也就不足为怪了。

其三，本来配置主体是通过创造性课程条件资源的配置来实现创造性课程条件资源的保障，但配置主体如果受制于以基于供给的分配思想为核心思想的教育资源配置理论，这时候他实际上也就成了分配主体，其任务就转化为分配，即把待分的创造性课程条件资源按照某种规则或标准分发到各个受体（即各种教育教学系统）就可以了。至于创造性课程条件资源在种类、数量、品质及其系统性等方面存在哪些不足，往往不会成为其关注的问题而常常被忽略。即使没有被某些主体忽略，他们往往也只能笼统地、含糊地、肤浅地说说诸如"缺少创造性教师""经费投入不足"之类的话语。此外，也难以激发分配主体开发创造性课程条件资源以弥补创造性课程条件资源不足的动力，因为开发创造性课程条件资源不是他的分配任务。

其四，从资源科学[①]的视角来看，教育资源非常广义，凡是教育实践所需的具有教育效用性的各种资源都是教育资源。因此，教育资源不只是包括人们通常所说的人、财、物等资源，还包括其他资源，如课程资源、校训、学风、学校传统文化之类的人文性教育资源和时间性教育资源等。如前所述，创造性课程条件资源也不只创造性课程人力资源、创造性课程财力资源和创造性课程物力资源，意即这三种以外的其他创造性课程资源也必须要配置，但按照上述教育资源配置观，校训、学风、创造性课程政策资源等人文性教育资源就无法分配了。此外，配入到某一创造性教育教学系统中的人、财、物等创造性课程条件资源不可避免地与这三种以外的其他课程资源发生关系，因此，配置创造性课程条件资源时，视角仅限于人、财、物等课程条件资源是不行的，必然会导致创造性课程条件资源保障不足。

其五，经济学的资源配置理论针对的是大大小小的各种经济系统（即经济实体），经济系统追求的目标首先是经济效益，而且经济效益最大化是经济系统永恒的追求，因此，经济学的资源配置理论是以追求经济效益最大化为行为

---

① 刘成武，黄利民等.资源科学概论 [M].北京：科学出版社，2004：4-11.

指针的。然而，教育系统虽然含有人力、物力、财力等经济资源，但它往往不是一个纯粹的经济系统，教育系统追求的目标虽然不排斥经济效益，但首先是教育效益而非经济效益。教育系统教育效益的评价比经济系统(经济实体)经济效益的评价要复杂得多，而且上述教育资源配置理论无论是分层观还是综合观本身并无达到自身提出的配置目的的具体措施，因此，将经济学的资源配置理论推演到教育领域而形成的教育资源配置理论，其局限性不可避免地存在。例如，具有创造性课程条件资源支配权力的主体对教育效益常有过分追求，总是希望以最少的投入求得最大的效益，特别是创造性课程条件资源的稀缺性会强化他的这种追求，但主体又无法把握允许的最低程度而往往过分减少必要的投入而导致基本保障的不足。

由上述分析可知，来源于经济学的教育资源配置理论实质上是一种教育资源供给主导配置的分配理论，本身具有明显的局限性，用于指导包括创造性课程条件资源在内的教育资源配置并不合适。创造性课程条件资源的配置是创造性课程条件资源保障的基本措施，而没有科学理论的指导，创造性课程条件资源的保障措施往往会理性不足，失当难免。

第五章　保障创造性人才培养的课程资源条件之对策

　　创造性人才培养的课程资源条件保障不足是不争的事实，无论是创造性课程内容资源的保障还是创造性课程条件资源的保障均是如此，而造成其保障不足的原因也是多方面的，涉及主体认识、相关理论、培养目标、相关评价、课程资源、教育投入等诸多方面。从资源科学的视角来看，人类任何目标的实现都需要一定的资源条件，创造性人才培养目标的实现也不例外。那么，要想培养大批各行各业各领域各层次的创造性人才，以建设创新型国家，迎接创造力经济时代的挑战，则必须采取一系列的对策措施来强化主体保障意识，激发主体保障动机，增强主体保障理性，提高主体保障能力，同时还要确保资源供给，提供保障依据，确保保障的系统性，以此来确保创造性人才培养的课程资源条件得到充足的保障。笔者以为对策如下：

5.1　端正主体认识，强化保障意识

　　如前所述，无论是创造性课程内容资源的保障还是创造性课程条件资源的保障，创造性课程资源保障的主体对创造、创造性人才及其培养等诸多方面的认识非常肤浅、偏颇甚至错误，因而主体对创造性课程资源的保障意识受到抑制而处于淡漠的状态，非常不利于创造性课程资源的保障，既制约了创造性课程内容资源的保障，也制约了创造性课程条件资源的保障。因此，保障主体就应该加强学习，端正认识，以强化其保障意识。那么，负责创造性课程资源

保障的主体应该端正哪些基本认识？

5.1.1　正确认识人类的创造、创造活动与创造力

什么叫创造？这个问题目前在学术界并未取得一致认识。行为创造学认为，创造其实即是一种活动，通常指一种社会活动。因此，对于主体的人而言，创造与创造活动含义是相同的。那么，究竟什么是创造活动呢？创造活动，是指人们所从事的各种具有"新颖性"的活动。这里所指的"新颖性"，可有两个不同层次的含义：一是仅仅对于创造者自己或者一部分人来说是新颖的，即所谓相对新颖性，比如一个大学生通过自己的思索而做出了一种别人早已发明成功的"自动鞋刷"；二是对于全人类来说都是新颖的，即所谓绝对新颖性，比如爱迪生发明电灯。但无论是哪一层次的新颖性，新颖性的创造活动对于创造者来说必然具有"第一次"的性质，因此对于创造者而言他必然是在从事一种"非重复性"活动。这是判断能否构成创造的唯一标准。[①] 比如，一个小学生用自己想出的新方法做出一道数学题，就是一种创造性活动（指在此以前没有任何人直接告诉过他）。可以说，科学上的发现、技术上的发明、管理上的创新、文学艺术上的创作等一切具有"第一次"性质即"非重复性"的活动，均可称为创造活动。反之，仅仅是重复自己过去的或明知道别人已做而重复别人所做的活动，不论其规模多么大、影响多么远、能产生多少经济价值，也不能称其为创造活动。

人们能够进行创造活动，那是因为具有创造力。创造学研究表明，创造力包含了创造潜力和创造能力两个方面的含义。创造学的第一条基本原理认为，创造潜力是每个正常人都具有的一种自然属性。创造潜力是人类亿万年来智力进化的结果，是隐性的创造力，具有巨大的开发潜力。因此，创造潜力并不是神秘的、只有少数"大人物"才具有的特殊才能。而创造能力则是显性的创造力，它是人的一种社会属性，是人后天通过各种教育或训练才形成的，它

---

① 庄寿强. 普通行为创造学 [M]. 徐州：中国矿业大学出版社 2013：23-24.

与人的知识和经历即后天的培养关系密切，因而人的创造能力是可以测量的，并且可以依据测量结果来判别其大小。创造能力可以用如下经验公式来表示，其中 K 为常量。

$$创造能力 = K × (创造性人格 + 创造性思维 + 创造原理) × 知识量$$

虽然创造潜力是人脑的普遍属性，但是每一个人的创造潜力并非在任何情况下都能够自由地表现出来。人们的创造潜力主要反映在人的大脑的结构功能上，主要蕴藏在人的右脑之中并亟待开发。事实表明，创造潜力可以蕴藏在人脑中几年、十几年甚至几十年之久。一些所谓"无创造力"的人，其实他们并不是真的没有创造力，而只是其创造潜力没有得到应有的开发、没有或者很少转变成显性的创造能力而已。

创造学的第二条基本原理——人们的创造潜力是可以通过相关的学习或训练、通过创造教育的实施而被激发出来的。20世纪80年代以来，尤其是近二十年来的大量事实均表明了这一原理的正确性。例如，中国矿业大学1995年创建招收了国内第一个工业自动化创造工程班，该班27人，入学前全为一般高中学生，无一人有发明创造成果，也无一人听说创造学。然而经过科学的创造教育，毕业时全班共有几百项发明创造成果，获得国家专利25项，在校内外引起了很大的反响。可见，只要进行科学的开发，人们的创造潜力是完全可以被激发出来并转化为显性的创造能力的。美国学者帕内斯（S. J. Parnes）等人曾在布法罗大学通过对330名大学生的观察和研究，发现受过创造教育的学生在产生有效的创见方面与没有受过这种教育的学生相比，前者在自信心、主动性以及指挥能力方面都有较大幅度的提高。[1]

显然，主体对人类的创造、创造活动与创造潜力等方面有了正确的认识，有益于正确而深刻地认识教育培养在创造性人才成长中的作用和创造性人才培养的投资价值，从而有利于创造性课程资源的保障。

---

[1] 庄寿强. 普通行为创造学 [M]. 徐州：中国矿业大学出版社，2013：52-60.

5.1.2 正确认识学校教育在创造性人才成长中的作用

保障主体正确认识学校教育教学在创造性人才成长中的积极作用，显然有助于创造性课程资源的保障，特别是在创造性课程资源供给不足的情况下，保障主体更容易积极主动地去想办法解决创造性课程资源的保障问题。相反，保障主体如果怀疑、低估甚至否定学校教育教学在创造性人才成长过程中的作用，则容易缺乏这种积极性和主动性。问题是如何正确认识学校教育教学在创造性人才成长中的积极作用？

那些对创造持有天才论的保障主体，如果要正确认识学校教育教学在创造性人才成长中的积极作用，那么首先必须抛弃这种天才论的观点。诚然，的确存在着一种现象，即在很多领域有许多做出杰出贡献的创造者并没有接受多少创新教育或创造教育，甚至也有的创造者还没有接受多少学校教育，但从创造性人才的成长方式和教育与人的发展理论来看，这种现象并不能否定学校教育教学在创造性人才成长中的积极作用。

创造性人才的成长方式通常有三种，即自然生长方式、教育培养方式和复合成长方式，这三种成长方式各有千秋。一般地，人在儿童阶段，对周围的事物充满了好奇心，问题意识特别强烈，但随着年龄的增大、知识的丰富、思维定式的增多和日益增多的不良环境因素的压制，绝大部分人的好奇心和问题意识在逐渐地弱化、淡化。但是，影响人发展的个体先天性素质、社会环境和个体活动这三个基本方面因素千差万别，好奇心和问题意识消退的程度和速度也各有差异，因此，总有小部分人在长大成人以后仍然能保持着较为强烈的甚至是非常强烈的好奇心和问题意识。他们在一定的环境条件下，自发地、不断地在某一领域开展创造性实践活动，并且能自主地进行探索和研究，即在实践过程中主要是依靠自身的不断摸索、感悟、体验和总结来掌握一些创造的方法和规律，并反复经历成功的激励和失败的洗礼来陶冶和铸就自身的创造性人格，这种成长方式就是自然生长方式。自然生长方式具有三个鲜明的特点，即，开展创造活动的自发性，研究内容方法的自主性，创造规律掌握的自觉性（即靠自己觉悟出创造规律）。自然生长方式是一种自助方式，过去特别是古代很多创造性人才就是这样成长起来的。自然生长方式的缺点是创造性人才的成长速度慢、数量少、效率低，因而不能满足当今时代需求。

　　学校是专门培养人的机构，学校教育具有较强的目的性、系统性、选择性、专门性和基础性，因此，学校教育在人的发展中起主导作用，即主要的、导向性的作用。随着社会的发展和历史的进步，学校教育对人的发展的作用日益增强，可以说，当今社会，在一定的条件下，学校教育对人的发展能够起到决定性的作用。在一个现代化的社会里，一个完全没有受过学校教育的人，其生存和发展是难以想象的。[①] 正因为如此，在现代社会里，创造性人才的成长更需要采用学校的教育培养方式。教育培养方式是按照某一领域创造活动对人才的实际要求，通过学校教育教学的方式比较系统地传授有关人类创造的理论和方法，并使其在创造性实践活动中加以内化和升华，来培养其创造性技能和塑造其创造性人格。教育培养方式则是一种他助方式，能使创造性人才的成长速度快、数量多、效率高。

　　当然，学校教育对人的发展的作用并不是万能的，对人的发展的主导作用也是有条件的，并非什么样的学校教育都能对人的发展起主导作用，个体的先天性素质、社会环境和个体活动这三个方面的很多因素在影响人的发展，人的创造力发展同样如此。例如，如前所述，中国矿业大学庄寿强教授指导的1995级工业自动化创造工程班27位本科生和1996级开始指导的一些研究生，他们接受了科学的创造教育。但据笔者对部分同学的跟踪调查与了解，发现他们毕业后出现了明显的分化，其中有的同学仍然在继续从事一些创造活动并取得了一些创造性成果，也有的同学则很少从事创造活动，也没有做出什么创造性成果。笔者从中还发现，学校的创造教育对创造性人才的成长能起到极为重要的基础性作用，而受教育者仍须充分发挥自身的主观能动性，继续保持强烈的好奇心和问题意识，积极开展创造性实践活动，在成败的反复锤炼中来实现自身创造性人格的完善和创造能力的提高。因此，创造性人才非常理想的成长

① 扈中平，李方，张俊洪. 现代教育学 [M]. 北京：高等教育出版社，2000：57-65.

方式应该是复合成长方式，即自然生长方式和教育培养方式的有机结合，既促使教育对象发挥自身的主观能动性，又发挥了教育培养方式的积极作用，这是解决大批高素质创造性人才供给问题的最佳选择。

上述关于创造性人才成长方式的分析中可以得知，现代社会里，学校教育教学在创造性人才成长中的积极作用不可低估。但要真正正确认识学校教育教学在创造性人才成长中的积极作用，还需具有诸如创造学、创造心理学和创造教育学等方面的理论素养。例如，许多人对创造性思维充满了神秘感，不懂得创造性思维的本质和机理，怀疑甚至否定创造性思维的可教性，那么，他们就几乎不可能正确而深刻地认识学校教育教学在创造性思维能力培养方面的积极作用。如果创造性课程资源的保障主体懂得"创造性思维本质上是能产生新颖性思维结果的思维"和"创造性思维的15种引发机制"，那么，他们就能理解创造性思维的可教性以及如何教的问题①，从而也就能正确认识学校开展创造性思维的教学是培养创造性人才的积极而有效之举。因此，创造性课程资源的保障主体提高与创造性人才培养密切相关的基本的理论素养，是正确认识学校教育教学在创造性人才成长中的积极作用的有力措施和重要途径。

5.1.3 正确认识创造教育的投资价值

创造性课程资源的保障主体对创造教育的投资价值认识不当，主要表现在他们认为创造教育的投资价值不高，怀疑甚至否定创造教育的投资价值等方面。如果保障主体对创造教育的投资价值认识不足或认识偏颇，那么，他们就不会积极主动地对创造教育进行投资，特别是在教育资源供给严重不足的情况下，创造教育就会成为他们投资的盲区而被完全忽略。因此，正确认识创造教育的投资价值是激发主体的保障意识，确保创造性人才培养的课程资源条件持续地得到充足保障的基本前提。保障主体他们对创造教育的投资价值认识不当，并不是因为他们都否定创造性人才的重要性，而是出于其他方面的原因，而且是因人而异。具体来说，主要有以下三种情况：

....

① 王伟清.创造性思维教学误区及其对策分析 [J].益阳师专学报，2001(4)：116-118.

其一，有的保障主体怀疑创造教育的效能。他们认为，目前创造教育的各种理论很不成熟，师资队伍整体力量应付应试教育是绰绰有余，开展创造教育却很难胜任，因此，以现有的师资和现有的理论为基础的创造教育是很难培养出创造性人才的，"钱学森之问"不就说明了这一点吗？所以，他们认为投资创造教育是低效之举，还不如加强应试教育的投资，还能让学生多掌握些知识，这样更实在、更有效。要端正这些主体对创造教育投资价值的认识，主要是向他们阐明一个事实以纠正他们错误的因果认识，即，不是因为现有的创造教育低能而不应该给予充足的教育资源保障，相反，正是因为长期缺乏充足的教育资源保障而导致如今创造教育的低能，这也恰恰说明了投资创造教育还有很大的升值空间。

其二，有的保障主体追求立竿见影。他们对那些能够迅速取得实实在在成果的创造教育活动给予较高评价，并乐于给予充足的资源保障。如，指导大学生参加挑战杯之类的科技竞赛，一般高校都会认为这是很有投资价值的创造教育实践活动，因而在人力、物力、财力、政策等方面往往会给予足够的资源保障。相反，对那些看不到实效或一时难以见效的创造教育活动，则认为没有、至少暂时没有什么投资价值，往往是想等其自我发展到能让人看到实效再行动。这实质上是一种目光短浅、急功近利的教育投资观。这些主体要端正对创造教育投资价值的认识，一方面，必须抛弃这种目光短浅、急功近利的教育投资观，因为教育具有迟效性，目光短浅、急功近利的教育投资观是不利于教育的发展和各种教育功能的实现，对于创造教育来说同样如此。另一方面，要加强对教育理论的学习，必须懂得学校教育具有较强的基础性，创造教育诸如学生问题意识的培养、创造性人格的塑造等方面也具有很强的基础性，它对人的发展不仅具有即时的价值，而且具有延时的、久远的和增值的价值。

其三，有的保障主体则对创造教育的投资价值估计不足。他们不否认创造教育的投资价值，但究竟有多大价值，往往缺乏程度上的认识。对于这种情况，可用数据来提高保障主体的认识。据人事部中国人事科学研究院主编的我国第一部系统的人才状况分析报告——《2005年中国人才报告——构建和谐社会历史进程中的人才开发》统计分析表明，人才发展与经济发展有着高度的相关性。从年均增长速度方面考察，1978年至2003年，人才总量的增长速度年均为7.34%，实际经济总量 GDP 的增长速度年均为9.38%，经济增长对人才总量增长的弹性系数为1.28，即人才总量每增长1%，拉动经济增长1.28%[①]。可见，经济的发展人才是关键因素。

按照教育经济学的人力资本理论，人力资本是推动经济增长和经济发展的决定性因素[②]。在笔者看来，衡量一国人力资本总体水平高低的极为重要的指标，是创造性人力资本的规模与质量。所谓创造性人力资本，从宏观层面来看，是由创造性人才所构成的人力资本；从微观层面来看，是指凝聚在创造性人才身上的创造性素养、创造性人格和创造性技能，及其有机结合所表现出来的创造新价值的能力。事实证明，创造性人才在人力资本中，在推动经济增长和经济发展的作用中都具有极为重要的、不可替代的地位。2018年3月7日，习近平在两会期间参加广东代表团审议时强调指出：发展是第一要务，人才是第一资源，创新是第一动力。中国如果不走创新驱动发展道路，新旧动能不能顺利转换，就不能真正强大起来。强起来要靠创新，创新要靠人才。[③]人才资源是创新活动中最为活跃、最为积极的因素。要把科技创新搞上去，就必须建设一支规模宏大、结构合理、素质优良的创新人才队伍。我国一方面科技人才总量不少，另一方面又面临人才结构性不足的突出矛盾，特别是在重大科研项目、重大工程、重点学科等领域领军人才严重不足。没有人才优势，就不可能有创新优势、科技优势、产业优势。[④]四川省创造学会的罗成昌在"创造创新

---

① 许祥云，彭静雯.创新型国家的建设与我国高等教育政策的调整 [A].建设创新型国家和中国高等教育的改革与发展——2006年高等教育国际论坛论文汇编 [C].2006：75.

② 范先佐.教育经济学新编 [M].北京：人民教育出版社，2015：127-130.

③ 习近平谈"人才是第一资源" [EB/OL].https://www.sohu.com/a/243083603_99897049. 2018-07-24/2020-04-10.

④ 人才资源是第一资源 [EB/OL].http://sh.people.com.cn/n2/2019/0920/c375987-33372546. html.2019-08-20/2020-04-10.

与可持续发展国际学术研讨会"（2006年北京）上指出："我国当前知识和科技的贡献率仅39%左右，我国的自主创新能力十分薄弱。在医药生物技术领域，几乎所有药物专利均为发达国家所拥有；我国出口一台DVD售价32美元，交给外国人的专利费18美元，成本13美元，中国企业只赚取1美元的利润。一台售价79美元的国产MP3，国外要拿走45美元专利费，制造成本32.5美元，中国企业纯利润只有1.5美元。在DVD行业，我国大批企业因交不起国际专利费而纷纷倒闭；汽车制造领域，真正的国产车仅占10%。中国汽车工业以市场并未换来核心技术，换来的仅仅是充当外方加工部门的'上岗证'。以'市场换技术'是行不通的，核心技术是买不来的，只能依靠自主创新。由于缺乏核心技术，缺少自主知识产权，我国在国际产业分工中仍处于低端位置。"[1] 目前世界上公认的创新型国家有20个左右，包括美国、日本、芬兰、韩国等。这些国家的共同特征是：创新综合指数明显高于其他国家，科技进步贡献率在70%以上，研发投入占GDP的比例一般在2%以上，对外技术依存度指标一般在30%以下。[2] 而我国的创新综合指数虽有显著进步，但离创新型国家还有相当长的距离。

　　显而易见，加强自主创新、建设创新型国家，关键是人才，重点是创造性人才。没有创造性人才，加强自主创新、建设创新型强国就会变成一句空话。目前，我国正致力于建设创新型强国，创新型强国的建设与保持之关键，归根结底又在于创造性人才的培养。因此，大力加强对创造教育的投资力度，确保创造性人才培养所需的各种课程资源得到充分的保障，才能大批培育创造性人才，这应该成为各保障主体应有的基本常识。各保障主体应该坚信，创造教育的投资价值是极其巨大而不可估量的。即使各保障主体不能准确地估计创造教育的投资价值，但至少也不能过分地低估。

....

① 罗成昌.试论创新型国家的教育与教师[A].创造创新与可持续发展国际学术研讨会——2006年国际创造学学术讨论会论文集[C].2006：23-26.

② 许祥云，彭静雯.创新型国家的建设与我国高等教育政策的调整[A].建设创新型国家和中国高等教育的改革与发展——2006年高等教育国际论坛论文汇编[C].2006：75.

5.2 正确评价业绩，激发保障动机

创造性人才培养的课程资源条件保障不足的原因分析表明，无论是创造性课程内容资源的保障主体，还是创造性课程条件资源的保障主体，如果他们的业绩受到了不恰当的评价，那么，他们对创造性课程资源提供保障的积极性就很容易受到挫伤，进而也容易导致创造性人才培养的课程资源条件保障不足。因此，必须正确地评价创造性课程资源保障主体的业绩，以此来激发他们的保障动机。既然涉及评价，那就存在"谁来评""要评谁"和"如何评"这三个问题，要正确地评价创造性课程资源保障主体的业绩，同样存在这三个问题。为此，应从以下几个方面着手：

5.2.1 探明主体职责

此处的"探明主体职责"，包含了探明主体和探明职责两个方面的含义。所谓探明主体，即明确是哪些主体的职责；所谓探明职责，即明确主体有哪些职责。探明各主体在创造性人才培养事业中能够履行且应当履行的主要职责，这是正确评价创造性课程资源保障主体业绩的前提。离开了这个前提，就容易出现"该评价的内容没有评价，不该评价的内容却评价了"等非常荒唐的情况，那么要做到正确评价创造性课程资源保障主体的业绩往往是不可能的。事实上，评价保障主体的业绩本质上就是评价保障主体在创造性人才培养事业中能够履行且应当履行的职责方面的履行情况。

从第三章关于创造性课程资源及其保障主体的考察中可以得知，针对某种创造性人才培养目标的实现所需创造性课程资源的保障任务往往非一人或一个单位所能完成，常常是要凝聚众多主体的劳动，即呈现出多主体性。笔者对创造性课程资源的保障主体进行了梳理，把他们归纳为各级政府、理论研究者、一线教师、创造者、教育行政组织和学校管理者等六个方面。虽然由于研究的深度不够，这种归纳还不很严谨，有重叠现象，但还是能帮助人们从整体上把握创造性课程资源保障主体方面的情况。然而要考核、评价主体在创造性人才培养工作中的业绩，则必须具体情况具体分析，方可探明主体、明确职责。

这六个方面的保障主体中，很多创造者虽然对创造性课程资源的保障做出了积极的贡献，但他们只是间接地做了创造性课程资源的保障工作，没有直接的责任，既没有必要也往往无法追究其责任，因为很多创造者已经作古，因而他们是非责任主体，不应该成为被评价、被考核的对象。各级政府、教育行政组织、学校管理者、理论研究者和一线教师，他们是直接承担创造性课程资源保障任务的主体。各级政府、教育行政组织和学校管理者侧重于创造性课程条件资源的保障，如果他们在创造性人才培养事业中不履行自己的职责，那么，创造性课程条件资源就不可能得到足够的保障。包括课程与教材研究者在内的一线教师侧重于创造性课程内容资源的保障，如果他们在创造性人才培养事业中不履行自己的职责，那么创造性课程内容资源就不可能得到足够的保障。理论研究者侧重于创造性课程资源的保障提供理论支持，如果没有科学理论的支持，即使创造性课程条件资源和创造性课程内容资源两者供给充足，也会出现创造性课程资源条件系统性保障不足的情况，以致难以充分地实现各种创造性人才培养目标，而且还会在一定程度上导致创造性课程资源的浪费。因此，这些主体都是责任主体，应该成为被评价、被考核的对象。

在创造性课程资源的保障过程中，某一创造性课程资源的保障任务常常需要很多主体共同完成，同时某一保障主体很可能需要参与多个或多类创造性课程资源的保障任务，这说明保障主体有时间、空间和种类上的职责范围。因此，对保障主体的评价、考核，必须探明各主体在创造性人才培养事业中究竟有哪些应当履行且能够履行的职责，也必须探明各主体在时间、空间和种类上的职责范围。例如，各级政府应该解决辖区内培养创造性人才所需财力资源、政策资源的保障问题，但一线教师却没这个职责。此外，各级政府、教育行政组织是作为职能组织的主体，他们的职责实质上是由职能组织里的个体共同承担的，有关的每一位个体都应该承担所在岗位的职责，其中作为职能组织的首脑应当承担该职能组织的总责。因此，要评价、考核作为职能组织的主体之职责，应该探明职能组织有关的每一个岗位的职责，特别是职能组织首脑的职责。当然，要探明主体的职责，一方面要从理论上去分析和研究，提出主体的应然职责；另一方面还要通过实践来对理论上的应然职责进行查误纠错，查漏补缺，反复检验，不断完善。

5.2.2 严审评委资质

资质是指从事某种工作或活动所具备的条件、资格、能力等。[①]创造性课程资源保障主体的业绩评价，同样涉及评委的资质问题。虽然有的主体的某些业绩是容易被评价的，但很多主体的很多业绩却很难被评价。如果评委的资质不行，他就无法给予正确的评价，他做出的评价结论既不能令人信服，达不到评价的目的，还会引起被评对象——保障主体的强烈反感，严重挫伤保障主体的积极性。例如，一线教师要开展创造教育，必须开发、配置和利用各种创造性课程资源，他们的业绩很大程度上要靠他们的教学效果来反映，如果评委的资质不行，他就无法对一线教师的教学效果给予正确的评价，他很可能就会用发明、专利、挑战杯之类的科技竞赛等非常直观的成果来评价，认为如果有这方面的成果说明这位教师教学效果好，否则就是没效果。显然，这是急功近利的错误评价观，会严重挫伤一线教师的积极性。所以，要正确地评价创造性课程资源保障主体的业绩，却不是件容易的事情，不是谁都可以评价的，即不是谁都有资格当评委的。因此，必须严格审查评委的资质。为了严格审查评委的资质，确保评价的客观、公正、科学，必须采取以下措施：

其一，研究。即探明评委应该具有哪些资质；针对不同的评价对象和评价内容，需要什么资质的评委；如何来客观、公正、科学地测试评委的资质。例如，庄寿强曾经研究了评价创造性设想的评价人员，认为他们至少应具备如下一些条件：(1)接受过创造性课程的训练。评价人员必须从创造学角度出发对待所有的创造性设想，这样他才不会随意地发表意见、乱下结论，才不会扼杀掉新的、有创意的设想，才能准确地肯定好的设想；(2)具有客观判断能力。评价人员进行评价时必须出于公心，决不能因人或因自己知识的偏见而为感情所左

---

① 中国社会科学院语言研究所词典编辑室．现代汉语词典（第6版）[M]．北京：商务印书馆，2012：1721.

右，从而埋没好的创造性设想；(3)对于所涉及的问题要有较广博的知识基础。

其二，培训。如果评委的资质不够，要么他别当评委，要么他加强学习，接受培训，直到具备应有的资质，成为合格的评委，因为有关创造方面的评价本来就不是那么容易的。譬如，对创造成果的评价就是如此，甚至一些专家权威在评价中扼杀杰出创造成果的现象也屡见不鲜。[①]相比之下，对于一些实物性创造成果，如智能手机的出现、"神九"飞船的问世等，人们是比较容易通过实践来进行正确评价和肯定的。但是对于一种新颖的创造思想、一些新颖的学术观点，如对恐龙灭绝的全新性认识等，评价起来就比较困难了。此外，对创造成果的大小进行评价也是极其困难的事情。什么叫大发明、大创造？什么是小发明、小创造？很多人误认为，一个创造发明中所含的知识因素(即所谓的"科技含量")越多，该创造发明就越大；反之则是小发明、小创造。这一观点本身就值得商榷。按照庄寿强的观点，不同领域的创造本身彼此之间并无大小之分，它们只有层次上不同之别；创造的本质其实就是"新颖"、就是"第一"，不同创造成果在各自的相关领域均可称为"第一"。因此，不同领域的不同的"第一"之间其实是很难找到共同的比较标准，不同领域的不同创造成果彼此间很难再比较其大小。这就如同奥运会上不同项目的冠军(即"第一")之间无法进行比较一样——我们不能对长跑冠军与游泳冠军进行比较。这是庄寿强经过反复研究才会有此认识，因而，可以想象，如果一个资质不够的评委去评价中国古代的科技成果，指南针恐怕进不了我国古代四大发明之列，张衡的地动仪倒有可能。因此，评委要正确地评价一线教师开展创造教育的教学效果，他必须认真学习有关知识，必须懂得一线教师开展创造教育的教学效果可以通过他学生的创造性思维能力的提高、创造性人格的优化、创造性素养的丰富等方面的情况来反映，这样才不会抱着那种急功近利的错误评价观。

其三，筛选。目前教育界有各种各样的评选活动，现有的做法往往是，有关部门面向辖区发出附有遴选条件的通知，请符合遴选条件的人员自愿填表

[①] 庄寿强.普通行为创造学 [M].徐州：中国矿业大学出版社，2013：28.

申报，以此建立评委专家库。同时，还建立了在纪检部门参与下的由计算机从评委库中随机抽选评委的机制。总的来说，这套措施是可取的。不足之处在于：遴选条件往往比较粗犷，主要是强调职称、学位和职务之类的基本条件；虽然是为了确保评委库里有足够的评委可供抽选的无奈之举，但在涉及具体的评选项目时，抽中的评委中有的往往在某种程度上不能胜任评选工作。因此，要正确地评价创造性课程资源保障主体的业绩，对于评委的筛选就是依据前面研究的成果，通过资格考试之类的方式筛选出合乎资质要求的人员，在筛选过程中务必做到客观、公正、公开、透明，切忌以筛选对象的职务、职称来取舍，杜绝筛选过程中的腐败机会，否则就会重蹈湖南省2012年体育组职称评定之覆辙。

5.2.3 制订评价体系

为了激励保障主体对创造性课程资源的保障动机，以确保创造性人才培养目标的充分实现，对保障主体业绩进行评价所采取的一系列措施的总和就是创造性课程资源保障主体的业绩评价体系。该评价体系中最为关键的是评价指标体系和策略方法体系。目前，笔者尚未见有一个比较合适的、针对创造性课程资源保障主体的业绩评价体系。然而，要正确地评价创造性课程资源保障主体的业绩，激发主体的保障动机以确保创造性人才培养目标的充分实现，制订这一业绩评价体系势在必行。为此，笔者特提出以下建议：

其一，关于评价指标体系。评价活动是用有限的评价因子或评价项目去刻画具有无限多样性的事物。在评价过程中，对被评对象的各个方面或各个要素要采用可以测定和评估的评价因子或评价项目，这种评价因子或评价项目就是评价指标。创造性课程资源保障主体的业绩评价指标是对考评对象——保障主体业绩的一种表征形式。单个的业绩评价指标反映的是考评对象某一方面的业绩情况，评价对象的业绩优劣可以用评价指标的等级来体现。有了业绩评价指标，评价工作才更具可操作性和条理性。激励保障主体对创造性课程资源的保障动机，以确保创造性人才培养目标的充分实现，这是考评的核心与根本，也是创造性课程资源保障主体的业绩评价体系制订的出发点和归宿点。因此，在设计单个评价指标时，应该使每个指标都是具体明确的，可执行的。同时，多个不同层面和方面的业绩评价指标有机地组织在一起，就构成业绩评价的指标体系。因此，在单个业绩评价指标设计的要求与整个指标体系设计的原则和要求要相一致。

创造性课程资源保障主体的业绩评价体系的设计需注意满足以下几个方面的基本要求：(1)词意清晰。评价指标的名称要清楚，使人明了它的意思，不给人以模棱两可的感觉。(2)内涵明确。每个指标都有明确的含义，使不同的考核者对评价指标内容都有相同的认识，减小误差的产生。(3)相对独立。各个评价指标之间尽管有相互作用或相互影响，但每个指标一定要有独立的内容、含义和界定。(4)针对性强。评价指标既是针对工作内容而言的，也是针对保障主体而言的，因此必须与保障主体、工作内容、工作目标相关，即不同的保障主体，应有不同的评价指标。只有这样才能真正起到目标引导作用，避免工作重点偏离目标。(5)客观实在。业绩指标是实实在在的，可以被证明和观察，避免主观猜度。(6)可控性好。指标所代表的内容是被考核者——保障主体在工作中、在付出努力的情况下能够控制和掌握的。⑦重点突出。各项指标都必须是居于重要性或关键性的考虑，避免事无巨细、抓不到重点。此外，不同的保障主体，应突出的重点应该也不同。⑧操作性强。无论是定性指标还是定量指标，都要有较强的可操作性。对于定性指标来说，可以通过细化来达到可操作性；对于定量指标来说，则应该用具体的数据来达到可操作性的要求。

其二，关于方法策略体系。俗话说得好，凡事要讲究方法，要注意策略。为了做好创造性课程资源保障主体的业绩评价工作，免不了要采取一些方法和策略，这样还可能起到事半功倍的效果，否则也很可能举步维艰。探明主体职责，严格审查评委资质，这本身就是方法策略方面的措施。为了激励保障主体对创造性课程资源的保障动机，以确保创造性人才培养目标的充分实现，对保障主体业绩进行评价所采取的一系列方法策略方面的措施也构成了方法策略体系。这个方法策略体系包括了在探明主体职责、严格审查评委资质、制订指标体系、实施业绩评价等多方面的方法与策略，而且每个方面都有丰富的内容。例如，关于严格审查评委资质方面，就有"培训"与"筛选"等方法，"筛选"中还有"客观、公正、公开、透明"等策略。关于制订指标体系方面，就有"工作分析法、个案研究法、问卷调查法、专题访谈法、经验总结法"等常用方法。首先探明各保障主体的在创造性人才培养事业中能够履行且应当履行的职责，为业绩评价指标体系的制订打下基础，这应该是业绩评价指标体系制订的应有的策略。评委通过学习这些方法与策略，可以大大提升他们从事创造性课程资源保障主体业绩评价的资质，大大提高他们评价的速度和效率，也大大提高他们评价的信度和效度。因此，在制订创造性课程资源保障主体业绩评价体系的过程中，要高度重视方法策略的探索与研究，高度重视方法策略体系的汇编。

当然，无论是评价指标体系的制订还是方法策略体系的汇编，都既要重视理论研究又要重视实践探索，尤其要注重理论与实践的结合，要重视小试，重视调查研究，这样将更有利于创造性课程资源保障主体业绩评价体系的制订与完善。

总之，如何正确地评价保障主体的业绩，如何制订创造性课程资源保障主体业绩评价的科学体系，来有效地激励各种保障主体对创造性课程资源的保障动机，以确保创造性人才培养目标的充分实现，这是有待研究也是亟待解决的重要课题。

5.3 建立目标系统，提供保障依据

第四章关于创造性课程内容资源和创造性课程条件资源两方面保障不足的原因分析表明，创造性人才培养的课程目标不明甚至缺失是创造性课程资源保障不足的主要原因之一。按照教育系统的二元分割理论，教育资源系统是教育目标系统中大小目标实现的资源条件，而教育目标系统中的大小目标则是教育资源系统存在的前提和其中各种资源配置的依据，因此，要解决创造性课程资源的保障问题，必须建立能提供保障依据的创造性人才培养的课程目标系

统，即创造性课程目标系统。具体措施如下：

5.3.1　正确认识目标及其系统

要建立创造性课程目标系统，首先须对创造性人才培养目标、创造性课程目标及其目标系统有一个正确而清晰的认识。把一个人培养成某一专业领域的创造性人才，其中包含了许许多多的创造性培养目标。从人的发展角度看，有各阶段性目标；从创造性人才特征来看有素质性目标、素养性目标、能力性目标等；从创造的领域来看，还有学科领域性目标、专业领域性目标等。目标往往可以分解成若干子目标，而子目标也往往可以分解成若干次一层级的子目标，由此形成了一个目标系统，呈现出目标的层级性和系统性。据此，从幼儿开始把一个人培养成某一专业领域的创造性人才，其中所包含的若干创造性培养目标其实也构成了一个目标系统，即创造性人才培养的目标系统。而该目标系统中的大小目标，往往是人们根据各领域创造活动对人才的客观要求和培养对象各阶段的身心特点尤其是认知特点进行综合分析而设立的，目标设立的理性程度受制于设立者在各领域创造活动对人才的客观要求和培养对象各阶段的身心特点尤其是认知特点等方面的认识水平。同时，创造性人才培养的目标系统中大小目标的实现有赖于创造性课程的形式，在创造性课程资源的支持下，通过课程教学的方式去实现。但创造性人才培养的目标系统中大小目标的设立，往往没有对创造性课程资源条件给予足够的考虑，况且目标的设立者未必能对创造性课程资源条件有足够的认识和对整个创造性课程资源条件的保障状况有足够的了解。这就意味着，创造性人才培养的目标系统中有些目标理论上很重要，是应当设立的，但现实中暂时还难以实现甚至不能实现。

既然创造性人才培养的目标系统中大小目标的实现有赖于创造性课程，如前所述，创造性课程其实也是一个系统，叫创造性课程系统，那么，创造性课程系统的目标系统通常就是创造性人才培养的目标系统中子系统。因为构建的创造性课程系统不一定能涵盖创造性人才培养的目标系统中所有的大小目标，尤其是暂时还不能实现的目标。至此，笔者认为：(1)创造性课程目标系统中的大小目标应该是创造性人才培养的目标系统中能够经过努力可以实现的子目标，不能实现的子目标不必纳入创造性课程目标系统之中；(2)建立创造性人才培养的目标系统是必要的，可以为创造性课程建设指明努力的方向；(3)创造性课程目标系统与创造性人才培养的目标系统两者的构建理论和方法是相同的；(4)有限建立创造性人才培养的目标系统有利于创造性课程目标系统的构建。

5.3.2 科学确定系统的总目标

一般地，目标系统应该是由系统的总目标和若干层级子目标构成的。只要明确了系统的总目标和各种子目标及其所在的层级，则目标系统就能构建，创造性课程目标系统的构建也不例外。

要确定创造性课程目标系统的总目标，首先要看是什么样的创造性课程系统。创造性课程目标系统是创造性课程系统二元分割后得出的子系统，不同的创造性课程系统往往会有不同的创造性课程目标系统，基础教育阶段的创造性课程系统与高等教育阶段的创造性课程系统，它们相应的创造性课程目标系统是不一样的。因此，创造性课程目标系统总目标的确定要视具体情况而定。基础教育阶段的创造性课程系统，其创造性课程目标系统的总目标肯定是创造性人才培养目标系统里的阶段性子目标，因而，只要从创造性人才培养目标系统里选择合适的阶段性子目标，并将其设立为该阶段的创造性课程目标系统的总目标即可。而高等教育阶段的创造性课程系统，其创造性课程目标系统的总目标往往是某一专业学科领域创造性人才培养目标系统的总目标(也简称为创造性人才培养的总目标)，当然也可能是其中的子目标，这要依据创造性课程系统的层级而定。一般地，某一专业学科领域创造性人才培养的总目标一旦确立，则可以用以下的方法步骤来构建该专业学科领域创造性人才培养的目标系统，进而可以选择其中的一个合适的阶段性子目标作为该阶段创造性课程目标系统的总目标，因而，最为关键的是专业学科领域创造性人才培养的总目标的确立。

而要确立某一专业学科领域创造性人才培养的总目标，有效的办法是该领域众多的专家学者能结合自身的创造性实践，研究总结该领域创造活动对人才的具体要求和创造性人才领域性特征，遵循教育规律和培养对象创造力发展规律，对该领域创造性人才培养质量进行概括性的提炼与预设。例如，针对创造性教师培养的总目标，笔者从专业性创造性人才特征和领域性教师特征两个方面，结合自身的实践体会，经过比较系统的分析和研究，概括性地提出了，创造性教师必须具有良好的教育创新素质与创造教育素质、较高的教育创新素养与创造教育理论素养、较强的教育创新能力与创造教育能力，以便于他们在具体的教育教学工作中能够通过教育教学改革创新，卓有成效地进行以开发学生创造潜能为核心目的的创造性人才培养实践。

5.3.3　分解推断以探求子目标

所谓分解推断，是指从系统的总目标出发，各层级目标进行分解，从而推断出下一层级子目标。具体来说，是要实现这一目标，必须首先实现哪几个次级子目标，然后再对每一个次级子目标进行同样的分解推断，又得出该次级子目标的更次一级的子目标，如此分解下去，往往可以得出很多子目标及其所在层级。从第二章创造性人才培养目标的定位分析可以得出，创造性人才培养的总目标可以分解出素质目标、素养目标和能力目标等三个一级目标，创新素质目标又可以分解出创新意识、创新情感、创新勇气、创新精神、创新意志、创新信念等若干二级目标，如此分解下去。同时对这些子目标都赋予具体的内涵，如，创新情感是指对创新的欲望、冲动、激情，对创新的热爱和执着追求的情感；创新勇气是指敢想、敢干、敢于进行创新实践，敢于突破传统，敢于不断追求思想的解放，敢于踩在巨人的肩膀上追求新的境界，敢于挑战、善于挑战的勇气；等等。

目标的分解可以按照不同的分解维度而有不同的分解结果，如，创造性教师的培养目标可以按照素质、素养、能力三个维度来分解特色目标，如图5.1所示，也可以按照教育创新与创造教育两个维度来分解特色目标，如图5.2所示，甚至在某一层级子目标可以有更多种的分解维度。但不论按照哪种分解办法，都会得到共同的目标元素。当然图中只列出了部分层级子目标，要把所有层级、所有子目标都分解出来，还不是一件很容易的事，因为分解推断是人的一种逻辑思辨活动，取决于人的逻辑思辨能力和想象能力。虽然分解推断是探求创造性课程子目标的良策，然而，在具体的分解推断的过程中，由于人们的逻辑思辨能力和想象能力及其发挥常常有不同程度的局限性，抑或有粗心习惯或其他干扰因素等，有时一些客观要求必须具有的子目标被忽视或遗漏却是难以避免的。由此导致搭建的创造性课程目标系统因缺失必要的子目标而会降低其科学性。因此，要建立科学性强的创造性课程目标系统，还需要进行需求分析。

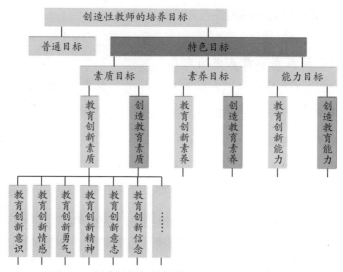

图5.1   创造性教师的培养目标三维分解示意图

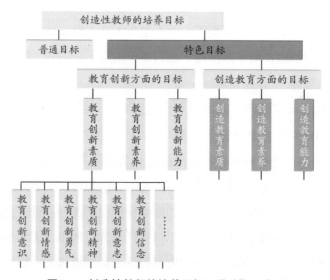

图5.2   创造性教师的培养目标二维分解示意图

5.3.4　需求分析以增强科学性

"需求"是指由需要而产生的要求。① 同理，这里的"需求"更具体，是指因客观世界(如创造活动)的需要而产生的对创造性人才及其培养的要求。这里的"需求分析"是指，站在因客观世界的需要而对创造性人才及其培养产生诸多要求的视角，来分析创造性课程目标系统中诸多层级的应然子目标(即应该具有的子目标)。如上所述，单纯的分解推断还难以穷尽诸多层级的所有的应然子目标，如果一些应然子目标，特别是其中非常重要的应然子目标没有进入创造性课程目标系统中，这将有损该创造性课程目标系统的科学性，因此，有必要开展需求分析以增强其科学性。诚然，创造性人才培养大小目标的确立取决于对创造性人才质性要求的预先设定，这些预先设定的质性要求又取决于客观世界对创造性人才的现实要求，这些现实要求来源于社会对创造性人才及其培养的质性要求、学生个体创造力发展的客观规律，以及在具体的创造性实践中所面临的各种挑战等诸多方面。例如，高等教育与基础教育对创造性人才培养的侧重点是不一样的，二者有本质的区别。基础教育强调基础性，强调在充分尊重青少年儿童创造力发展规律的基础上侧重于包括创新精神在内的学生创新素质的培养，更为高等教育输送具有良好创新素质的毕业生。而高等教育则强调实用性，强调创新素质、创新素养和创新能力的全面发展，并且与所学专业结合起来，为社会输送专业性的优秀创造性人才。显然，客观要求不同，培养目标肯定有本质的区别；而且不同专业学科的创造性人才培养目标除了共性以外，还应该有鲜明的个性。如果只注重共性，那么，就难免会忽视或遗漏那些个性化的培养目标。

以创造性教师为例，创造性教师从事创造教育实践，客观上对创造性教师在素质、素养和能力等方面有一些具体要求。例如，在创造性人才培养实践中，各学科创造性教师必须结合学科教学而实施有效的创新(造)教育，这就要求他们必须具有开发和利用创造性课程内容资源的意识和能力。其中最为基本

---

① 中国社会科学院语言研究所词典编辑室. 现代汉语词典 [M]. 北京：商务印书馆 .2016:
　1470.

的要求是，能发现客观存在的创造性素材资源，并把它们加工成即用性的创造性课程内容资源，且能有效地用于创造性人才的培养实践，这也是创造性教师必须从事的特色工作。所谓创造性素材资源，就是指有待开发和利用的创造性课程内容资源，是待优性课程内容资源。例如，语文教材中蕴含着丰富的创造性素材资源，关键是要靠教师的慧眼把它们开发出来，才会在语文创造教育中体现它们的重要作用。在小学语文创造教育中，充分发现、科学加工和合理利用教材中的创造教育素材资源，应该是激发学生的创造动机、开发学生创造潜力、提高创造教育绩效的良策。"创造性素材资源的发现、加工和利用"这些特色工作说明，创造性教师必须提高对创造性素材资源的认知水平和敏感性，必须掌握发现创造性素材资源的方法和途径，必须掌握加工和利用创造性素材资源的方法和技巧，学会创设问题情境，学会给学生提出合适的问题，这些就应该成为创造性教师培养的子目标，并纳入创造性教师培养的课程目标系统之中。然而，这些却不必成为非师范专业创造性人才培养的子目标，更无须纳入课程目标系统之中。

当然，对创造性人才的客观需求与其培养目标之间并非一一对应的简单函数关系。因为，一方面，一个客观需求很可能隐含着多个培养目标。例如，要求创造性人才必须具有创造性思维能力，这是对创造性人才的基本需求，这个基本需求就隐含了多个培养目标，如创造性人才必须具有发散性思维能力、联想思维能力、思维定式摆脱能力，等等。此外，不同的专业学科，创造规律也常常有专业学科的烙印，反映在思维上，创造性思维应该有明显的专业学科特点。至少可以说，文学艺术上的创造与科学技术上的创造，其创造性思维规律应该有明显的不同之处。这就是说，虽然都是要求培养学生的创造性思维能力，但不同的创造性人才其创造性思维能力培养目标的内涵却有不同之处。另一方面，多个客观需求也很有可能隐含着若干个共同的培养目标。以培养创造性教师为例，如要求创造性教师能有效地保护学生的创新火花，能有效地开展创造性思维的教学，能有效地培养学生的创新精神，等等，这些要求中就隐含着一个共同的培养目标，即对创造性思维的结果——创造性设想(或叫"创意")

要有较强的评价与鉴赏能力。

此外，由于人们对创造性人才的客观要求很可能存在认识上的片面性和肤浅性，许多客观要求往往不一定都能被人们认识和提出，还处于隐性的或潜在的状态，所以，这些客观要求暂时还不能转变为创造性人才的培养需求而纳入目标系统之中。这就要求人们大力加强理论研究和实践探索，与时俱进，高瞻远瞩，将那些处于隐性或潜在状态的客观要求探寻出来，才能确保培养目标尽可能地不被忽视和遗漏。

以上分析充分说明，在探寻各专业学科领域创造性实践中的各种需求的基础上，同时结合创造力发展的阶段性特点，通过对这些需求进行解析，总结归纳出具体的培养目标——即进行需求分析，这是构建科学的创造性人才培养目标系统非常有效的举措。

5.3.5　系统架构与模块化处理

如前所述，通过分解推断可以为某类创造性人才的培养搭建一个比较粗犷的目标系统，通过需求分析可以探寻到尽可能多的应然子目标，但仅有这两个举措还远远不够，因为目标系统不是各种目标的堆砌，是系统，是有机的整体。因此，还必须在分解推断和需求分析的基础上，充分分析各子目标的性质特点，从纵向和横向两个方面来确定子目标与子目标之间的逻辑关系，从而才能为某类创造性人才的培养构建一个比较完善的目标系统，这就是系统架构。系统架构的实质就是要通过确定每一个子目标在系统中的层级和应有的位置来构建目标系统。其中特别应该要注意的关键环节，就是要充分分析各子目标的性质特点，确定子目标与子目标之间的逻辑关系，如纵向的上下层级关系、横向的同级关系等。

以创造性教师的培养为例，就是在分解推断和需求分析的基础上，通过系统架构，将分解推断和需求分析得出的大量的子目标有机地组织起来，构建一个比较完善的创造性教师培养的课程目标系统。当然要绘制出比较详细的创造性教师培养的课程目标系统结构图是很不容易的，因为创造性教师培养的课程目标系统是庞大的，其中的大小子目标很多，而且大小子目标之间纵横关系也非常复杂，要用图示的办法来表达课程目标系统的结构有时候是很困难的，如图5.3所示的这几个目标之间的关系就不是很简单。比较理想的办法是进行模块化处理，就是将某一层级的子目标拿出来进行目标子系统的架构。

例如，"创造性教师应当具有创造性课程资源的开发与利用能力"，"创造性教师应当具有规避和化解学生创造方面的自卑心理的能力"，它们是创造性教师培养的课程目标系统中的两个子目标，这两个子目标可以分别单独进行系统架构，形成的两个子系统就是两个模块。图5.3的目标D、E、F，就是三个大的模块，也就是三个目标子系统。模块化处理的优点就是不必将所有的子目标放在同一张图纸上，能提纲挈领地把握目标子系统的基本概况。如图5.3就是一个高层级模块，要达到目标A，只要知道达到目标B、C、D、E、F即可实现，而不必知道其他层级的子目标情况。模块化处理的另一优点是便于课程与课程资源系统的组建。从图5.3中可以得知，培养创造性教师应组建三门特色课程，即创造学、创造心理学和创造教育学。

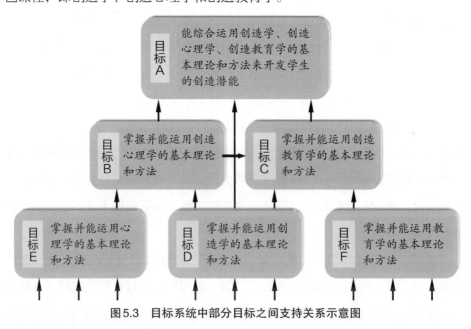

图5.3　目标系统中部分目标之间支持关系示意图

5.4　加强资源研究，增强保障能力

许多保障主体并不熟悉培养创造性人才究竟需要什么样的创造性课程资源条件，因而无法采取有力的保障措施，有时甚至能努力的方向都找不到，因此，必须大力加强对创造性课程资源的研究，以增强保障能力。具体措施如下：

5.4.1　以建资源库为目标

这里的资源库是指创造性课程资源数据库，它是由各种创造性课程资源的方方面面的信息组成的数据库，其所包含的创造性课程资源中，既有各种创造性课程内容资源，如各种案例性的素材资源等；也有各种创造性课程条件资源，如创造性教师等。目前，笔者还没有发现一个专门为培养创造性人才而创建的比较成熟的创造性课程资源数据库。

数据库是某个研究领域、研究对象所涉及的数据的综合，它不仅反映数据本身的内容，而且还反映数据之间的联系，数据库具有信息检索、数据共享和决策支持等作用。在信息技术异常发达的今天，在非常成熟的数据库技术的支持下，一个比较成熟的创造性课程资源数据库应该能在创造性人才培养的课程资源条件保障过程中发挥非常重要的积极作用。其一，通过互联网可以实现在全国甚至全球范围内的共享。其二，任何一个注册登录者随时都可以在创造性课程资源数据库中提取自己所需的信息，如要培养某种质量要求的创造性人才，所需配置的各种创造性课程内容资源可以从数据库中直接提取，所需配置的实验条件也可以从数据库中直接提取各种信息，大大提高了工作效率。其三，可以大大提高创造性课程资源配置方案的质量和选择度。因为在没有数据库支持的情况下，配置主体由于受到自己所掌握的知识与信息的局限，往往很难提供更多的优质的配置方案；相反有了数据库的支持，配置主体可以从数据库中检索到很多有关创造性课程资源的质量、成本、匹配性、应用条件等各种信息，并在制订配置方案时会给予充分考虑和尊重，从而使配置方案更加理性，更加科学，有更多的选择。其四，创造性人才培养的课程资源条件更容易得到充足的保障。因为配置方案有更多的选择，其中必有可行的更容易实施的

方案。

既然创造性课程资源数据库应该能在创造性人才培养的课程资源条件保障过程中发挥非常重要的积极作用，那么，加强创造性课程资源的研究不仅是必要的，而且应以创建创造性课程资源数据库为目标，并围绕着这个目标来开展研究。

5.4.2 以分类研究为途径

数据库必须对信息进行存储和管理，代表信息的数据必须按照一定的结构和原则存储于计算机中，类似于我们在仓库中存放物品，存储的第一步就是确定物品的分类，如规格、型号等。同样，要创建创造性课程资源数据库，对创造性课程资源进行分类是必不可少的。创造性课程资源种类繁多，如果不对创造性课程资源进行分类，创造性课程资源数据库就很难建立，即使建立了数据库，也很难发挥信息检索、数据共享和决策支持等作用。

通过对创造性课程资源进行分类研究，可以建立创造性课程资源分类体系，从而把各种各样的创造性课程资源系统地、清晰地呈现在人们面前。按照创造性课程资源的分类体系，很容易对各种创造性课程资源进行信息编码，便于信息的存储和数据库的建设，更能充分实现信息检索、数据共享和决策支持等功能，从而能在创造性人才培养的课程资源条件保障过程中发挥非常重要的积极作用。因此，对创造性课程资源进行的分类研究是研究创造性课程资源、创建创造性课程资源数据库的重要途径。

笔者对创造性课程资源进行过分类，如进行一级分类把创造性课程资源分为创造性课程内容资源和创造性课程条件资源，再按照功能用途把创造性课程内容资源进行二级分类，分为素质类创造性课程内容资源、素养类创造性课程内容资源、能力类创造性课程内容资源，此外也按其他标准进行过二级分类。但笔者的分类还很肤浅，并未建立非常严格的创造性课程资源的分类体系，因为目前的研究深度还远远不足以建立非常严格的创造性课程资源分类体系，况且建立创造性课程资源分类体系并非本书的研究重点，但这也恰恰说明应该加强对创造性课程资源分类体系的研究，当然这也正是笔者将来应该努力的方向。

5.4.3 以属性研究为重点

分类是以比较为基础，按照事物间性质的异同，将相同性质的对象归为一类，不同性质的对象归入不同类别的思维方法[1]。对事物进行分类，须具备以下三个要素：被划分的对象，划分后所得的类概念，划分的标准。分类的关键在于正确地选择分类标准，一个科学的分类标准必须能够把所需要分类的对象进行既不重复且无遗漏的划分。如果要建立非常严格的创造性课程资源分类体系，首先，必须物色大量的各种各类创造性课程资源为研究对象；其次，要充分研究各种各类创造性课程资源的性质特点，并选择科学的分类标准；再次，必须研究和界定各层级子类的类概念。

创造性课程资源的各种性质特点都是其属性，创造性课程资源每一条属性都是表征该创造性课程资源的一条信息，都可进行编码而成为创造性课程资源数据库的数据。因此，研究创造性课程资源的各种属性，对创造性课程资源分类体系的建立和创造性课程资源数据库的建设来说是非常重要的，但研究创造性课程资源各种属性的重要性远远不止这些。

一般地，创造性课程资源从开发到利用的各个环节中通常都是要消耗非常紧缺的教育财力资源，因此，对创造性课程资源的配置科学化、利用充分化、浪费最小化是我们永恒的追求，而其中不可或缺的基础性工作应该是全面地、系统地认识各种创造性课程资源。[2]正如"知人善用"，要做到善用，"知"是第一步。所谓"认识创造性课程资源"，就是要充分了解创造性课程资源的各种属性。

笔者曾经认真研究技术性教育资源的基本性质，发现技术性教育资源有

---

[1] 马忠林.《数学思维方法》[M].南宁：广西教育出版社，1996：112.

[2] 王伟清.论"教育资源学"创生的必要性[J].湖南科技大学学报社科版.2006（4）：122-123.

诸如技术性、教育效用性、相对稀缺性、多样性、代级性、可替代性、效用条件性和效用时序性等基本性质，其中技术性和教育效用性则是技术性教育资源有别于它类资源的本质属性。[①] 后来又专门针对技术性教育资源的教育效用性进行了比较深入的研究，发现教育效用性是技术性教育资源有别于它类技术性资源的本质属性，并在助教、助学、助管、助研等几个方面有极为丰富多彩的表现。技术性教育资源的功能和性能是决定其教育效用性及其发挥程度的内在的根本因素，而它运行的环境资源条件则是外在因素。要充分发挥技术性教育资源的教育效用性，必须从功能与技术属性入手充分发掘其各种教育效用性，从技术与教育两方面努力，以追求其技术性与教育性的有机结合，同时要充分尊重其效用条件性和效用时序性的特点，科学配置发挥其教育效用性的各种资源条件，并按序安排使用。

例如，计算机是一种技术性教育资源，一般地，新购置的计算机处于性能相对稳定阶段，通常不出故障，好用，此时人们一般都是利用它运算方面的功能属性，广泛应用于教学、管理、实验等教育教学环节来发挥其教育效用性。计算机在使用相当长的一段时间之后，就会进入性能很不稳定阶段。一方面计算机本身硬件的性能在下降，另一方面运行的软件环境却在提升，于是软硬件的匹配性下降。如一台计算机配置的硬件与 windows98 匹配得很好，几年以后 windows 升级出现了 windows XP，此时软硬件的匹配性往往不如以前。因而常常会出现运行速度太慢、性能很不稳定、经常反复地出故障等令人头疼的性状。然而笔者研究发现这些令人头疼的性状却具有非常好的教育效用性（即课程效用性），即可以用来培养教育技术学专业和计算机专业学生应该掌握的计算机与网络故障的发现、诊断与解决能力，亦即可以创造性课程资源。再使用一段时间以后，计算机进入瘫痪报废阶段，此时如果将各代级淘汰下来的计算机汇集到一起，则这些进入瘫痪报废阶段的计算机仍然具有另外两方面的教育效用性（即课程效用性），其一可以形象生动地展示计算机的发展史；其二

---

① 王伟清. 论技术性教育资源的基本性质 [J]. 电话教育研究. 2011(1)：60-63.

可以作为培养学生计算机创新能力的创造性课程资源。因为计算机发展的历史本身就是一部创新的历史，可以让学生自己去研究、发现、总结计算机的创新规律。显而易见，计算机这三个阶段的教育效用性都是不一样的，且有明显的效用时序性。如果我们打破计算机的这种效用时序性，就会发现这很不科学，如若用性能稳定的计算机来培养学生的计算机故障的发现、诊断与解决能力，则既不经济也难如愿；若用性能稳定的计算机来展示计算机的发展史，则是严重的闲置和浪费。

笔者在担任我院实验室主任期间，根据自己对计算机的教育效用性研究，将通常淘汰下来的具有运行速度太慢、性能很不稳定、经常反复出故障等令人头疼性状的计算机汇集到一起创建了一个"计算机网络病理实验室"，以培养教育技术学专业学生应该掌握的计算机与网络故障的发现、诊断与解决能力。经过几年的实践证明该实验室既培养了学生的能力特别是创新能力，又使计算机的使用寿命延长了几年，对计算机的利用更加充分。不仅如此，笔者还找到了一条最为廉价的开发途径，即通过研究属性把普通"废物"开发成甚至是永久性使用的优质创造性课程资源。

总之，研究事物的各种属性有利于开发创造性课程资源，研究创造性课程资源的各种属性有利于把握创造性课程资源之间的关系，有利于充分发挥创造性课程资源的课程效用性，提高创造性课程资源的利用效率，有利于创造性课程资源的分类，有利于创造性课程资源数据库的建设，从而有利于创造性课程资源的保障，因此，应该以创造性课程资源的属性研究为重点。

5.4.4 以学科建设为后盾

学科建设就是以学科梯队为主体，以一定学科为研究对象，通过必要的物质条件和手段，服从社会需要，不断改善学术活动条件和创造知识，持续为社会经济发展服务和不断培养高水平人才的过程。学科建设的基本内容主要包括：(1)学科方向建设——凝练学科方向，这是学科建设的基础；(2)学科梯队建设——汇聚学科队伍，这是学科建设的关键；(3)学科平台建设——构筑学科平台，这是学科建设的依托；(4)学科项目建设——争创学科立项，这是学科建设的载体；(5)学术氛围建设——营造学术氛围，这是学科建设的软环境。[①] 要加强对创造性课程资源的研究应以学科建设为后盾，因为创造性课程资源的研究也需要学科依托，凝练成重要的学科方向，需要汇聚一支强有力的学科队伍，需要有良好的学科平台和学术氛围，也需要通过学科立项获得经费支持。

关于创造性课程资源的学科依托问题，表面上看来，创造性课程资源似乎依托于课程论是最合适的。但课程论的研究范围包括课程设计和课程实践这两个方面，前者就是课程编制，包括制订教学计划、教学大纲，甚至编写教科书也可算作编制课程的工作；后者就是教学。显然，创造性课程资源超出了课程论的研究范围，这就意味着创造性课程资源依托于课程论是不合适的。笔者以为，创造性课程资源属于教育资源的范畴，也是教育资源学的研究对象。教育资源学是研究教育资源的本质、分类、规划、配置、管理、抑制浪费及各类教育资源的性质、特点、功能、分布、开发、利用、评价等规律的科学。或者教育资源学是研究教育资源及其开发、管理、规划、配置、利用、评价、抑制浪费等规律的科学。教育资源学的研究对象是教育资源与教育资源系统，即，凡是教育实践所需的各种资源及其所形成的资源系统均是教育资源学研究的对象。其中，教育资源系统是由各种教育资源组成的具有某种功能的有机的整体。[②] 教育资源学的研究对象具有游离性，即目前还没有哪门学科能够完全覆盖教育资源学的研究对象。[③] 教育资源学属于交叉学科性质，是教育科学与资源科学相互交叉、相互渗透而产生的中间学科。它如同水资源学、种质资源学一样，属于资源科学的分支。同时，它也如同教育经济学、教育管理学、教育人口学等学科一样，是教育学这个大家庭中的一员。显而易见，创造性课程资源应当是教育资源学研究的重要对象和内容。虽然教育资源学是一门有待创建

① 刘贵富，朱俊义.论学科建设与专业建设的辩证关系 [J].黑龙江高教研究，2008(3)：23-26.

② 王伟清.论"教育资源学"创生的必要性 [J].湖南科技大学学报，2006(4)：119-123.

③ 王伟清.论教育资源的"游离性" [J].中南林学院学报，2007(3)：173-174.

的学科，在教育科学体系中还没有取得其应有的学科地位，但笔者在刘成武、黄利民等学者编著的《资源科学概论》中找到了孙鸿烈等学者提出的资源科学的学科体系，如图5.4，从中发现了教育资源学是隶属于社会资源学下面的一个分支学科；而且教育资源学的创生具有非常深远的理论与现实意义，时代在呼唤着教育资源学的创生。因此，要加强对创造性课程资源的研究，完全可以依托于教育资源学学科建设这个后盾，作为教育资源学重要的学科方向，构筑学科平台，争创学科立项，营造学术氛围，汇聚学科队伍，来攻克关于创造性课程资源的性质、特点、功能、分类、规划、管理、分布、开发、配置、利用、评价、抑制浪费等理论与实践问题，形成比较系统的创造性课程资源理论，为创造性人才培养提供强有力的理论支持，也大大增强创造性课程资源保障主体的保障能力。

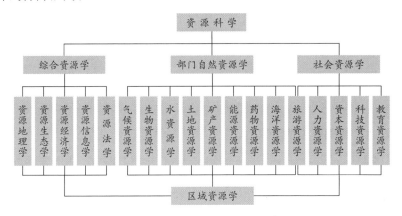

图5.4　资源科学的学科体系①

5.5　加强理论研究，增强保障理性

创造性课程资源的保障主体最直接的保障行为有二：其一是创造性课程资源的开发，这是确保培养某种规格要求的创造性人才所需的创造性课程资

① 孙鸿烈. 中国资源科学百科全书 [M]. 北京：中国大百科全书出版社，石油大学出版社：2000.

源得到及时而有效的供给。其二是创造性课程资源的配置，这是确保通过配置所需的创造性课程资源而构建和维护的创造性课程资源系统具备实现某种创造性人才培养目标的能力，即该创造性课程资源系统能够培养出合乎某种规格要求的创造性人才。然而，正如前文所述，由于理论的欠缺与滞后，导致主体的保障行为理性不足而盲目有余，正所谓没有理论指导的实践是盲目的实践！为此，必须加强创造性课程资源的开发与配置理论研究，提高保障的行为理性。

5.5.1 加强创造性课程资源的开发理论研究，提高供给理性

迄今为止，笔者未见有比较成熟的关于创造性课程资源的开发理论。鉴于教育技术学的"九四定义"，学习资源的开发是教育技术学研究的重要内容之一，而学习资源也属于教育资源的范畴，与课程资源同为教育资源的子概念，从理论上来说，应该可以借鉴教育技术学的学习资源开发理论来研究和开发创造性课程资源，然而，笔者未能如愿。因此，应当研究创建创造性课程资源的开发理论来指导创造性课程资源的开发实践。问题是，如何创建创造性课程资源的开发理论呢？

5.5.1.1 探明开发的含义

《汉语规范词典》给"开发"下的定义为：(1)通过垦殖、开采等手段利用原来没有利用的自然资源；(2)发现并利用；(3)创造研制。[①] 从前面两点可以看出，开发的对象是客观上已经存在的东西，即实有之物，如自然资源等，而且这些实有之物往往处于隐匿状态；开发的方式手段是垦殖、开采或寻找、发现，目的是为了利用客观上已经存在的实有之物。从第三点可以看出，开发的对象是客观上尚不存在的东西，即实无之物；开发的方式手段是创造与研制，目的虽未说明，但应该也是为了利用，因为想用而又无物可用，只好通过创造与研制，使实无之物变为实有之物，然后再用之。

笔者认为，"开发"绝对不等于"利用"，开发的原因是想用而无即用之物，

---

① 李行健.现代汉语规范词典 [M].北京：语文出版社，2004：729.

开发的目的也就是为了利用即用之物，开发的目标就是要得到即用之物。这里的即用之物，就是指满足要求的、可直接利用之物。为了得到满足要求的即用之物，在开发的过程中，首先必须做出判断客观上是否存在该即用之物，或者是否存在可以加工成该即用之物的"原料"，然后依据判断结论采用相应的方式手段去开发。显然，开发往往还应有一个加工优化的过程。

于是，笔者将"开发"定义为：所谓开发，就是指通过寻找、发现或垦殖、开采实在之物，或者通过创造、研制使原来不存在的实无之物变为实在之物，并进行加工优化等手段来获取即用之物的实践活动。图5.5清晰地表达了"开发"定义里的两层含义：其一，通过寻找、发现或垦殖、开采已经存在的实在之物，并进行加工优化，以获取即用之物；其二，通过创造、研制，使原来不存在的实无之物变为实在之物，并进行加工优化，以获取即用之物。

图5.5　"开发"含义与流程示意图

5.5.1.2　由开发的含义演绎到创造性课程资源的开发

上述的开发含义同样适用于课程资源的开发，当然也适用于创造性课程资源的开发，但包括创造性课程资源在内的课程资源有其特殊性，显然有别于诸如煤炭、石油等自然资源。结合第三章关于创造性课程资源的分类，笔者认为，创造性课程资源的开发也有三个层面的含义：其一，对于创造性课程资源中的实在性课程资源而言，创造性课程资源的开发就是指寻找、发现那些客观需要的实在性课程资源，尤其是其中的隐性课程资源；其二，对于创造性课程资源中的实无性课程资源而言，创造性课程资源的开发就是指通过创造、研制使原来不存在但客观需要的实无性课程资源变为实在性课程资源；其三，对于创造性课程资源中的待优性课程资源而言，创造性课程资源的开发就是指加工优化待优性课程资源以获取即用性课程资源。创造性课程资源的开发同样可以用图5.6来表达其含义：

图5.6 "创造性课程资源的开发"含义与流程示意图

相对而言，这三个层面中，第二个层面是最难的。虽然能自行创造出一些创造性课程资源，当然是一件令人欣慰的事情，但是对很多课程资源开发者而言，提出如此高的要求，无疑是不切实际的，也容易丧失信心。因此，要求开发者努力发现和科学加工已经存在的创造性课程资源，这样更为现实。

5.5.1.3 探明研究内容，构建理论框架

笔者以为，关于创造性课程资源的开发应当要研究的问题主要有：(1)创造性课程资源开发的主体问题——主要探讨有哪些开发主体，各开发主体的职责有哪些，哪些主体可以开发哪些创造性课程资源，哪些创造性课程资源需要哪些主体去开发。(2)指导主体开发的科学理论问题——主要探讨有哪些科学理论可以用来指导主体的开发实践，可以起到哪些指导作用，如果没有这些理论的指导则可能出现的负面情况是什么。(3)创造性课程资源开发的途径问题——主要探讨有哪些开发途径，通过哪些途径可以开发哪些创造性课程资源，哪些创造性课程资源需要通过哪些途径去开发。(4)创造性课程资源开发的方法步骤问题——主要探讨有哪些开发方法，哪些方法可以开发哪些创造性课程资源，哪些创造性课程资源需要哪些方法去开发，各种方法的操作步骤有哪些。(5)创造性课程资源开发的评价问题——主要探讨评价什么以及如何评价问题，如何评价开发出来的创造性课程资源的质量问题，如何评价开发的成本问题，有何评价指标体系和评价标准，等等。

加强对这些问题的研究，系统地探明创造性课程资源的开发规律，必将建立创造性课程资源开发的理论体系，再用于指导人们开发创造性课程资源的具体实践，必将在很大程度上降低开发的成本和盲目性，提高开发的质量和效率，从而增强创造性课程资源供给的理性。

5.5.2　加强创造性课程资源的配置理论研究，提高配置理性

目前能够用于指导创造性课程资源配置的基本理论是来源于经济学的教育资源配置理论，由第四章的分析可知，来源于经济学的教育资源配置理论实质上是一种教育资源供给主导配置的分配理论，本身具有明显的局限性，用于指导创造性课程资源的配置并不合适。创造性课程资源的配置是创造性课程资源保障的基本措施，因此，应当研究创建创造性课程资源的配置理论来指导创造性课程资源的配置实践，其中首先要解决的是究竟什么是教育资源的配置。

5.5.2.1　探明教育资源配置的行为特点——需求主导下的系统行为

深入分析教育资源配置理论方面的种种局限，以及实践方面的诸如生存性短缺[①]、观光电梯之类的奢侈性浪费[②]等种种问题，笔者对教育资源配置概念做了一些发展性探索，发现教育资源配置不等于教育资源分配，它实质上是需求主导下的系统行为。

其一，教育资源配置不等于教育资源分配。教育资源配置究竟是不是教育资源分配？我们不妨从"分配"与"配置"这两个基本概念的辨析入手。《现代汉语词典》对"分配"的解释是：(1)按一定的标准或规定分(东西)；(2)安排、分派；(3)经济学上指把生产资料分给生产单位或把消费资料分给消费者，分配的方式决定于社会制度。[③]笔者以为，分配是指掌握分配权力的分配者按照人为制定的某种规则或标准，将一定数量和品质的待分物流入到受体(待分物的接收者)的瓜分行为。分配的任务是把一定数量和品质的待分物瓜分给各个受体，瓜分行为终结，分配任务也就完成了。至于待分物流入到受体后起何作用，与受体中的其他成分有何关系等，这些都不是分配要考虑的问题。而配置

---

① 谈松华．"短缺教育"条件下的教育资源供给与配置：公平与效率 [J]. 教育研究，2001
　　(8)：7.

② 刘帅．从个案看公办高校非理性使用资金的原因及其对策 [J]. 现代商业，2007(23)：
　　230-231.

③ 中国社会科学院语言研究所词典编辑室．现代汉语词典 [M]. 北京：商务印书馆．2016：
　　381.

则不同，根据《现代汉语词典》，"配置"乃为配备、布置。[①] 依笔者的理解，配备是指依据需求方对配备物在数量、质量及其他属性等方面的实际需求而进行配给，使需求方在数量、质量及其他属性等方面具备所需的配备物；而布置是指依据配备物本身的性质特点及其之间的相互关系而确定它们的位置。如果是针对某一系统进行配置，那么还得要考虑系统的目标，此时的配备物即系统的元素，因此某一系统的配置绝不只是系统元素在数量、质量等方面的简单分配，还要考虑系统元素（即配备物）本身的性质特点及其之间的相互关系，以求最大限度地实现系统的目标。分配是以供给为主导，而配置则以需求为主导。显然，配置不等于分配，因此，教育资源配置不等于教育资源分配。

其二，教育资源系统与教育目标系统的相互依存关系决定了教育资源配置的依据和目的。教育资源配置与教育系统是密不可分的，因为一般都是为某一教育系统配置教育资源。按照前述教育系统的"二元分割"理论可知，包括教学系统、课程系统等在内的任何教育系统二元分割后得出的教育目标系统和教育资源系统，两者之间具有相互依存的层级对应关系，其中，教育资源系统是教育目标系统中的大小目标实现的资源条件，即任何层级教育教学目标都要靠一定层级的教育资源系统去实现，没有教育资源系统，教育目标系统中的大小目标的实现就是一句空话；而教育目标系统则是教育资源系统的灵魂与配置的依据，没有教育目标系统的教育资源系统就不能叫教育资源系统而只能是教育资源仓库或教育资源的堆砌。

教育资源系统是各种教育资源共同组成了具有一定功能的有机的整体，其功能就是要实现教育系统的系统目标，也就是实现相应的教育目标系统的总目标，因此，教育资源系统的功能总目标、教育目标系统的总目标及两者所在的教育系统的系统目标，三者是一致的，而且都要依靠教育资源系统去实现。因此，教育目标系统的总目标及其大小子目标一旦确立，就必须通过教育资源

---

① 中国社会科学院语言研究所词典编辑室. 现代汉语词典 [M]. 北京：商务印书馆 .2016:
980.

的配置来构建、完善和维护相应的教育资源系统以实现这些大小目标，这正是配置的目的所在。

其三，教育资源配置的系统性程度决定了教育资源系统运行效能的大小。系统运行的效能取决于系统要素的齐全程度和系统要素在数量、功能、性能、位置等方面的匹配程度，尤其是关键要素的齐全程度和关键要素之间的匹配程度。例如一台计算机是一个系统，如果没有 CPU，计算机就不能工作；如果主板和 CPU 不匹配，即人们通常所说的不兼容，计算机也不能工作。众所周知的木桶的短板效应，说明木桶装水的容量不是取决于长板而是取决于短板。但在笔者看来，木桶装水的容量更应该取决于板与板之间的匹配性，尤其是关键位置底板与底板之间、底板与立板之间的匹配性。如果底板与底板之间、底板与立板之间匹配程度不高，也就是有缝隙，那么木桶就会漏水，时间一长就会漏光。如果缺一块底板或者立板，那么结果就不言而喻了。

从系统科学的角度来看，教育资源系统同样如此。在教育资源系统中，各种要素亦即各种教育资源的齐全程度以及它们在数量、功能、性能、位置等方面的匹配程度，尤其是关键性教育资源的齐全程度及其之间的匹配程度，是决定教育资源系统的质量水平及其运行效能大小的主要因素。而教育资源系统无疑是教育资源配置行为的结果，因此，教育资源的配置不仅不可回避而且必须充分尊重各种配备物（即各种教育资源）本身的性质特点，必须慎重考虑各种配备物在所去的教育资源系统中所起的作用，以及在该教育资源系统中与其他元素之间的数量关系、功能关系、性能关系、位置关系等方面的匹配性问题，否则，配置出来的教育资源系统运行很可能会低效乏能，相应层级教育目标系统中大小目标的实现程度很可能会大打折扣。这又进一步说明，分配思想无法体现教育资源配置的系统性，不可以用"分配"的思想来实施教育资源的"配置"。例如，任何教育资源系统中都有不可或缺的元素，如学校最不可缺的是教师，物理学本科专业不可没有实验室，那么"无则不分"的思想显然是行不通的。总之，教育资源的配置实质上是一种系统行为，必须具有系统性，正是这种系统性决定了配置出来的教育资源系统的运行效能。

其四，教育资源配置的根本任务是构建、完善和维护某一教育资源系统。教育资源配置不仅仅是分配教育资源，最主要的、最根本的任务是构建、完善和维护某一教育资源系统，以最大限度地实现相应的教育目标系统中的大小目标。这个根本任务包含两种情况：(1)对于一个只构建了教育目标系统的教育系统来说，教育资源配置的任务就是依据这个教育目标系统的大小目标，通过配置各种教育资源来新建一个与该教育目标系统相对应的教育资源子系统，并使之不断完善，从而使该教育系统具有实现其教育目标系统中大小目标的资源条件，如新建一个学校或专业。(2)对于一个具有教育目标系统与教育资源系统的教育系统来说，在教育资源系统运行的过程中必然伴随着其教育资源的不断消耗和磨损，由此导致系统教育资源总量逐渐减少，许多教育资源的品质逐渐降低，教育资源之间的匹配性和系统结构的合理性也会逐渐降低，教育资源系统实现目标的能力(即运行效能)也在下降。因此，任何教育资源系统其完善的状态总是相对的、暂时的，不完善才是绝对的和永恒的。教育资源配置的任务就是通过补充、更换和优化这个教育资源系统所需的各种教育资源来优化和完善该教育资源系统，维持其正常运转，从而使该教育系统具有实现其教育目标系统中大小目标的资源条件。

其五，教育资源的配置应当以客观需求为主导。无论哪种情况，我们都可以看出教育资源的配置实质上是一种以最大限度地实现所配置的教育系统的系统目标为指针的系统行为，而非无目的的、孤立的随机行为。其鲜明的特点是，教育资源配置应以需求为主导，而不是以供给为主导。所谓以需求为主导，就是指由客观需求来决定配置教育资源的种类、品质和数量。这里的客观需求就是指要实现相应的教育目标系统中的大小目标必须具有的资源条件。客观上需要何种品质的教育资源就应当配置何种品质的教育资源；如果需要的教育资源尤其是起关键作用的教育资源没有配入，教育资源系统就不能正常运行，就会降低目标实现的数量和程度。客观上不需要配置的教育资源就不应该配入其内，否则就是浪费，甚至画蛇添足，适得其反。客观上需要多少教育资源就应当配置多少，不然的话，配多了就会造成浪费，配少了却会影响系统的正常运行。如果现实不能满足客观需求，即教育资源的供给不足，这并不能否定客观需求的这种主导地位，而恰恰只能说明目标设立太多，定位太高，不切实际，不可行，那就首先应当减少教育目标系统里大小目标的数量和降低目标水准，或者开发合适的教育资源来满足客观需求。

一个专业、学校乃至国家教育系统，大大小小的教育系统都有自己的系统目标，如每年的招生规模和人才培养质量的具体要求，往往会以官方文件的形式确立下来，这实质上就是确定系统目标，即把某种规模的学生培养成为符合某种质量要求的毕业生，而且系统目标可以分解出若干层级的大小目标，并构成一个目标系统。系统目标一旦以文件形式确立下来，就具有严肃性和原则性，就应该想方设法去实现，否则就是儿戏。系统目标的严肃性和原则性以及教育资源的稀缺性客观上要求教育资源配置者在配置教育资源时，要尽可能地确保配置行为的科学性和合理性，即在配置环节上要尽可能地确保系统目标最大限度地实现，同时又不浪费教育资源。因此，教育资源的配置必须以需求为主导，而不是以供给为主导。显而易见，上述以分配思想为核心的教育资源配置观就显得力不从心了，更何况人为制定的分配规则和分配标准很有可能缺乏科学性，而且还往往很难排除人情、人际关系、权钱交易等因素的干扰。

5.5.2.2　树立基于需求的教育资源配置系统观

通过上述关于教育资源配置行为特点的分析，可以得知，教育资源的配置确实不等于教育资源的分配，它实质上是一种以客观需求为主导的、以最大限度地实现所配置的教育系统之系统目标为指针的系统行为，而不是以供给为主导的、孤立的随机行为。结合上述关于"配置"基本含义的分析，笔者认为，所谓教育资源的配置就是指，根据某一待配教育系统已构建的教育目标系统对各种教育资源在质与量及其他属性等方面的需求而进行的配备，和依据这些教育资源本身的性质特点及其之间的相互关系而进行的布置，以构建、完善和维护能最大程度地实现该教育系统之系统目标的教育资源系统。这就是基于需求的教育资源配置系统观。

该系统观非常清晰地告诉了人们：(1)教育资源的配置前提是待配教育系统的教育目标系统已经构建；(2)配置任务不仅仅是分配教育资源，更主要的是通过配备和布置所需的教育资源来构建、完善和维护教育资源系统；(3)配置依据是待配教育系统的教育目标系统和所需的教育资源本身的性质特点及其之间的相互关系；(4)配置目的是能最大程度地实现该教育系统之系统目标；(5)配置视角不可局限于人、财、物等教育资源，而应放眼于整个待配教育系统的各种教育资源。

这个配置观在解决目前我国教育资源配置中存在着严重的不平等和结构性失衡问题，缩小在基础教育与高等教育之间、农村教育与城市教育之间、重点学校与薄弱学校之间、发达地区与欠发达地区之间的明显差距，雪中送炭，解决目前很多学校的教育资源供给严重的生存性短缺问题，确保每个教育资源系统正常运行，减少教育资源浪费和提高教育资源利用率，促进教育公平等方面应该具有积极的理论与现实意义。

5.5.2.3 由教育资源配置的系统观演绎到创造性课程资源的配置

如前所述，创造性课程资源也是一种教育资源，那么，教育资源的配置也应当包含创造性课程资源的配置，即教育资源配置的基本规律同样适应于创造性课程资源的配置，只不过此时的配置物是创造性课程资源，这里的教育系统和教育目标系统分别是指创造性人才培养的课程系统和课程目标系统，这里要构建和完善的是创造性人才培养的课程资源系统，这里的系统目标是指创造性人才培养的课程系统的目标，也就是该课程系统的子系统——课程目标系统的总目标。因此，所谓创造性课程资源的配置，就是指根据某一待配课程资源系统相应的已构建的课程目标系统，对各种创造性课程资源在质与量及其他属性等方面的需求而进行的配备，和依据这些课程资源本身的性质特点及其之间的相互关系而进行的布置，以构建和完善能最大限度地实现系统目标的课程资源系统。

这一定义揭示了创造性课程资源配置的几个方面的内涵：(1)配置前提是待

配创造性课程资源系统相应的创造性课程目标系统已经构建;(2)配置任务是通过配备和布置所需的创造性课程资源来构建和完善这个创造性课程资源系统;(3)配置依据是待配创造性课程资源系统相应的创造性课程目标系统和所需的创造性课程资源本身的性质特点及其之间的相互关系;(4)配置目的是能最大限度地实现该创造性课程资源系统相应的创造性课程目标系统中各种大小目标,即创造性人才培养的课程系统的目标;(5)配置视角不可局限于人、财、物等条件性课程资源,而应放眼于整个待配创造性资源课程系统的各种创造性课程资源。

5.5.2.4　探明研究内容,构建理论框架

笔者以为,关于创造性课程资源的配置应当要研究的问题主要有:(1)创造性课程资源配置的主体问题——主要探讨有哪些配置主体,各配置主体的职责有哪些,哪些主体可以配置哪些创造性课程资源,哪些创造性课程资源需要哪些主体去配置。(2)指导主体配置的科学理论问题——主要探讨有哪些科学理论可以用来指导主体的配置实践,可以起到哪些指导作用,如果没有这些理论的指导则可能出现的负面情况是什么。(3)创造性课程资源配置的原则问题——主要探讨约束主体配置行为的基本原则有哪些,为什么要提高到原则的高度,违背这些基本原则会导致的不良后果是什么。(4)创造性课程资源配置的策略问题——主要探讨主体配置创造性课程资源在什么情况下应该采取哪些策略,采取这些策略有什么好处。(5)创造性课程资源配置的方法步骤问题——主要探讨有哪些配置方法,哪些方法可以配置哪些创造性课程资源,哪些创造性课程资源需要哪些方法去配置,各种方法的操作步骤有哪些。(6)创造性课程资源配置的标准问题——主要探讨各种类、各层次的创造性课程资源系统的配置标准是什么,制订配置标准依据是什么。(7)创造性课程资源配置的评价问题——主要探讨评价什么以及如何评价问题,如何评价创造性课程资源配置方案的质量问题,有何评价指标体系和评价标准,等等。

在基于需求的教育资源配置系统观的指导下,加强对这些问题的研究,系统地探明创造性课程资源的配置规律,必将建立创造性课程资源配置的理论

体系，再用于指导人们配置创造性课程资源的具体实践，必将在很大程度上降低配置盲目性，提高配置方案的质量，从而增强创造性课程资源配置的理性。一旦高质量的配置方案通过实施而变为现实，即建立了与配置方案对应的创造性课程资源系统，并不断地按照配置方案进行维护和完善，那么就能确保该创造性课程资源系统有足够的能力去实现相应的创造性课程目标系统中的大小目标，同时还能从整体上确保创造性课程资源的利用效率得到充分的提高。

5.6　加强资源开发，确保资源供给

培养创造性人才必须具备必要的课程资源条件，然而，现实情况却是，所需的课程资源条件往往并不一定具备，常常是在种类、质和量等方面存在着不同程度的欠缺，而创造性课程资源的欠缺问题已经成为制约创造性人才培养的主要因素之一。要解决这一欠缺问题，确保所需的创造性课程资源得到充足的供给，积极而有效的措施是各开发主体在创造性课程资源的开发理论指导下，加强对创造性课程资源的开发。

5.6.1　明确主体职责

通过对创造性课程资源保障主体的分析，我们可以得知，创造性课程资源的开发主体也具有多元性，不同的主体自身有不同的优势和劣势，也有各自的特点，可以承担不同的开发任务。同一主体可以承担多种创造性课程资源的开发任务，例如，教育部作为极为重要的开发主体，既可承担创造性课程财力资源的开发任务，还可承担创造性课程政策资源的开发任务，等等。同时，同一种类的创造性课程资源很可能需要不同的主体来开发，例如创造性教师和理论研究者都可以开发创造性课程内容资源。因此，要开发创造性课程资源，首先必须明确所要开发的创造性课程资源应当由哪些主体去开发，即要明确责任主体。同时，主体开发哪些创造性课程资源，就应当承担这些创造性课程资源的开发任务，即必须明确主体职责。责任主体不明，就会导致开发任务无人

做；主体责任不明，就会导致开发主体无事做。因此，此处的明确主体职责既包括了明确责任主体，也包括了明确主体责任。

5.6.2　科学理论指导

创造性课程资源的开发，实质上也是人类的一种教育实践活动，在这种实践中人们的开发行为往往不可避免地存在一定的盲目性，因此，便需要科学理论的指导，这样才能大大提高其开发行为的理性程度和创造性课程资源开发的质量与效率。笔者研究以为，人们在开发创造性课程资源时至少需要以下科学理论的指导。

5.6.2.1　系统科学理论

系统科学是以系统现象、系统问题为研究对象的学科，是从系统的角度观察客观世界，探索关于系统的普遍规律和一般原理所建立起来的科学知识体系。所谓系统现象或系统问题，就是指具有系统意义的现象或问题。在理论探讨和现实生活中，凡着眼于处理部分与整体、结构与功能、行为与目的、自我与环境、差异与统一、有序与无序、合作与竞争、阶段与全程等相互关系的问题都是具有系统意义的问题。系统科学主张从系统的角度出发，着重从整体与要素、要素与要素、系统与环境之间的相互联系、作用、制约的关系中综合考察对象，以达到总体最佳结果，且总体最佳是系统论所追求的最终目的。

按前述的教育系统二元分割理论，创造性课程系统也包含创造性课程资源系统和创造性课程目标系统，两者之间和两者内部都存在着具有系统意义的现象或问题。开发出来的创造性课程资源是要被配置到创造性课程资源系统之中而成为该系统的要素，用以促使创造性课程目标系统中大小目标的实现，因此，一旦开发出来的创造性课程资源被配置到创造性课程资源系统之中而成为该系统的要素，必将对创造性课程资源系统与创造性课程目标系统两者之间的关系和两者内部的系统性都产生一定程度的影响，或积极的，或消极的。因此，创造性课程资源的开发实质上是一种系统行为，而非孤立的、自由的随机行为，必须充分考虑并慎重处理好创造性人才培养领域中课程目标与课程资源之间、课程资源与课程资源之间的关系，才能确保整个创造性课程系统的优质与高效。这就意味着创造性课程资源的开发离不开系统科学理论的指导。

例如，当我们开发能力类创造性课程资源时，首先必须明确此类课程资源开发的主要课程目标，这一课程目标又包含哪些能力子目标，能力子目标与能力子目标之间是何种逻辑关系，即必须明白能力类课程目标系统的要素和结构，然后按照这一目标系统的要素和结构开发出相应的能力类创造性课程资源，而且这些能力类创造性课程资源也应能构成一个与能力类课程目标系统相对应的能力类课程资源系统。因此，创造性课程资源的开发必须在系统科学的理论思想指导下进行，才能确保所开发的课程资源是真正有利于实现目标的课程资源。

5.6.2.2　教育科学理论

教育科学是以教育现象和教育活动为研究对象，以揭示教育规律为宗旨的社会科学。[①] 教育科学是人们针对教育各个领域的系列问题进行研究而得出的规律性的知识体系，有一系列的分支学科，如教育哲学、课程论、教学论、教育社会学、教育经济学、教育技术学、教育心理学、教育管理学，等等。这些学科的理论都可用来指导人们的各种教育实践。创造性课程资源的开发也是人的一种教育实践活动，开发主体的任何开发行为必须符合该教育活动本身的教育规律，当然也离不开教育科学理论的指导。

例如，开发创造性课程内容资源时，如何在课堂中兼顾创造性课程内容资源的知识性、思想性和趣味性，如何有"声"有"色"地把这些创造性课程内容资源表现出来，则有赖于教育技术学的理论思想指导。针对不同的教育对象开发创造性课程内容资源，必须充分尊重对象的心理特征，尤其是创造力发展特点，只有这样才能确保开发出来的创造性课程内容资源具有很好的针对性和科学性，这便涉及教育心理学和创造心理学等方面的理论知识。教育科学中的

---

① 扈中平. 现代教育学 [M]. 北京：高等教育出版社，2000：11-18.

学习理论，对创造性课程资源的开发起着关键性的指导作用，把学习理论作为开发创造性课程资源的理论依据，能使所开发的创造性课程资源更具有价值。学习理论重点研究学习的性质、过程、动机以及方法和策略等，试图解释学习是如何发生的。如何才能进行有效的学习。如果创造性课程资源的开发是按照教学和学习的固有规律，根据学习者的需要来进行，那么所开发的创造性课程资源将更具有针对性，更加科学合理。

5.6.2.3　资源科学理论

如前所述，资源科学是研究各种资源和资源整体的数量、质量、地域组合特征、空间结构与分布规律、时间演化规律、形成环境，以及合理开发、规划、利用、改造、更新、保护与管理的一门科学。资源科学与其他领域的相互渗透形成了一系列新的研究领域和新的学科，如教育资源学。创造性课程资源正是教育资源学的研究领域之一，创造性课程资源内涵、性质、分类、功能、存在形式、开发、利用、配置、评价等规律也是教育资源学应当研究的内容。因此，创造性课程资源的开发，作为重要的研究领域和资源开发实践，也离不开资源科学特别是教育资源学理论的指导。

例如，资源科学研究表明，资源的根本性质是其社会的效用性和对于人类需求的相对稀缺性[①]。教育资源也属于资源的范畴，教育资源的根本性质则是教育效用性和对于人类教育需求的相对稀缺性，创造性课程资源也是教育资源的一类，理应具备这两个基本性质。因此，我们在课程资源的开发中，必须始终坚持并善于利用这一基本的性质特征，来指导开发活动的顺利进行。随着全球性的经济、政治、军事、科技等全方位竞争的日趋激烈，也随着以创造力经济为核心的知识经济迅猛发展，创造性人才及其培养的重要性日益提高，大批地培养各专业领域的创造性人才业已成为教育领域中急需大力发展的教育事业，这使得现有的创造性课程资源与创造性人才培养的教育需求之间的供需矛盾日益突出和尖锐。由于创造性人才培养和创造性课程资源的开发往往需要消

---

① 刘成武，黄利民等 . 资源科学概论 [M]. 北京：科学出版社，2004：42-43.

耗一定的人力、物力和财力等教育资源，而教育资源的稀缺性客观上要求开发主体在开发创造性课程资源时必须尽可能地降低开发成本，同时还要求努力提高已有课程资源的使用价值，使有限的教育资源发挥出最大的教育效益，所以，以教育资源学的理论指导创造性课程资源的开发实践将大大有利于这些要求的满足。

5.6.2.4　人本主义理论

人本主义理论已经广泛地被用于指导人们在社会科学、工程技术等领域的各种社会实践活动，该理论强调"以人为本"，突出人的主体性作用。无论是人本主义心理学还是人本主义学习理论或人本主义教育理论，它们无可否认的积极意义已经得到了人们的共识。包括创造性课程资源的开发在内的创造性人才培养实践，也应该应用人本主义理论思想。具体来说，人本主义理论思想至少要在如下两个方面得到充分体现。

其一，体现在创造性人才的培养过程中。即在培养创造性人才的过程中应当以学生为本，突出学生的主体地位。这种以学生为本，突出学生的主体地位的思想绝不只是体现在具体课程的教学上，还应该体现在诸如课程等其他方面。即使是教学，那也是具体课程的教学，教学离不开具体的课程。而课程又是具有某种质的规定性的课程资源按照课程的结构组成的课程资源系统。以学生为本，突出学生的主体地位的思想，在课程层面上即体现在课程资源的质和课程的结构上。而课程资源的质又是取决于课程资源的开发，这就是说，在开发创造性课程资源时应该以人本主义理论为指导。

其二，体现在创造性人才的培养目标上。即创造性人才应当具有以人为本的思想意识和实施技能。这里的以人为本的思想意识和实施技能，是指培养出来的创造性人才在将来的创造活动中应该时刻注意以人为本，而且也有能力在创造活动中实现以人为本的思想，使他们的创造活动是真正的以人为本的创造活动。这里的"以人为本"，其核心是求善。随着人类居住的环境日趋恶化，人们不得不反思人类自身的各种行为，并且已经深刻地认识到，人类的任何创造活动不应该给人类自身创造痛苦，而应该是以人为本，善真兼得！例如，机械设计的一个基本思想就是以人为本，力求"人－机－环境"的和谐统一。既然创造性课程资源是创造性人才培养目标实现的资源条件，那么我们所开发的各种创造性课程资源就应该渗透着以人为本的求善思想，显而易见，创造性课程资源的开发离不开人本主义理论的指导。

总之，有了上述科学理论的指导，至少可以说，能大大减少创造性课程资源开发的盲目性，能大大提高开发的创造性课程资源的质量。

5.6.3　按照开发步骤

虽然创造性课程资源的开发必须充分尊重创造性课程资源来源的领域性和培养对象的差异性，也并非所有的创造性课程资源开发的步骤、模式都是千篇一律，但为了提高开发的成效，减少开发的盲目性，系统地研究和总结创造性课程资源开发的基本步骤也是非常必要的。经研究，笔者认为创造性课程资源的开发通常可以按照如图5.7所示的几个基本步骤来进行。

图5.7　创造性课程资源开发的基本步骤示意图

5.6.3.1　明确目的

任何理性的社会行为都应该具有明确的目的性，因为目的是行为的指针，无目的的行为是非理性的盲目行为。创造性课程资源的开发是人的一种社会行为，明确的目的能为这一开发行为指明方向，增强行为的理性，提高开发的成效，因此，在各种创造性课程资源开发之前首先都必须明确开发的目的。

有了明确的开发目的，那么所有的开发行为都应该是围绕这一目的来进行，开发出来的创造性课程资源都应该具有共同的目的性特点。因此，便形成了具有共同的目的性特点的一类创造性课程资源，这既有利于创造性课程资源库的建设与管理，也有利于创造性课程资源的后续开发、配置与利用。例如，如果明确开发的目的是为了培养学生的创造性思维能力，以此为目的而大批开发的创造性课程内容资源，可以纳入创造性课程资源库，并可以贴上相同的目的性标签——检索目的性关键词——创造性思维能力的培养，那么，以后凡是需要培养学生创造性思维能力的创造性课程内容资源都可以到该库来索取。

5.6.3.2 树立目标

在创造性课程资源开发的过程中，仅仅明确开发的目的还是远远不够的，还应树立具体的开发目标。依据《现代汉语同义词辨析》，"目的"是指想要达到的地点或境地，想要得到的结果，偏重于追求的最后结果；"目标"通常指人们想要达到的某种境地或标准，偏重表示对象具有一定的尺度或标准；另外，"目标"还有"射击、攻击或寻找的对象"的意思，"目的"则没有这种意思。[①]依笔者的理解，目的、目标都有指明行为方向的功能，但相对而言，目的比较笼统，目标却更为具体，是目的指向上的各种标识，如同数轴与数轴上的坐标。一个目的很可能有众多的目标，如近期目标、远期目标，而且目标与目标之间还存在一定的逻辑关系。

例如，如果开发的目的是为了培养学生的创造性思维能力，在这一目的指向上可以设立很多目标，这些目标又可分为认知性目标和技能性目标。认知性目标主要是针对基本的理论知识而言的，如，让学生掌握创造性思维的基本概念，让学生掌握创造性思维的判断标准，让学生消除对创造性思维的神秘感，让学生认识到普通人也能进行创造性思维，让学生了解创造性思维的主要形式，让学生了解创造性思维与逻辑思维的关系，让学生了解创造性思维的引发机制，等等。技能性目标主要是针对基本的技能而言，如，让学生学会如何改变思维的起点，学会如何改变思维的方向，等等。学会思维的发散，学会思维的逆向，学会思维的侧向，都是针对改变思维方向的技能目标。学会属性发散和分解发散又是针对改变思维方向的技能目标的子目标。

---

① 游智仁等.现代汉语同义词辨析 [M].银川：宁夏人民出版社，1986：777-778.

5.6.3.3　解析任务

目标与任务之间有着非常密切的关系，目标决定着任务，任何任务都应当围绕着目标来实施，而任务则是目标的具体化，目标通常都需将其分解为具体的任务并予以实施才能实现。解析任务就是通过分析目标并将目标分解细化为具体的实施任务。

以培养创新精神为例，创新精神是创造性人格的动力因素，是一个人对于创造活动所具有的比较稳定的积极的心理倾向，从心理成分方面说，创新精神是由认知、情感、行为意向三种成分构成的。其中，认知成分是指创造者对创造活动的意义的了解和评价，情感成分是指对创造活动的喜恶体验，行为意向是指对创造活动的反应倾向。这三种成分一般是协调一致的，它们互相促进，互相制约，构成一个统一整体——创新精神。[①] 我们要培养学生的创新精神，必须开发相应的创造性课程内容资源，那么我们必须明确开发的具体目的是什么，是为了培养学生的创新认知、创新情感，还是创新行为意向？显然，不同的开发目的所对应的创造性课程内容资源，应该是有不同的特点。

同样，以培养创新精神为例，在明确了开发创造性课程内容资源的目的是为了培养学生的创新认知以后，可将任务具体为开发能够提高学生有关创新的基础理论水平的知识性课程内容资源。为了更好地实现目的，更清晰地认识和理解开发任务，有必要对这一开发资源任务进行分解，即开发的任务主要是明确以下内容，包括开发创新概念方面的知识性课程内容资源，开发创新行为特征方面的知识性课程内容资源，开发创新认知能力培养方面的知识性课程内容资源，等等。

5.6.3.4　确定途径

明确了开发任务之后，便是选择开发的途径。开发主体应当知晓有哪些开发的途径，才便于选择，才有努力的方向，也才能选择到最佳的途径。为了便于说明，笔者以创造性课程内容资源的开发为例，从创造性课程内容资源开

发的教材途径、教学途径、网络途径和人员途径等具体阐述。

其一，教材途径。教材包括教科书和教学参考书，其中很多知识点都可发掘出创造性课程内容资源。当然，要能够在教材中充分挖掘这些创造性课程内容资源，开发者必须有丰富的经验、敏锐的洞察力。此外，教材中的创造性课程内容资源有很大一部分是待优性课程内容资源，还需进一步加工优化，才能充分地发挥它们的创造教育功能。从教材这一途径去开发创造性课程内容资源，其明显的优点不只是创造性课程内容资源含量丰富，而且开发的成本相对比较低。笔者以小学科学教材为例，来说明为何通过教材途径可以开发创造性课程内容资源。

——小学科学教材中存在大量的阅读材料。如中国古代四大发明、牛顿的万有引力定律的提出、哈维血液循环论的发现、大陆漂移说的提出、X射线的发现以及居里夫人成为历史上唯一两次获得诺贝尔奖的女科学家的优秀事迹，等等。此类阅读材料若能被创造性地开发利用，则可能成为有效培养小学生创新意识的创造性课程内容资源。因为这些阅读材料大多是讲述古今中外人们在科学发展中做出的贡献，在课堂上讲授这些知识素材，告诉小学生古人尚能取得如此多的创造性成就，时代是向前发展的，今天的我们肯定会超过古人，这样能提高学生的自信心。

——小学科学教材中存在大量的基础知识。如概念性知识：蒸发、沸腾、凝结、热空气、风、弹性、摩擦力、反冲、热对流、热传导、热辐射、雾、云、雨、雪等有关的概念。又如规律性知识：水的三态变化、水的浮力、叶的蒸腾作用、叶的光合作用、水在自然界的循环、风的规律，等等。概念性知识和规律性知识是小学科学基础知识中非常重要的两部分知识。教师恰当地使用这些知识素材进行教学，能使学生主动全面地发展创造性思维能力。比如在《水的三态变化》中，教师如能引导学生自己动手、自己思考、自己探索出在什么条件下水的三种状态相互转化，可以培养学生的动手能力、求异思维能力等，让学生体会到创新并不神秘，鼓励学生做有心人，敢于标新立异。又如教学《水的浮力》中，在课的开头教师可以设计一个小木偶和瓷娃娃到河中游泳的故事：有一天，天非常热，小木偶约好朋友瓷娃娃去河中游泳纳凉，可一入水便出事了，瓷娃娃沉到水里去了，小木偶非常着急，马上钻下去救瓷娃娃，可问题出现了，小木偶钻了几次都没钻下去。于是如何使小木偶入水的问题展示在学生的面前：怎样解决？有多少种方法？这样，能激发学生产生强烈的求知欲，并积极地探索，也因为学生对所学知识达到了入迷的程度，就会产生灵感，就能形成创造性思维的内在动力……所以，这些基础知识也是可以开发成创造性课程内容资源。

——小学科学教材中存在丰富的实验探索知识。比如：神奇的金属桶、小喷泉、拱桥的秘密、观察种子的萌芽、植物体内水分的散失、雷电的秘密，等等。如教学《雷电的秘密》中，教师可让学生自己动手拿出验电器等材料去探索"自然界中存在的两种电荷，用丝绸摩擦过的玻璃棒带的电叫正电荷，用毛皮摩擦过的橡胶棒带的电叫负电荷，并且同种电荷相斥，异种电荷相吸"。在这一基础上质疑"自然界会有第三种电荷存在吗"。学生继续通过实验探究证实自然界不存在第三种电荷。开发这些创造性课程内容资源可以培养出学生的创造性个性——包括好奇、想象、挑战、冒险等品质。又如三年级上册《我的手》一课，教师引导学生探究手的结构、手的灵活性。教师可以让学生自己看看我们的这双了不起的手，看看它的形状，捏一捏，看里面有什么、有几节、是怎样的，也可以看看、捏捏其他同学的手，然后把看到的、捏到的和想到的画在白纸上，之后让学生展示作品交流成果。让学生在丰富多彩的活动中体验到有趣而又丰富的研究过程和结果。了解了手的结构，诱发学生探究手的结构与手的灵活性之间的关系，这样有助于培养学生的主动探索的精神，发挥学生的想象力和创造力。这些素材资源也是很好的创造性课程内容资源。

——小学科学教材中存在大量的科技制作与应用的知识。比如制作微型手电筒、制作昆虫标本、毛发湿度计、人造昆虫、琥珀标本、汽轮机、材料的选择、激光、开发新能源，等等。如教学"微型手电筒"一课中，教师可利用实验器材纽扣电池、橡皮擦、发光二极管、透明胶带纸、小刀、印泥等，学生明白基本的制作原理后自己动手实践设计出微型手电筒。在这个教学过程中培养了学生的动手能力，鼓励学生大胆创新，培养思维的敏捷性、变通性、独创性，激发他们的好奇、想象、挑战等品质，使形象思维和抽象思维相结合。这类素材同样也是培养学生创造性的创造教育素材。

在所有学科中，科学与创新联系得最为紧密。事实表明，一切科学知识的诞生，科学理论的应用都是创造性智慧的结晶，在这个活动过程中，产生着创造的方法，孕育着创造的意识，培养着创造的能力，所有重大发明创造都闪烁着标新立异的光辉。所有的这些都可以用来教育小学生，从而培养他们的创新意识。整个科学发展史就是一部创造性课程内容资源库。当然，前面所说的这些素材，在编入教材时，它们的首要功能还是为了科学教学，离创造教育的要求很可能还有一段距离。这就要求小学科学教师树立创造教育理念，增强创造教育意识，提高对创造教育素材的敏感，充分发现和加工科学教材中的创造性课程内容资源。另一方面，还要懂得怎样运用这些创造性课程内容资源，从而达到优化小学生创新素质的目的。

其二，教学途径。教学活动是发挥创造性课程内容资源教育效用性的一种方式，也是借助创造性课程内容资源这一媒介达到创造性人才培养目标的重要手段，同时也是开发创造性课程内容资源的重要途径，笔者称之为教学途径。教学活动之所以能成为开发创造性课程内容资源的重要途径，那是因为：一方面，教学活动对课程内容资源具有检验与评价功能。一线教师通过教学活动可以检验和评价应用于教学活动中的创造性课程内容资源的质量，发现这些创造性课程内容资源的优点与不足，这样就能为加工优化这些创造性课程内容资源指明努力的方向。另一方面，教学活动具有创生过程性课程内容资源的功能。在教学过程中，常常会出现教师意料之外的情况，这些情况的发生、发展演变过程的本身就是一种过程性课程内容资源，其中相当一部分的过程性课程内容资源因能在创造性人才培养过程中发挥积极作用而成为创造性课程内容资源。例如，在教《我的战友邱少云》一课时，有学生提出一个问题：烈火在邱少云身上烧了半个多小时，为什么他身上的手榴弹没有爆炸？这个问题往往是出乎师生意料的新问题，但只要教师让学生讨论并回答这个问题，就会引起学生们的积极思考。有的说，邱少云卸下了手榴弹，放到了火烧不到的地方。有的反驳道，课文已经交代过了，邱少云潜伏的地方离敌人很近，若有一点动静就会暴露目标，要纹丝不动，怎么能卸下手榴弹？有的说，还有一种可能，邱少云死死地把手榴弹压在身下，火烧不着。有的说，我随爸爸在部队生活过，听说手榴弹外壳上涂有一层黄油，是专门用来防热的，我想可能是它起了作用。这个推测也可能缺乏科学依据。当然教师还可以引导学生通过别的途径去寻找这个问题的正确答案，然而，这一场小小的辩论就是师生共同参与、教师及时开发的过程性课程内容资源，而且这一过程性课程内容资源对于学生发散思维、直觉思维和创造性思维的发展，以及学生的问题意识与质疑精神的培养大有好处，因此无疑也是创造性课程内容资源。

其三，网络途径。自1993年美国确立了发展"信息高速公路"的战略之后，"多媒体"和"信息高速公路"就成为工业化时代向信息时代转变的两大技术杠杆，以惊人的加速度改变着人们的思维方式、学习方式、工作方式、交往方式乃至生活方式。网络的发展，尤其是国际互联网(信息高速公路)的出现，为课程内容资源的开发增添了新的途径和手段。对于创造性课程内容资源而言，网络是一条极为高效的开发途径，因为：(1)网上存在着极为丰富的创造性课程内容资源，例如，中国知网里收集了几乎所有的期刊论文、博硕学位论文、外文资料等，其中有大量地围绕着创造性人才培养的研究论文；网上还有大量的创造性案例、创造性成果和创造性人才等方面的介绍和分析；信息技术的信息表征方式具有多媒体化和非线性等特点，因而关于这些介绍和分析不只是有文字材料，还有图片和视频。(2)人们已经而且还将自觉不自觉地开发各种创造性课程内容资源，并不断地上传到互联网上，甚至通过建立大大小小、形形色色的创造性课程内容资源库来进行系统化的管理，如创造性案例资源库等。随着教育信息化程度的不断提高，各种创造性课程内容资源库的建设必将数字化、网络化，从而达到信息化，并得到不断丰富。如中国期刊网就是数字化、网络化了的期刊论文资源库，如果我们以"创造性人格"为篇名关键词进行检索，就可以检索到大量的关于创造性人格方面的研究论文，这些论文可以进一步开发成培养创造性人格的创造性课程内容资源。这就意味着，在中国期刊网有一个培养创造性人格的巨大的、丰富的、待优的创造性课程内容资源库。(3)超文本技术实现了信息的非线性组织，各种信息之间有丰富的链接，构成了立体的信息空间，同时网络搜索技术已经得到了长足的进步，网络搜索引擎通过信息高速公路能在很短的时间内找到所需的创造性课程内容资源。(4)由于计算机是人类思维的工具，是人脑的延伸，而多媒体计算机和掌握多媒体技术的人共同构成信息时代的社会细胞，网络的发展，尤其是国际互联网的出现将信息时代的社会细胞连为一体，从而实现了人类智慧的联网，并由此创造出全新的网络文化。[①] 这就意味着，我们在开发创造性课程内容资源的过程中遇到的各种困难和问题，可以通过网络求助而得到解决。总之，网络是一条高效便捷、跨越时空的创造性课程内容资源开发途径。

其四，人员途径。创造性课程内容资源不仅存在于各种物化的非生命载体上，而且存在于最为重要的生命载体中。这里的生命载体，既包括从事过创造活动的人员，也包括从未从事过创造活动的人员；既包括取得创造性成果的成功人员，也包括创造活动中的失败人员。每个人都有各自独特的生活阅历、知识背景、思维习惯和人格品质，只要站在合适的角度就总可以从这些人员身上开发出很多有用的创造性课程内容资源。

任何一个从事过创造活动的人都有过创造活动的切身体验，往往经历过世俗的讥讽、现实的困难、内心的怯弱；有过自卑的沉沦，抑或有自我的超越；有过思维的困惑，抑或有灵感的突破；有过失败的沮丧，抑或有成功的喜悦。从创造心理学的角度来看，不论成功与失败，哪怕从未从事过创造活动的人员，都可以作为案例开发成创造性课程内容资源。

我国心理学工作者王极盛[②]曾对中国科学院28名学部委员和120名一般科技工作者进行了比较研究。结果发现，属个性特征中非智力因素的，如情绪稳

---

① 桑新民.科教兴国的教育使命——实现人类学习方式的历史性变革 [J].人民教育，1999 (1)：14.

② 王极盛，孙福立.科技工作者创造力的研究 [J].科学学研究，1984(04)：38-45.

定性、控制情绪、科研热情、自信心、求知欲、进取心、责任心、完成任务的坚持性、自制力、意志果断性、精力、兴趣、勤奋、献身精神、坚韧性等方面的发展水平，学部委员的青年时代、中年时代都比一般科技工作者高，经统计检验，差异非常显著。进而得出，这些属于非智力因素的个性特征是创造、成功、成才的重要因素。

美国学者巴伦曾于1967年研究了56位职业作家和10位学写作的学生。其中有30人已经成名，其余只稍有成绩，并没有表现出卓越的才华。巴伦用各种测验、面谈、观察等方法研究这些作家的个性，并将研究结果以最突出的特征依次列出12项，其中前5项是富于创造性作家的最突出的特征：(1)表现有高度的智能；(2)真诚地推崇智慧与认知的活动；(3)尊重自己的独立与自主；(4)非常灵敏，可以巧妙地把观念表达出来；(5)作品丰富，可以将事情完成；(6)对哲学问题很感兴趣；(7)自我期望很高；(8)具有多方面的兴趣；(9)具有超俗的思想过程，并有异常思考与联合观念的能力；(10)是一个非常有趣而引人注意的人物；(11)与人交往直率而坦白；(12)行为合乎伦理与个人的标准。与职业作家比较，作品尚未成熟的学生情绪不稳，焦虑感很强。[①]

以上这些结论都是从人员途径开发出来的非常重要的创造性课程内容资源，在创造性人才培养方面具有很好的教育效用性。如，王极盛的研究结论对培养创造性人才的非智力因素方面具有极为重要的理论与应用价值。

我们还可以站在创造学的角度通过人员途径来开发创造性课程内容资源。如，有针对性地找那些取得了创造性成果的创造者，通过访谈等形式去了解他的创造性成果取得的背景和过程，尤其是其思维过程，然后进行分析和研究，努力去发现他自觉不自觉地运用了哪些领域性的创造规律，即剖析当事人的一些具体的创造性案例。从人员的选定、访谈记录、分析研究，到得出结论，等等，整个过程实际上就是，通过人员途径开发创造性课程内容资源的过程，而整个案例及其分析就是开发出来的创造性课程内容资源。

---

① 陶国富.创造心理学 [M].上海：立信会计出版社，2002：48.

其五，学科途径。学科之所以也是创造性课程内容资源的开发途径，那是因为，任何学科都是经历了一个从无到有、从不完善到不断完善的创造过程，任何学科的理论都是创造性成果，任何学科的发展史都是一部创造的历史，因此，理论上任何学科的理论及其创造的过程与创造的主人都可以开发成创造性课程内容资源。

开发创造性课程内容资源最为有效的学科途径是科技史，因为科技史以科学技术发展的历史事实为基础，以科学和技术的形成、发展及其演化规律为主要研究对象，集中体现了人类探索和认识客观世界的历程。科技史在本质上属于历史学范畴，但其研究的内容和范围包罗万象并涉及众多学科和领域，它不仅深刻地揭示了科学技术发展的脉络、历史背景、创新历程、主要成就，系统地介绍了科学观念和研究方法，同时还叙述了科学精神和重大科研成果对人类进步和社会发展所产生的巨大影响。科技史具有很好的教育效用性和教育价值，在创造性人才培养中能发挥难以比拟的积极作用。事实上，科技史的教育价值得到了人们的普遍认同和高度赞誉。邹海林、徐建培等认为，科学技术发展的历史本身就是一部创造的历史，也是人类文明史的主线和科学教育的基石，蕴涵着巨大的教育价值。科技史中所包含的许多生动的史实和蕴涵的深刻的科学思想，对于培养具有创造精神和创新能力的科技人才来说，都是非常必需的，也是目前任何一本教科书难以替代的。[①]而且宋海龙等认为，"实践证明，开设科学技术史课，能够使学生系统了解科技创新的过程，感受科技创新的酸甜苦辣，对于培养学生的创新能力，具有其他课程无法替代的优势。"[②]科技史的课程效用性突出地表现在：(1)科技史是创新史，有助于学生正确认识和理解科技创新的含义，培养创新意识；(2)科技史是方法史，有助于学生了解重大科技创新的全过程，学习创新方法；(3)科技史是蒙难集，有助于学生认清创新过程中的各种阻碍，树立创新精神；(4)科技史是问题集，有助于学生思考本学科

① 邹海林，徐建培.科学技术史概论[M].北京：科学出版社，2004：3.

② 宋海龙等.工科院校科技史教学与学生创新能力的培养[J].河南纺织高等专科学校学报，2002(2)：54-57.

的各种学术问题，提高创新素质。总之，科技史中蕴涵着极为丰富的创造性人才培养所需的各种创造性课程内容资源，而成为极为重要的创造性课程内容资源库。因此，通过科技史这条途径可以开发出创造性人才培养所需的大量的、重要的、各种各样的创造性课程内容资源库。

其六，其他途径。除了上述的几个主要创造性课程内容资源开发途径外，还有其他开发途径，如生活途径、学术交流途径等。

我们在日常生活过程中经常会碰到各种各样的问题，这些问题往往也是可以开发成创造性课程内容资源，因此日常生活也是创造性课程内容资源的开发途径。例如，在草木葱茏、鸟语花香、山清水秀、四季如春、环境如此优美的湖南科技大学校园里，2006年夏季的一天，笔者突然发现自己住所的墙脚下裸露着一堆花色的米，这当然是诱杀老鼠的毒米。诱杀老鼠是应该的，但毒米不应该裸露，放的位置也不妥。笔者马上意识到后勤人员的这一不当之举也可以开发成创造性课程内容资源，以培养小学生的问题意识、分析问题和解决问题的能力、想象能力。我们可以要求小学生思考在优美的校园里墙脚下裸露的一堆毒米可能带来的各种危害，以及如何防止各种危害的发生。这几个问题对很多小学生来说就是新问题，依据前述创造性思维的五维界定观，要研究新问题解决新问题，就必须进行创造性思维。一段关于校园环境的文字介绍，一张图片(如图5.8)和几个要学生回答的问题，构成了一个通过生活途径开发的创造性课程内容资源。

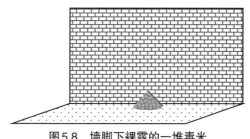

图5.8　墙脚下裸露的一堆毒米

学术交流也是很好的开发途径，因为参加学术会议，进行学术交流，往往有很多机会去发现创造性成果、创造性案例、创造性人才。而且利用学术交流这一平台，在与一些学者交流的过程中，就可以了解到这些学者的创造性成果产生的过程，就可以了解到这些学者的人格特征，以及他们对从事创造性活动的体会、感悟、经验与教训，等等。我们所了解到的这些信息具有原生态性质，真实性程度高，没有他人揣测的痕迹。充分发掘这些信息在创造性人才培养方面的教育效用性，即可开发成创造性课程内容资源。

不只是创造性课程内容资源有很多开发的途径，创造性课程条件资源也有很多开发的途径。例如，创造性课程财力资源的开发，既可选择政府的教育投资途径，也可以选择校友的爱心赞助途径，还可以选择企业的合作途径。

总之，无论是创造性课程内容资源还是创造性课程条件资源，创造性课程资源开发的途径多种多样，一类创造性课程资源可以采取多种途径开发，一种途径也可以开发多种创造性课程资源。当然，选择不同的途径去开发创造性课程资源，其开发成本和开发的效率是不一定相同的，甚至开发的创造性课程资源很可能也有不同的特点。至于选取何种开发途径，可以从以下几个方面综合考虑来作出决定：

首先，目标任务方面，就是要充分分析目标任务的性质特点，以开发任务的圆满完成和开发目标的充分实现为原则。其次，经济效率方面，就是在满足第一条要求的前提下，以尽可能地降低开发成本和尽可能提高开发效率为原则。总而言之，越有利于课程资源开发目标的达成且经济快捷的途径，就越值得选择。实践证明，创造性课程资源开发的途径很多，只要你有心去开发创造性课程资源，总可以找到合适的开发途径。

5.6.3.5 执行任务

这一阶段主要是将前述解析出来的任务在确定的途径上执行，以实现开发的目标。虽然每次任务不尽相同，但总的来说，针对创造性素材资源，该阶段执行的任务主要有三个方面：①寻找；②创造；③加工。相对而言，这三方面中寻找、加工两者最易，创造最难，往往是在找不到所需的创造性素材资源的前提下不得已而为之的事。诚然，开发者如能自行创造出一定的创造性素材资源，是一件再好不过的事情。但对一般的开发者如教师提出如此高的要求，无疑是不切实际的，也容易使教师丧失信心。特别是在创造性素材资源如此丰富的当今信息社会，要求教师努力发现与科学加工已经存在的创造性素材资源，显然更为现实。因此，笔者以为，关于创造性课程资源的开发能力可分为低级开发能力和高级开发能力，其中低级开发能力是指发现和加工客观存在的创造性素材资源的能力，这是普通开发者，主要是从事创造教育实践的教师必须具有的基本的开发能力；高级开发能力是指创造出创造性课程资源的原创能力，即创造出创造性素材资源并把它们创造性地加工优化成创造性课程资源的能力。

这一阶段对开发者来说，具有正确的创造教育观念和较强的创造教育意识是非常重要的，不同的开发任务对开发者有不同的要求。

"寻找"任务，要求开发者掌握发现的方法，提高发现能力，特别是要提高对创造性素材资源的认识以增强对它们的敏感性。

"加工"任务，要求开发者具有正确的价值判断和良好的审美能力，能充分理解和把握开发的目的，要善于分析创造性素材资源的性质特点，谙习教育对象的身心特点和教育规律，在加工优化的过程中能将开发目的、资源特性、教育规律等有关方面的因素有机地整合起来。

"创造"任务，要求开发者具有创造意识和创造性思维能力，掌握并能运用开发创造性课程资源的创造规律，等等。当然，开发创造性课程资源的创造规律问题，目前还是一块值得开垦的处女地。

无论是客观上业已存在的创造性素材资源，还是开发者自己创造的创造性素材资源，要成为能直接用于创造性人才培养实践的创造性课程资源，往往需要一个加工优化的过程，因为加工的目的是优化创造性素材资源使其能成为即用性的创造性课程资源，所以，加工这个环节就显得尤为重要。那么，如何进行加工优化？笔者认为可以从以下方面来进行。

首先，是进行筛选。在解析任务阶段，对"开发什么"的确定就已经框定了创造性课程资源开发的范围，但是对于某一开发目的而言，仍有必要对范围内的素材资源进行认真筛选。因为课程通常是有其目标和价值取向的，并不是所有的素材资源都可以进入课程，只有那些体现教育思想，指向课程目标，符合课程价值取向的素材资源才能成为课程的组成要素，甄别与筛选的目的也正在于此。筛选有两个关键的环节：其一，明确筛选范围。即对可筛选的素材资源范围进行框定，以免筛选对象出现偏差。其二，明确筛选标准。即根据开发目的具体地规范素材资源的筛选标准。这两个关键的环节一旦确定，即可根据筛选标准在筛选范围内对有用素材资源进行筛选。

其次，是进行整合。对素材资源的整合则是将筛选出来的素材资源按照一定的目的，通过一定的方式将其各要素如素材资源的性质特点、学生的身心特点、课程目标、教育教学规律等有机地结合在一起，从而成为可直接用于课程的创造性课程资源。整合过程中应该注意两个关键环节：其一，对筛选的结果进行分析。即对那些筛选出来的创造性素材资源的性质、特点进行分析，从而更加了解这些创造性素材资源；其二，紧紧抓住整合的依据。这些依据主要有创造性素材资源的性质特点、学生的身心特点、课程目标和教育教学规律等方面。把创造性素材资源特点作为加工处理的依据之一，这是因为从特点入手，扬其长而补其短，使得所加工出来的创造性课程资源更具有针对性，课程效用性更加突出。而将学生的特点作为加工处理依据的缘由在于因材施教的需要，按照学生年龄特征、心理状态、学习需求和兴趣对课程资源进行整合，这样更有利于课程目标的实现。把握好了这两个环节，即可对需整合内容进行加工优化，使之成为可以直接用于创造性课程的资源形式。这种优化还包括将筛选出来的课程资源按照整合依据进行再次甄选、对二次筛选的课程资源按照资源的特性进行分类、对分类后的课程资源按照一定的结构进行组合以及对组合后的课程资源进行适当的润色，成为直接可用的即用性课程资源。

5.6.3.6 测试检验

测试检验是将经过加工处理的创造性课程资源应用到实际的创造性课程教学中，努力发现其优缺点，并对应用的结果进行反馈，以利于进一步优化的过程。将测试检验作为创造性课程资源开发的基本步骤之一，是因为：其一，创造性课程资源的开发是为了培养创造性人才，但随着时间的推移，各领域创造性人才培养目标不可能一成不变，培养目标的改变必然需要创造性课程资源也随之改变，这便需要对过去开发的创造性课程资源进行测验，以便适当调整；其二，创造性课程资源的开发者与使用者并非同一人，在开发的理念和价值取向上不可避免地会存在一定的偏差，因此，实际运用中需进行检测调试；其三，创造性课程资源应用于教学实践中，其实际应用效果如何，需要通过测试检验来衡量、估计和检验。

5.6.3.7　修正完善

在测试检验中若发现问题、错误，应及时反馈，并根据反馈的信息进行及时修改，从而完善所开发的创造性课程资源。这一步与第五步——执行任务所做的工作有很大程度的相似性，其中的加工优化更是如此，但修正完善是对执行任务的辩证否定。在执行任务的过程中，很可能存在一些当初没有发现或难以预测的问题、错误，甚至一些不尽如人意的地方，通过测试检验后暴露出来了，修正完善是对前述工作的必要补充，是进一步的加工优化。修正完善仍然要围绕着开发目的，按照前述执行任务特别是加工优化的方法、步骤与要求等来进行，而且很可能要反复修正完善。

5.6.3.8　形成产品

经过认真的测试检验和修正完善，当认为对开发出来的创造性课程资源感到非常满意后，为方便使用，开发者还应该对所开发出来的创造性课程资源进行一定的说明。说明的内容主要包括：所开发出来的创造性课程资源的种类，面向的对象，用途，开发此课程资源的时间、地点以及开发者等，此外，检索关键词、特殊情况和需注意事项也应特别注明。这是因为开发创造性课程资源并非为了开发而开发，其开发的最终目的在于有效的利用，发挥课程资源自身的教育价值，此做法的目的在于：其一，方便以后建立创造性课程资源库，以加强对开发成果的科学管理；其二，方便使用者检索，以利于循环使用；其三，对所开发出来的创造性课程资源进行总结，以指导不同的使用者正确地使用该课程资源。经过上述几步的开发工作，一个创造性课程资源的成品便开发出来了，那么就可以将其应用于创造性人才培养实践中，并得到进一步的检验、修正和完善。

需要说明的是，以上几个步骤，看上去是很简洁连贯的，但实际的创造性课程资源开发中却不完全拘泥于这种操作流程。本书对创造性课程资源开发操作流程进行研究的意图在于，鼓励创造性课程资源开发主体要重视开发过程中的不同方面，把创造性课程资源开发看成一个有机整体，并运用系统的方式积极有效地开展开发工作。

5.7　合理配置资源，确保系统保障

由于创造性人才培养的课程资源条件保障，不只是单个资源的保障，也不只是一类资源的保障，也不只是某些资源的保障，而是创造性课程资源的系统保障，即确保有这样一个创造性课程资源系统，它始终具有足够的效能去充分地实现已经构建的创造性课程目标系统中大小目标。如果这个创造性课程资源系统业已存在，那么，创造性课程资源的系统保障就是并不断地进行维护与完善以解决创造性课程资源系统运行过程中因资源的消耗而导致效能的降低。如果这个创造性课程资源系统并不存在，那么，创造性课程资源的系统保障就是构建一个创造性课程资源系统，并不断地进行维护与完善，使其始终具有足够的效能去充分地实现相应的创造性课程目标系统中大小目标。显然，这属于创造性课程资源的配置问题。创造性课程资源的开发仅仅解决了创造性课程资源需求的供给问题，因此，要确保创造性课程资源的系统保障，还需合理地配置创造性课程资源，具体措施如下：

5.7.1　注意采取基本的配置策略

其一，注意遵循目的性原则。人的行为通常都有一定的目的性，没有明

确的目的，就没有努力的方向；只有目的明确，行为才会更主动、更有效。创造性课程资源的配置也必须有目的性，必须遵循目的性原则。所谓目的性原则，就是指创造性课程资源的任何配置行为都必须以最大限度地实现所配置对象的系统目标为出发点和归宿点。这是创造性课程资源配置的关键。遵循目的性原则实质上包含了两层含义：(1)配置的所有创造性课程资源都必须有明确的目标指向；(2)所有的目标都必须有相应的创造性课程资源来对应。配置主体首先必须对配置对象相应的课程目标系统中各种大小目标有一个清晰明了的认识；其次必须慎重决策每一个配置行为，努力追求最优配置方案，决不做不利于配置对象系统目标实现的决策。

其二，注意运用课程理论的指导。创造性课程资源的配置也属于课程论的范畴，课程论是根据对学科系统、个性心理特征、社会需要的不同认识和价值取向而建立起来的关于课程编订的理论与方法体系。课程论中的基本理论对创造性课程资源的配置具有很好的指导作用，如，创造性课程资源系统结构的构建就应该运用课程的结构理论来指导。

其三，注意以人为本，突出创造性潜能的开发。创造性人才培养的基本要义应该是优化学生的创造性素质，发展其创造性个性，开发其创造性潜能，使其创造性潜能得到充分展现。这与现代人本主义教育理论关于"教育的根本目的是发展学生的个性，实现其潜能的充分展现"[①]的基本思想是一致的。创造性课程资源的配置主体应该让人本主义教育理论思想在配置这一环节上得到充分体现，否则，创造性人才培养的基本要义就是一句空话。问题是，在创造性课程资源的配置过程中如何注意以人为本，突出创造潜能的开发？笔者以为，要解决这个问题的关键在于，配置的创造性课程资源，既要充分满足创造性人才基本的共性方面的培养需求，也要充分满足各专业领域的特殊性方面的培养需求；既要充分满足各专业领域创造性人才基本的共性方面的培养需求，也要充分满足各类型培养对象个体的特殊性方面的培养需求。只有这样，才是充分

----

① 郝路军. 人本主义教育理论与我国高等教育改革 [J]. 当代教育论坛，2005(12)：73.

尊重创造性潜能的最为重要的地位，才有可能充分体现以人为本的思想，才有可能有效开发个体的创造性潜能。

其四，注意加强对各种课程资源的研究。前述的分析足以说明，充分认识各种创造性课程资源的性质、特点，尤其是它们的课程效用性及其发挥的基本条件，这是进行创造性课程资源有效配置的基础性工作，因此，必须注意加强对各种创造性课程资源的研究。

5.7.2 灵活运用有效的配置方法

其一，系统分析法。如前所述，创造性课程资源的配置实质上是一种系统配置，任务是构建创造性课程资源系统，因此必须运用系统分析法来进行配置。所谓系统分析法，就是指用系统思想和系统方法来分析和决策配置中的每一个配置行为。具体来说，就是在配置时，必须始终意识到是在构建创造性课程资源系统，要从整体上分析选配的创造性课程资源作为系统元素进入这个创造性课程资源系统后对系统中元素与元素之间、系统与元素之间、系统与其子系统之间、系统的结构与功能之间的关系会产生何种影响，对这个创造性课程资源系统的大小功能目标的实现会起到什么样的作用。

其二，目标对应法。创造性课程资源系统相应的课程目标系统是配置创造性课程资源的重要依据，而配置创造性课程资源的目的就是要最大限度地实现该目标系统的大小目标，因此，除了运用上述的系统分析法以外，还需运用目标对应法。如图5.9，所谓目标对应法，就是指在配置创造性课程资源时始终要以最大限度地实现目标系统中大小目标为指针，确保每一个大小目标都必须有相应的创造性课程资源子系统去对应，而且要努力确保这个子系统的结构合理和各元素的品质优良，并能实现相应的子目标。

5.7.3 精心选配合适的课程资源

通过分解推断、需求分析和系统架构创建出来的创造性人才培养的目标系统就可以作为创造性人才培养的课程系统的子系统——创造性人才培养的课程目标系统。如前所述，课程资源是课程系统中大小目标实现的资源条件，因此要实现创造性人才培养的课程目标系统中的大小目标，还必须选配合适的创造性课程资源。

"选"就是选择、挑选。"配"含有配备、配给、搭配、匹配等意。创造性课程资源的选配是指精选合适的创造性课程资源，再配入到课程资源系统中去，使其在系统中与其他元素相匹配，并能很好地发挥其应有的课程效用性。所谓"合适"就是指它与系统中其他元素之间具有很好的匹配性，它的课程效用性与目标相匹配。因此，如何求得合适的创造性课程资源甚为关键。笔者以为，有效的措施是，进行目标的资源性分析、资源的效用性分析、缺失性资源的开发和在握性资源的筛选。

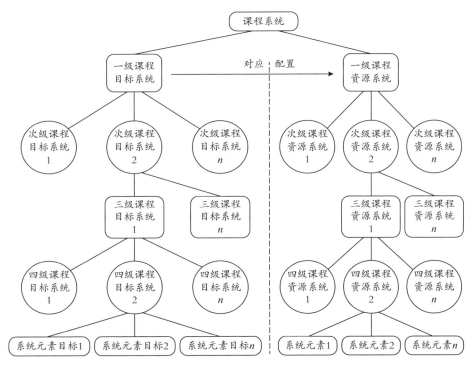

图5.9　课程目标系统与课程资源系统层级解析与对应性配置示意图

5.7.3.1　目标的资源性分析

进行目标的资源性分析，实质上是通过目标分析求取合适的创造性课程资源。目标的资源性分析主要解决以下问题：

其一，为了实现创造性人才培养的课程目标系统中大小目标，究竟需要哪些具有何种质性要求的创造性课程资源。

其二，配置者所掌握的创造性课程资源中，哪些是即用性课程资源，哪些是待优性课程资源。这里的即用性课程资源是指有很好的课程效用性，能满足实现目标所需的质性要求，不需加工优化即可配入到创造性课程资源系统中的创造性课程资源。这里的待优性课程资源则是指虽有较好的课程效用性，但还需加工优化才能满足实现目标所需的质性要求，才能配入到创造性课程资源系统中的创造性课程资源。

其三，现实需要但未被配置者所掌握的创造性课程资源即缺失性课程资源究竟有哪些，能满足实现目标所需的这些缺失性课程资源应该具有何种质性要求。。

5.7.3.2 资源的效用性分析

进行资源的效用性分析，其实质是通过效用分析求取合适的创造性课程资源。资源有效配置的一个基本前提是对资源本身的充分认识，创造性课程资源的配置同样如此，如果认识不充分，往往会增大配置的随意性，降低配置的科学性，很可能会把不符合质性要求的创造性课程资源配入创造性课程资源系统中，从而影响系统内创造性课程资源与创造性课程资源之间的匹配性，降低创造性课程资源系统实现课程系统目标的效能。此外，充分认识创造性课程资源，才知道其质性要求的满足程度及其优化的努力方向。对各种创造性课程资源进行教育效用性分析，主要需了解以下几个方面的问题：

其一，创造性课程资源有哪些课程效用性？其具体表现在哪些方面？

其二，创造性课程资源的各种课程效用性发挥的课程资源条件是什么？

其三，各种课程效用性在创造性课程资源系统中的主次地位如何？

事实上，创造性课程资源的课程效用性往往不止一个。例如，诺贝尔为了研制炸药，冒着生命危险进行过400多次试验，实验室发生过好几次爆炸。

有一次，整个实验室都炸飞了，其弟和四个助手当场炸死，他的父亲由于惊吓和伤心而半身瘫痪，他自己因为不在现场，得以幸免。许多人劝他别再搞这种冒险事，他却说："创造新事物哪能不冒危险，但我不怕！"他始终不放弃试验，终于获得了成功。[①] 爱迪生为了发明电灯遭到无数次的失败，仅是为了寻找一种合适的灯丝，就先后试验了1 600多种材料。[②] 这些案例就是很好的创造性课程资源，它们具有多种课程效用性，既可以用于意志坚强、性格刚毅、坚持真理、勇于批判、不怕挫折、能够承受因从事各种创造性活动所带来的各种压力等创造性素质的培养，又可以用于创造性思维能力的培养。理论需要以案例来支持，否则倍显空洞；而案例也需要理论来阐释，否则难以升华。这就是说，理论性课程资源可以提升素养，但需要案例性课程资源来支持；反之，案例性课程资源也需要理论性课程资源来支持才更有价值。亦即，各种课程资源具有各自的课程效用性，也有各自的效用优势，而且某一课程资源课程效用性的发挥往往以另一课程资源为条件，有时常常互为条件。

5.7.3.3　缺失性资源的开发

在实际的配置过程中，想要配置的创造性课程资源并非都是在握性课程资源，亦即，并非想要配置的创造性课程资源都是伸手可及、信手拈来，常常会有部分创造性课程资源的缺失，造成这部分课程资源的配置不能进行下去，导致相应的子目标无法实现，最终殃及创造性课程系统总目标的实现程度。解决创造性课程资源缺失问题的有效办法，就是积极主动地开发缺失性课程资源，即通过开发求取创造性课程资源。

根据前述关于开发创造性课程资源的专题探讨，我们可以从两个方面来理解缺失性的创造性课程资源的开发：其一，开发的对象可以是已经存在的，即实在性课程资源。这种"存在"又分为隐性存在和显性存在两种。对实在性课程资源来说，其存在无论是显性的还是隐性的，首先应当发现它，然后才能

① 叶永烈．科学家故事 [M].上海：少年儿童出版社，1990：197-200.

② 叶永烈．科学家故事 [M].上海：少年儿童出版社，1990：216-219.

加工、优化，使之变成合乎要求的即用性课程资源，再配入创造性课程资源系统中。如前所述，创造学、创造心理学和科技史等学科里含有丰富的创造性课程资源，物色于此即可发现所需的创造性课程资源。对于显性的课程资源，因为其显性而极易被发现。但对于隐性的课程资源而言，因为其隐性而往往不易被发现，这就要求创造性课程资源开发者要有敏锐的发现意识与能力，要有耐心努力去发掘它。其二，开发的对象也可以是现今尚不存在的，即实无性课程资源。此类课程资源虽不存在，但现实需要、希望具有，所以才有开发的必要。一旦开发出来就成了实在性课程资源。对此类课程资源的开发重在创造，将创造的新课程资源加工处理、完善，合乎质性要求之后，再配入创造性课程资源系统中去。当然，相对而言，前者往往比较容易，后者是从无到有的创造，其难度往往大于前者。

5.7.3.4　在握性资源的筛选

通过目标的资源性分析、资源的效用性分析和缺失性资源的开发，我们将掌握大量的可供选择的创造性课程资源，但并非所有的在握性课程资源都纳入创造性课程资源系统中去，因为任何一个课程资源系统的构建与运行都要消耗一定人力、物力、财力和时间等教育资源，一个既能达到课程目标又很精炼的课程资源系统应当是理想的追求。究竟应该选配哪些创造性课程资源，还必须通过筛选过滤才能确定。问题是如何筛选？吴刚平针对"究竟哪些资源才是具有开发和利用价值的课程资源"这一问题，从课程理论的角度提出了三个筛子与两个原则组成的"课程资源筛选机制理论"，认为至少要经过"教育哲学""学习理论"和"教学理论"这三个筛子的过滤筛选才能确定课程资源的开发价值。[①]笔者认为，虽然本书所探讨的创造性课程资源的选配问题与吴刚平针对的问题不一致，但创造性课程资源的选配完全可以参照和运用吴刚平的这一筛选机制理论。第一个筛子是教育哲学，即创造性课程资源宏观上要有利于实现教育的理想和办学的宗旨，反映社会的发展需要和进步方向，微观上要有利于创造性

---

① 吴刚平. 课程资源的理论构想 [J]. 教育研究，2001(9)：59-63.

人才各种培养目标的实现。第二个筛子是学习理论，即创造性课程资源要与学生学习的内部条件相一致，符合学生身心发展的特点，满足学生的兴趣爱好和发展需求。第三个筛子是教学理论，即创造性课程资源要与教师教育教学修养的现实水平相适应。同时必须注意两个重要原则，即：(1)优先性原则。学生需要学习的东西有很多，远非学校教育所能包揽，因而必须在可能的创造性课程资源范围内和充分考虑课程成本的前提下突出重点并使之优先得到运用。(2)适应性原则。创造性课程的设计和创造性课程资源的选配不仅要考虑学生的共性情况，更要考虑特定学生对象的具体特殊情况。如果要为特定教育对象确定恰当的目标，那么仅仅考虑他们已经学过的内容还不够，还需要考虑他们现有的知识、技能和素质背景。除了考虑学生群体的情况外，还要考虑教师群体的情况。只有这样，创造性课程资源的选配才能真正体现以人为本的思想。

创造性课程资源的选配解决了待配课程资源系统元素的给定问题，但按照系统科学的观点，元素和结构是构成系统的两个缺一不可的方面，系统是元素和结构的统一，元素和结构一起组成系统的内部构造，给定元素和结构两方面才算给定一个系统。[①] 这就是说，仅仅进行选配这个环节是远远不够的，还必须构建这个待配的创造性课程资源系统的结构。

5.7.4　科学构建资源系统的结构

按照系统科学的理论，系统的结构是元素之间相对稳定的、有一定规则的联系方式的总和。没有按一定结构框架组织起来的多元集是一个非系统。结构不能离开元素而单独存在，只有通过元素间相互作用才能体现其客观实在性。[②] 本来，配置任务就是通过配备和布置所需的创造性课程资源来构建创造性人才培养的课程资源系统，在系统元素给定的前提下，配置元素构建系统的实质就简化为"布置"，就是使系统元素各得其所。显然，不同的布置结果对应着系统不同的结构，这就是说，系统结构的构建与系统元素的布置对应起来

[①] 苗东升. 系统科学精要 [M]. 北京：中国人民大学出版社，2006: 23.
[②] 苗东升. 系统科学精要 [M]. 北京：中国人民大学出版社，2006: 23.

了。而布置不能是随意的，必须依据课程目标系统的结构、课程资源自身的性质特点及其之间的相互关系，这样的布置才是合理的布置，才能得到系统元素之间相对稳定的、有一定规则的联系方式，才能得到合理的系统结构。

5.7.4.1 依据课程目标系统的结构

按照教育系统的二元分割理论，任一层级教育系统的教育目标系统和教育资源系统这两个相应层级的子系统之间存在着相互依存的层级对应关系。其中，后者是前者实现的资源条件，即任何层级教育教学目标都要靠一定层级的教育资源系统去实现，没有后者，前者的实现就是一句空话；前者则是后者教育资源配置的依据，没有前者，后者就很难配置成功；前者又是后者的灵魂，没有灵魂的教育资源系统就不能成为系统而只能是教育资源仓库。[①]

创造性课程资源系统与创造性课程目标系统是创造性课程系统二元分割之后得出的两个子系统。这两个子系统之间同样存在着相互依存的层级对应关系。即任一层级的子目标是相应层级的创造性课程资源系统的灵魂和配置依据，同时也需要该层级课程资源系统作为其实现的课程资源条件。这就意味着，类似于 DNA 与 RNA 之间的转录关系，[②]创造性课程资源系统的结构可以依据相应层级的创造性课程目标系统的结构转录而建。

5.7.4.2 依据课程资源自身的性质特点

构建创造性课程资源系统的结构还须依据课程资源自身的性质特点。各种创造性课程资源既有共性，也有鲜明的个性特点，如，它们的课程效用性及其发挥作用的范围与资源条件不尽相同，即使是同一创造性课程资源的各种课程效用性也有主次地位之分。笔者在进行创造性思维教学时，常用一个经典案例，即电视连续剧《宰相刘罗锅》中的一个片段。乾隆皇帝南巡江宁，一天他在大臣和珅的陪同下，到了一家妓院，与巡抚大人的小舅子石敬虎为争一歌妓大打出手，致人死亡，结果被江宁知府刘墉的手下捕获并打入大牢，导致了刘

---

① 王伟清.试论技术性教育资源的对应性配置 [J].电化教育研究，2009(1): 26.

② 高崇明.生命科学导论 [M].北京：高等教育出版社，2007: 178.

墉处于对乾隆皇帝判不得、放不得、迎不得、极有可能做冤死鬼的险境。这个片段笔者未去考证，极有可能是虚构的，但却是很好的案例性课程资源，既可以用作侧向思维的教学案例，也可以用作灵感思维的教学案例，但比较起来，更适合于用作侧向思维的教学案例。这个例子充分说明，创造性课程资源自身的性质特点应该作为构建创造性课程资源系统结构的重要依据。

5.7.4.3 依据课程资源之间的逻辑关系

值得注意的是，构建创造性课程资源系统的结构，仅仅依据课程目标系统的结构和创造性课程资源自身的性质特点是不够的，还必须依据创造性课程资源之间的逻辑关系。因为已选配的这些创造性课程资源是创造性课程资源系统中的元素，既然属于一个系统，就必须考虑系统元素之间的关系。例如，要阐述清楚"创造性思维的机制"这一概念，必须要阐述清楚"创造性思维过程"，并经"思维过程"与"解决问题的思维过程"一直追溯到更基础的"思维"与"过程"等几个基本概念，然后回过头来才能理解"创造性思维的机制"这一概念，这些概念之间具有一方以另一方为基础的逻辑关系，并共同构成了一种关系群，笔者谓之为塔层逻辑关系，如图5.10所示。这些概念实际上就是一些理论性课程资源，具有这种塔层逻辑关系的创造性课程资源必须按照这种逻辑关系配置到一起，形成创造性课程资源系统里局部的逻辑结构。

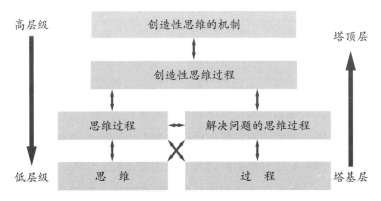

图5.10 理论性课程资源塔层逻辑关系示意图

至此，经过创建创造性人才培养的目标系统、选配创造性课程资源、构建创造性人才培养的课程资源系统的结构等几大步骤，形成了创造性课程资源系统配置的初步方案和创造性课程资源系统的雏形。如前所述，配置的目的是能最大限度地实现该创造性课程资源系统的系统目标，为了达到这个目的，还必须对配置方案进行评价和完善。

5.7.5　反复评价与完善配置方案

创造性课程资源配置方案的完善往往需要以评价为基础，评价是完善的前提，评价可以发现配置方案质量的优劣和问题之所在，为配置方案的完善指明努力的方向。而配置方案的完善则使评价的价值得到升华。评价与完善通常还会有多次反复，出现"评价→完善→再评价→再完善→……"这样的反复过程，体现了人们对完美的追求。

5.7.5.1　配置方案的评价

配置方案是配置行为实施的蓝本，配置方案一旦给定，并照其实施，得出的配置结果就是使待配系统变成了一个现实的新系统，而配置方案的质量则是决定新系统性能的主要因素，因此对配置方案进行质量评价是极为重要的、不可或缺的环节。评价配置方案的基本思路概括地说就是"两点一线"，既要评价创造性课程目标系统，又要评价创造性课程资源系统，同时还要评价这两个系统之间的匹配程度。

其一，对创造性课程目标系统的评价。创造性课程目标系统中的大小目标是配置创造性课程资源，构建和完善创造性课程资源系统的依据，可以说创造性课程目标系统是创造性课程资源系统的蓝本，劣质的蓝本很可能得出劣质的配置方案，优质的蓝本才有可能有优质的配置方案，通过评价蓝本来发现蓝本的不足，才能得知配置方案的问题及其原因之所在，因此，要评价创造性课程资源的配置方案首先应当评价创造性课程目标系统。而对创造性课程目标系统的评价，则主要包括四个方面的内容，即：(1)大小目标定位的合理程度，(2)大小目标设置的齐全程度，(3)大小目标之间的匹配程度，(4)整体系统结构的合理程度等。

(1) 大小目标定位的合理程度。所谓目标定位合理是指目标定位明确，不高不低，不偏不倚，能满足客观需求又符合客观实际。这里的"客观实际"主要是指学生身心发展规律尤其是创造力发展规律、实现目标所需的课程资源条件，以及学生的知识能力的水平结构等几个方面。创造性课程目标定位过高，则脱离实际，即这几个方面的客观实际如果违背学生身心发展规律尤其是创造力发展规律，或者客观实际不可能满足实现目标所需的课程资源条件，那么创造性课程目标就不可能实现，至少可以说不可能充分实现；过低或过偏，则不能满足客观需求。如，某一子目标是"要求受训人员必须获得至少一项专利"，对文科背景的学生来说这个目标就是过高过偏，不切实际。因为，专利的获取受到很多因素的制约，如技术因素、经济因素、时间因素等，要求通过获取专利来表达学生创造性的提高情况当然过偏，无论怎么开发他们的创造潜能，他们中的绝大多数人也是几乎不能做到的。

(2) 大小目标设置的齐全程度。所谓目标设置齐全是指应当设置的必不可少的目标都已被设置到目标系统里。如果应当设置的目标没有被设置在内，这就是残缺，就是不齐全。如，从第二章创造性人才培养的基本目标分析中可知，创造性人才的培养目标应该包括素养目标、素质目标和能力目标，三者缺一不可。从素质目标来看，创造性人才应该具有不断探索创新的兴趣和欲望，勤于思考，求新求异，即有较强的创新精神和创新意识；具有良好的心理素质，较强的独立性，意志坚强，性格刚毅，坚持真理，勇于批判，不怕挫折，不怕风险，不患得失，能够承受因从事各种创新活动所带来的各种压力，即具有以创造性人格为核心的创造性素质。显然，这些都应纳入创造性课程目标系统中去，否则就是残缺，就是不齐全。

(3) 大小目标之间的匹配程度。所谓目标之间匹配是指目标之间的配合与支持。如图5.11所示，目标1有两个子目标，即目标2和目标3，同时目标3又是目标2的子目标。显然，目标1需要目标2与目标3的鼎力支持，目标2也需要在目标3的大力支持配合下才能支持目标1。目标之间的支持与配合的程度就反映了它们之间的匹配程度。如图5.12所示目标系统中部分目标之间支持关系示意图，图中箭头指向高一级目标，表示对高一级目标的支持，也表示只有先实现了低级目标，才能实现高一级目标。如要实现目标2，必须首先实现目标4和目标5；要实现目标1，必须首先实现目标2、目标3和目标4。即目标1对目标2、目标3和目标4提出了一定的要求，同样目标2对目标4和目标5也提出了一定的要求。然而，对目标4和目标5赋以具体内涵时，就可能出现由这两个目标得出的目标2满足不了目标1对目标2的要求，即出现了匹配问题。因此，对创造性课程目标系统的评价必须评价大小目标之间的匹配程度。

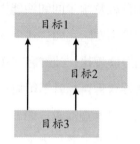

图5.11 目标之间关系示意图

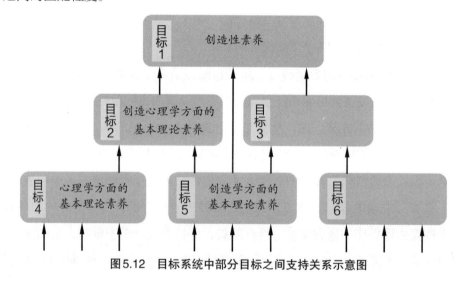

图5.12 目标系统中部分目标之间支持关系示意图

（4）系统整体结构的合理程度。为了防止对创造性课程目标系统的评价出现"只见树木不见森林"的现象，还需要从系统整体来评价创造性课程目标系统的合理情况。系统的整体评价主要是评价创造性课程目标系统的整体结构的合理程度，例如，系统架构与模块化处理的过程中是否存在大的结构模块的残缺等。

其二，对创造性课程资源系统的评价。配置方案的质量还可以通过预测配置方案实施结果的好坏来评价，配置方案实施的结果就是一个新的创造性课程资源系统。这就是说，对配置方案的评价转化为对方案预设的创造性课程资源系统的评价，而评价的内容主要是对创造性课程资源的齐全程度、优质程度和课程资源之间的匹配程度，以及创造性课程资源系统结构的合理程度等进行价值判断。

(1)创造性课程资源的齐全程度。任何系统其系统元素的齐全程度是该系统运行效率及其系统目标实现程度的关键之一。所谓系统元素的齐全程度就是指系统所需的各种类系统元素是否全部具有的程度。一个完整的系统应该是该系统所需的各种类系统元素在数量、质量及匹配程度等方面都得到了充分的满足。当然各种类系统元素在系统中的作用、地位并不完全相同，如果核心的、关键的系统元素不符合要求甚至缺失，那么整个系统就不能正常运行，甚至瘫痪，也就不用谈及系统的运行效率及系统目标的实现。因此，要使系统正常运行，至少必须确保该系统最基本元素的齐全性。[①]创造性课程资源系统同样如此。目前在很多专业都强调要培养创造性人才，但在相应的课程资源系统中，基本的创造性课程资源却很不齐全，或者缺失创造学方面的课程资源，或者缺失创造心理学方面的课程资源，与专业相结合的基本的创造性课程资源也非常残缺。因此，必须评价创造性课程资源的齐全程度。

(2)创造性课程资源的优质程度。创造性人才培养的课程目标系统对创造性课程资源系统中的所有元素都有一定的质性要求，并希望得到充分的满足，而配入到创造性课程资源系统中的各种元素只能在不同程度上满足其质性要求。所谓评价创造性课程资源的优质程度是指对创造性课程资源满足其质性要求的程度的评价。一般来说，创造性课程资源的优质程度越高，创造性课程资源系统的性能才有可能越好，即实现课程资源系统目标的能力才有可能越强；

① 王伟清.试论教育资源配置的行为规范 [J].浙江师范大学学报 (社会科学版)，2008(4)：105.

反之，创造性课程资源的优质程度越低，创造性课程资源系统的性能就会越差，即实现课程资源系统目标的能力就有可能越差。显而易见，选配优质的创造性课程资源是提高创造性课程资源系统性能、最大限度地实现系统目标的前提。对创造性课程资源的优质程度的评价，实际上也是对配置过程中选配环节的评价。如果在选配过程中，没有选取优质的创造性课程资源，反而将一些低质的不成熟的课程资源选配到创造性课程资源系统里，则肯定会影响创造性课程资源系统的性能和系统目标的实现程度。因此，我们不但要把创造性课程资源的优质程度列入评价的范围，而且要把握好这一评价关。

(3)创造性课程资源之间的匹配程度。所谓创造性课程资源之间的匹配是指选配的各种课程资源之间存在不矛盾性甚至一致性，以及对实现相应的共同目标的"齐心协力"。如果创造性课程资源之间不匹配，则意味着它们之间存在不一致甚至矛盾之处，就不能为相应的共同目标的实现而"齐心协力"，这显然会影响共同目标的实现程度。例如，在创造学和创造心理学这两个课程资源子系统中都不可避免地会涉及创造性思维理论。而创造性思维理论有两个权威的观点：一是创造学界的权威学者庄寿强的观点——"创造性思维是能产生新颖性思维结果的思维，这里的'思维结果'，不是所谓的实践成果，更不是成功了的实践成果，而是创造性设想。"[1]另一个是心理学界的权威学者林崇德的观点——"创造性思维是一种新颖、独特、且有意义的思维。"[2]两者显然存在不一致之处，而它们相应的共同目标都是培养学生创造性思维方面的理论素养和创造性思维能力等方面。如果在配置创造学课程资源子系统时选配庄寿强的观点，而在配置创造心理学课程资源子系统时选配林崇德的观点，那么这些目标的实现就会大打折扣，因为学生很可能无所适从。因此，评价创造性课程资源之间的匹配程度是很有必要的。

(4)创造性课程资源系统结构的合理程度。从系统本身来看，功能是由元

---

① 庄寿强. 普通行为创造学 [M]. 徐州：中国矿业大学出版社，2013：110.

② 林崇德. 创造性人才•创造性教育•创造性学习 [J]. 中国教育学刊，2000(1)：5-8.

素和结构共同决定的。元素性能太差，不论结构如何优化，也造不出高效可靠的机器，必须有具备必要素质或性能的元素才能构成具有一定功能的系统，这是元素对功能的决定作用。但同样或相近的元素，按不同结构组织起来，系统的功能有优劣高低之分，甚至会产生性质不同的功能，这是结构对功能的决定作用。① 同理，对于创造性课程资源系统来说，系统结构的合理程度同样也决定着系统的功能——系统目标的实现程度。创造性课程资源之间的匹配与创造性课程资源系统结构的合理不是一回事，因为课程资源之间的匹配很可能是局部的，系统结构的合理应该是整体的、全局的，局部匹配不等于整体合理。因此，从整体的、全局的角度来评价创造性课程资源系统结构的合理程度也是很有必要的。

其三，对这两个系统之间匹配程度的评价。由前述课程系统的二元分解理论可知，创造性课程目标系统与创造性课程资源系统是创造性课程系统二元分解后得出的具有层级对应关系的两个子系统，这两个子系统必须相互匹配，否则创造性课程资源系统存之无据，而创造性课程目标系统就是空中楼阁，因此，必须评价这两个系统之间的匹配程度。但由于配置方案尚未实施，所以创造性课程资源系统还是一个预设的系统，那么，评价这两个系统之间的匹配程度则应从目标的资源性评价和资源的目标性评价这两个方面来进行。

所谓目标的资源性评价，主要是检查已经构建的创造性课程目标系统中，大小目标是否有相应的创造性课程资源去匹配，并评价匹配的程度。所谓资源的目标性评价，则主要是检查已经选配的创造性课程资源是否在创造性课程目标系统中都有明确的效用指向。目前很多专业培养目标上要求开发学生的创新潜能，培养创造性人才，但在其课程设置上却没有相应的创造性课程去对应。从教育资源学的视角来看，这就是创造性课程目标系统与创造性课程资源系统不匹配，或者说匹配性不强。

如果目标的资源性评价和资源的目标性评价中发现有目标无合适资源或有资源却无目标，就说明这个配置方案还需要修改和完善。

....

① 苗东升 . 系统科学精要 [M]. 北京：中国人民大学出版社，2006：29.

5.7.5.2 配置方案的完善

创造性课程资源的配置目的是最大限度地实现该课程资源系统的系统目标，这是完善创造性课程资源系统配置方案的根本动因。配置方案的完善不只是要解决初步方案评价中发现的问题与不足，还要解决人们在实施配置方案并运行创造性课程资源系统的实践过程中发现的问题与不足，此外还要解决配置方案在发展过程中的时效性问题。其中，后面两种情况的解决当然离不开评价，即要结合这两种情况对配置方案进行一次重新评价，再得出配置方案的具体修改方案。因此，不管哪种情况，配置方案总是在"评价→修改→实施→再评价→再修改→再实施→……"螺旋式发展中得到"版本"的不断升级与完善。

无论针对哪种情况，配置方案的完善都应从目标系统的完善和资源系统的完善这两个方面进行，而且首先是目标系统的完善，其次才是资源系统的完善。因为，创造性课程目标系统是创造性课程资源系统的配置依据，创造性课程资源系统的完善是建立在完善创造性课程目标系统的基础之上，创造性课程目标系统不完善，创造性课程资源系统的完善就会缺少依据和方向。

创造性课程目标系统的完善仍然要通过如前所述的分解推断、需求分析与系统架构等措施来进行，主要内容包括：提高大小目标定位的合理程度、大小目标设置的齐全程度和大小目标之间的匹配程度，以及优化目标系统的整体结构等。而创造性课程资源系统的完善也要通过前述的"选配创造性课程资源和构建创造性人才培养的课程资源系统的结构"中的各项具体措施来进行，主要内容包括：提高创造性课程资源的齐全程度、优质程度和课程资源之间的匹配程度，以及优化创造性课程资源系统的整体结构等。

特别重要的是，社会总是在不断向前发展，对创造性人才及其培养的要求在不断向前发展，有关创造性人才及其培养的各种理论也是在不断向前发展，正是这一系列的发展变化，既带来了配置方案的时效性问题，又带来了完善配置方案的良好机遇。所谓配置方案的时效性问题，是指配置方案已经跟不上时代发展的步伐，不能满足客观需求，显得不合时宜。因为，只要客观世界对创造性人才及其培养的要求发生质的变化，创造性课程目标系统中相关的大小目标的定位就必须发生相应的改变，如果不变就不能与时俱进，就不能满足客观需求；与创造性课程目标系统相对应的课程资源系统的配置方案也必须进行相应的变革，否则时效性问题就会愈来愈突出，也愈来愈严重。例如，过去人们对教师的定位是"传道、授业、解惑"，到后来开展创造教育培养创造性人才，强调教师要"能传授给学生发明创造技法""能有意识地引导学生进行发散性思维"，如今对教师的定位还在进一步地发展！如，吴安春、朱小蔓认为，创造性教师是指在教育教学活动中，能用自己独特的教育理解、发现和创设各种有利的教育情境和条件，进而成功地影响学生，促进学生成为生命完整和谐的、可持续性的发展的人。[①] 此例充分说明了随着时间的推移创造性教师定位的质的变化和客观世界实际需求的质的变化。然而，不只是社会发展变化引起配置方案的时效性问题，理论研究创造出一系列的理论性课程资源如果游离在配置方案之外，则也会导致配置方案的时效性问题。

因此，要完善创造性课程资源的配置方案，必须与时俱进，及时捕捉社会新的需求信息和理论研究新成果，认真分析，完善目标系统，如对创造性课程目标系统中相关的大小目标进行重新定位，补充缺失性目标，优化目标之间的关系和目标系统的结构，及时开发和补充新的创造性课程资源，尤其是理论性课程资源，并配入到创造性课程资源系统中，优化待优性课程资源，更换过时的、失效的或劣质的课程资源，并对更新了的创造性课程资源系统内的元素之间的关系和系统结构进行调整和优化，从而得出关于创造性课程资源系统更加完善的配置方案。

---

① 吴安春，朱小蔓. 对创造性教师的研究 [J]. 上海教育科研，2002(5)：5.

第六章　结论与展望

6.1　结论

本书站在教育科学(教育经济学、课程论等)、资源科学(教育资源学)、系统科学等学科的角度，运用这些学科的理论与方法，结合笔者长期的调查与观察，以及自身多年的创造教育实践，对创造性人才培养的课程资源条件保障问题进行了比较深入的分析研究，并得出了以下结论。

规范使用和科学界定"创造性人才"概念是非常必要的，而且关系到创造性人才培养目标的定位，最终会影响到课程目标的选择和课程资源条件保障的依据问题。比较"创新人才""创造性人才""创新型人才"等几个类似的概念，选择"创造性人才"更为合适。而创造性人才是具有较高的创造性素养、较好的创造性素质和较强的创造性技能，在一定领域有效开展创造性活动并能取得创造性成果的人才，其基本特征在于其创造性。由于不同领域的创造活动有不同的特点，对创造性人才的客观要求也会因领域的不同而不同，所以，创造性人才培养目标的定位应该以满足创造性实践的客观需求为原则，从素质、素养、能力与专业领域等四个维度来进行，要追求个性与共性的辩证统一。与普通人才相比，创造性人才应该具有鲜明的个性——创造性人才的基本特征。这些基本特征同时又是各专业领域的创造性人才的共性，而且在素质、素养与能力等方面有明显的体现。

要大批培养创造性人才，必须具备一些基本的课程资源条件。从课程与资源两个维度来看，课程资源是实现课程目标所需的具有课程效用性的教育资源。课程资源的本质特点是课程效用性。目标指向创造性素养、创造性素质和创造性技能的课程目标是创造性课程目标，具有创造性课程目标的课程就是创造性课程，用于实现创造性课程目标的课程资源就是创造性课程资源。创造性课程资源分为创造性课程内容资源和创造性课程条件资源两大类。其中，创造性课程内容资源就是指那些能成为创造性人才培养课程的内容资源，如知识、技能、经验、活动方式与方法、情感态度和价值观等；创造性课程条件资源就是指那些支持创造性人才培养的课程活动进行的物质和非物质的一切，如人力、物力、财力和时间等。这两类创造性课程资源都是创造性人才培养的必需的课程资源条件，在创造性人才培养的过程中，各自发挥着不可替代的课程效用性，共同实现创造性人才培养目标。值得一提的是，在财力、物力、时间、政策等其他课程资源条件得到充分保障的前提下，创造性课程内容资源和创造性教师资源是创造性人才培养最为关键的资源。

种类繁多的创造性课程内容资源有诸如课程效用性、效用条件性、供给稀缺性、种类多样性、价值潜在性、生成过程性、创生社会性、适可替代性、成本差异性等基本性质，深入了解、分析这些基本性质，构建分类体系，有利于全面而系统地认识各种创造性课程内容资源，进而有利于创造性课程内容资源的保障。

创造性教师就是教师中的具有良好的教育创新素质与创造教育素质、较高的教育创新素养与创造教育素养、较强的教育创新能力与创造教育能力的创造性人才。创造性教师既具有专业性创造性人才特征，又具有领域性教师特征，而且这些特征的具体内涵在具有共性的同时，还会因教育类型、层次、专业学科领域等因素不同，而具有鲜明的个性。因此，创造性教师条件的保障也必须因创造性人才培养的类型、层次、专业学科领域等因素不同而具有鲜明的个性。

创造性人才培养的课程资源条件，微观地看是指各种创造性课程资源，宏观地看是指各种创造性课程资源所组成的创造性课程资源系统。创造性人才培养的课程资源条件保障，就是指培养创造性人才所需课程资源条件的满足。

这里的保障，绝不只是单个资源、一类资源的保障，也不只是某些资源的保障，而是创造性课程资源的系统保障。概括地说，创造性课程资源的系统保障包括要素和结构两个方面的保障。而创造性课程资源条件的保障任务则是由各级政府、理论研究者、一线教师、创造者、教育行政组织、学校管理者等主体共同承担的。各保障主体因各自占有的资源优势和应尽的职责不同，其承担的保障任务也有差异。同一主体很可能会承担多种创造性课程资源的保障任务，同一创造性课程资源的保障任务很可能由多个主体共同来承担。

创造性人才培养的课程资源条件保障不足基本表现或在种类、或在品质、或在数量，或同时在其中的几个方面，且不同的种类还有一些不同表现特点，而保障不足的整体表现尤为突出的是系统性保障不足。由于创造性课程资源的种类和保障主体的不同，保障不足的原因也有很大差异，归纳起来主要在于以下六个方面：(1)主体对创造、创造性人才及其培养等方面不当的、片面的甚至错误的认识，尤其是低估教育教学在创造性人才成长过程中的作用，低估创造性人才培养的教育投资价值等，导致其保障意识淡漠。(2)对各主体业绩的诸多不当评价和急功近利的教育投资观抑制甚至扼杀主体对创造性课程资源的保障意向和动机。(3)在创造性人才培养目标设计上，普遍存在空洞而肤浅、笼统而无个性的现象，且未见有关于创造性人才培养的贯穿各教育阶段的比较完善的目标系统；已有的相关研究成果也往往还只停留在所发表的刊物里、所出版的专著里而被束之高阁，而没有转变为具有资源支配权力的主体的决策意志和作为可执行的资源保障依据。(4)为创造性人才培养提供创造性课程资源保障的主体不熟悉实现创造性课程目标的创造性课程资源，不知道究竟需要何种性质特点的创造性课程资源，无法采取有力的保障措施，甚至连努力的方向都找不到。(5)我国长期的教育投入不足，已经成为制约创造性人才培养的"瓶颈"。(6)一些相关理论，诸如有助于激发主体保障动机的关于创造性人才培养的投资价值理论，有助于解决创造性课程资源配置依据问题的创造性人才培养目标及其构建理论，有助于解决创造性课程资源供给问题的创造性课程资源开发理论，有助于解决创造性课程资源系统构建问题的创造性课程资源配置理论，等等，这些理论的不完善甚至缺失是导致创造性课程资源保障不足的更深层次的原因。此外，保障主体必要的理论素养不够甚至严重欠缺也是不可忽视的原因。

确保创造性人才培养的课程资源条件得到充足保障的有效措施是：(1)主体必须正确认识人类的创造、创造活动与创造力，正确认识学校教育在创造性人才成长中的积极作用，正确认识创造教育的投资价值，以此来强化自身对创造性人才培养的课程资源保障意识。为此，主体应加强学习，不断提高诸如教育经济学、创造学、创造心理学和创造教育学等方面的理论素养。(2)通过探明各主体在创造性人才培养事业中能够履行且应当履行的主要职责，探明针对不同评价对象的各种评委应该具有的资质，严格筛选出合格的评委，建立科学的评价指标体系和方法策略体系，以此来正确评价各保障主体的业绩，激发主体对创造性课程资源的保障动机。(3)根据要进行创造性课程资源保障的创造性课程系统其阶段性、专业性等方面的性质特点和客观需求来确定创造性课程目标系统中的总目标，通过分解推断和需求分析相结合确定各级子目标及其内涵，通过系统架构与模块化处理确定每一个子目标在系统中的层级和应有的位置，以此来构建创造性课程目标系统，为用于实现该创造性课程目标系统的创造性课程资源系统提供创造性课程资源的保障依据。(4)以教育资源学的学科建设为后盾，凝练创造性课程资源理论研究方向，汇聚研究队伍，以创造性课程资源的属性研究为重点，以创造性课程资源的分类研究为途径，利用现代数据库技术和网络技术，来创建、充实和完善创造性课程资源的数据库，从而大大增强保障主体对创造性课程资源的保障能力。(5)创造性课程资源的开发与配置是创造性课程资源的保障主体最直接的保障行为。加强对创造性课程资源开发问题的研究，系统地探明创造性课程资源的开发规律，建立创造性课程资源开发的理论体系，再用于指导人们开发创造性课程资源的具体实践，必将在很大程度上降低开发的成本和盲目性，提高开发的质量和效率，从而增强创造性课程资源供给的理性。在基于需求的教育资源配置系统观的指导下，加强对创造性课程资源配置问题的研究，系统地探明创造性课程资源的配置规律，建立创造性课程资源配置的理论体系，再用于指导人们配置创造性课程资源的具体实践，必将在很大程度上降低配置的盲目性，提高配置方案的质量，从而增强创造性课程资源配置的理性。(6)各保障主体必须明确自身的职责，在教育科学理论、资源科学理论、系统科学理论、人本主义理论等，特别是创造性课程资源的开发理论指导下，按照创造性课程资源开发的方法步骤，积极开发各种创造性课程资源，来确保各种优质的创造性课程资源得到充足的供给。(7)在解决了创造性课程资源供给问题的前提下，按照创造性课程资源的配置理论，灵活运用系统分析法与目标对应法等基本的配置方法，合理配置创造性课程资源，来构建、维护与完善一个能充分实现相应的创造性课程目标系统中大小目标的创造性课程资源系统，从而确保创造性课程资源的系统保障。

6.2 展望

在本书的研究过程中，笔者还发现了一些有待研究又非常值得研究的课题，它们如能得到解决，必将有力地促使创造性人才培养的课程资源条件得到常态化的系统保障。这些课题也是笔者将继续努力探索的方向。

其一，制定包括职业教育在内的贯穿幼儿教育、初等教育、中等教育直至高等教育各阶段比较完善的创造教育目标体系。目标设计上切忌空洞而肤浅、笼统而无个性，必须充分尊重教育对象的身心发展规律，既要反映各阶段的教育特点，又要注意各阶段目标之间的衔接性和所有目标整体上的系统性，同时还要注意在基础教育阶段的基础性特点和高等教育阶段学科专业的领域性特点，追求共性与个性的统一。其二，制定面向各级各类教育的创造性教师培养的目标体系。创造性课程资源条件保障不足在创造性教师培养中尤为突出，因为创造性教师也是创造性人才，是能培养创造性人才的创造性人才，创造性教师更需要创造性教师去培养，也需要创造性教师培养的目标体系。在目标设计上也应切忌空洞而肤浅、笼统而无个性，也必须充分尊重培养对象将来所从事的教育性质，是基础教育还是高等教育，是普通教育还是职业教育，等等。也应注意教师教育的基础性特点和学科专业的领域性特点，追求共性与个性的统一。其三，制定面向各保障主体的业绩评价考核指标体系和方法策略体系。其四，建立面向各保障主体的业绩评价考核机制。其五，建立创造性课程资源的分类体系。其六，利用现代数据库技术和网络技术，建立面向各级各类教育的创造性课程资源数据库，并实现全国范围内的联网充实、完善与共享。其七，建立面向各级各类教育的创造性课程体系。其八，建立创造性人才培养的课程资源条件保障机制。其九，建立面向各级各类教育的创造性课程教学评价与测量体系。

人类正在迈入创造力经济时代，创造性人才日趋重要。为了源源不断地大批地培养优秀的创造性人才，把我国建设成为创新型国家，以迎接创造力经济时代的挑战，客观上要求各级各类学校广泛开展创新教育，通过实施各种创造性课程，以开发学生创造潜能，提高其创造性。但现实情况是，培养创造性人才所需的课程资源条件既不为人们所广泛而清晰地认识，也常常难以得到应有的保障，甚至无法实施各种创造性课程。值得庆幸的是，很多学者已经意识到这是我国通往创新型国家道路上不可回避又亟待解决的现实问题。本书的研究和上述课题的提出，仅仅是抛砖引玉，笔者深信，必将有越来越多的专家学者投身于创造性人才培养的课程资源条件及其保障问题的研究，在大家的共同努力下，也必将建立起创造性人才培养的课程资源条件保障理论体系。

同时，笔者也深信，创造性人才培养的课程资源条件及其保障问题的研究也必将引发教育经济学界一些专家学者对教育资源条件保障问题的研究兴趣，很有可能在不久的将来，人们会拓宽教育投资理论的视野，建立起包括教育投资理论在内的教育资源条件的保障理论。

此外，随着人们对创造性课程资源条件及其保障问题研究的深入，创造性课程资源的分类体系、各种各类创造性课程资源的性质特点、创造性课程资源的开发、创造性课程资源的配置、创造性课程资源系统的构建与功能性能分析等，各方面的研究成果逐渐清晰地呈现在人们面前，这又有力地推动了教育资源学的创建进程，因此，笔者坚信，教育资源学的问世已经为期不远啦！

参考文献

一、中文文献

专著类

1. 庄寿强.普通行为创造学 [M].徐州：中国矿业大学出版社，2013.

2. 龚春燕，龚冷西.创新教育学 [M].北京：北京师范大学出版社，2014.

3. 朱永新.朱永新教育演讲录　创新教育才能创造未来 [M].北京：人民教育出版社，2018.

4. 刘成武，黄利民等.资源科学概论 [M].北京：科学出版社，2004.

5. 孙俊三.教育原理 [M].长沙：中南大学出版社，2001.

6. 范先佐.教育经济学新编 [M].北京：人民教育出版社，2015.

7. 范兆雄.课程资源概论 [M].北京：中国社会科学出版社，2002.

8. 中国社会科学院语言研究所词典编辑室.现代汉语词典(第6版)[M].北京：商务印书，2012年。

9. 中国社会科学院语言研究所词典编辑室.现代汉语词典(第7版)[M].北京：商务印书，2016.

10. 段继扬.创造性教学通论 [M].长春：吉林人民出版社，1999.

11. 张庆英.创新教育与教育的创新 [M].北京：中国财富出版社，2016.

12. 宋书文，孙汝亭，任平安.心理学词典 [M].南宁：广西人民出版社，1984.

13. 孙绵涛.教育行政学 [M].武汉：华中师范大学出版社，1998.

14. 王善迈. 教育投入与产出研究 [M]. 石家庄：河北教育出版社，1996.

15. 马忠林. 数学思维方法 [M]. 南宁：广西教育出版社，1996.

16. 丁雅娴. 学科分类研究与应用 [M]. 北京：中国标准出版社，1994.

17. 商继宗. 中小学比较教育学 [M]. 北京：人民教育出版社，1992.

18. 邵瑞珍. 教育心理学 [M]. 上海教育出版社，1997.

19. 许国志. 系统科学 [M]. 上海：上海科技教育出版社，2000.

20. 苗东升. 系统科学精要 [M]. 北京：中国人民大学出版社，2010.

21. 张华. 课程与教学论 [M]. 上海：上海教育出版社，2000.

22. 顾明远. 教育大词典：教育经济学第 6 卷 [M]. 上海：上海教育出版社，1997.

23. 刘成武，黄利民等. 资源科学概论 [M]. 北京：科学出版社.2004.

24. 巴巴垃. 西尔斯，丽塔. 里齐. 教学技术：领域的定义和范畴 [M].\\ 乌美娜，刘雍潜. 等译. 北京：中央广播电视大学出版社，1999.

25. 范先佐. 教育经济学 [M]. 北京：中国人民大学出版社，2008.

26. 厉以宁. 非均衡的中国经济 [M]. 北京：经济出版社，1991.

27. 张跃庆、张念宏. 经济大辞海 [M]. 北京：海洋出版社，1992.

28. 苗东升. 系统科学精要 [M]. 北京：中国人民大学出版社，2010.

29. 刘成武，黄利民等. 资源科学概论 [M]. 北京：科学出版社，2004.

30. 侯光文. 教育评价概论 [M]. 石家庄：河北教育出版社，1999.

31. 俞国良. 创造力心理学 [M]. 杭州：浙江人民出版社，1996.

32. 苗东升. 系统科学精要 [M]. 北京：中国人民大学出版社，2010.

33. 李行健. 现代汉语规范词典 [M]. 语文出版社，2004.

34. 刘成武，杨志荣，方中权. 自然资源概论 [M]. 北京：科学出版社，1999.

35. 刘成武，黄利民等. 资源科学概论 [M]. 北京：科学出版社，2004.

36. 游智仁等. 现代汉语同义词辨析 [M]. 银川：宁夏人民出版社，1986.

37. 靳希斌，教育经济学 [M]. 北京：人民教育出版社，2009.

38. 段继扬. 创造性教学通论 [M]. 长春：吉林人民出版社，1999.

39. 邱渊. 教育经济学导论 [M]. 北京：人民教育出版社，1989.

40. 厉以宁. 教育经济学 [M]. 北京：北京出版社，1984.

41. 邹海林，徐建培. 科学技术史概论 [M]. 北京：科学出版社，2004.

42. 杨葆焜，范先佐. 教育经济学新论 [M]. 南京：江苏教育出版社，1995.

43. 叶永烈. 科学家故事 [M]. 上海：少年儿童出版社，1990.

44. 高崇明. 生命科学导论 [M]. 北京：高等教育出版社，2007.

45. 苗东升. 系统科学精要 [M]. 北京：中国人民大学出版社，2006.

46. 扈中平，李方，张俊洪. 现代教育学 [M]. 北京：高等教育出版社，2000.

47. 刘志军. 教育经济学 [M]. 北京：北京大学出版社，2007.

48. 柯佑祥，教育经济学 [M]. 武汉：华中科技大学出版社，2009.

49. 王道俊，郭文安. 教育学 [M]. 北京：人民教育出版社，2009.

50. 叶澜. 教育概论 [M]. 北京：人民教育出版社，2006.

51. 教育部基础教育司，教育部师范司组织. 课程资源的开发与利用 [M]. 北京：高等教育出版社，2004.

52. 段兆兵. 课程资源开发与利用：原理与策略 [M]. 芜湖：安徽师范大学出版社，2011.

53. 刘儒德. 学习心理学 [M]. 北京：高等教育出版社，2010.

54. 张大均. 有效教与学的策略 [M]. 北京：人民教育出版社，2011.

55. 韦洪涛. 学习心理学 [M]. 北京：化学工业出版社，2011.

56. 陈永明. 教师教育学 [M]. 北京：北京大学出版社，2012.

57. 谷传华. 社会创造心理学 [M]. 北京：中国社会科学出版社，2011.

58. 俞文钊，刘建荣 . 创新与创造力：开发与培育 [M]. 大连：东北财经大学出版社，2008.

59. 段继扬 . 创造力心理探索 [M]. 开封：河南大学出版社，2000.

60. 谌彬，伊红 . 创造环境的自我完善 [M]. 北京：职工教育出版社，1989.

61. 张唐生 . 创造中的自我 [M]. 广州：广东人民出版社，1988.

62. 俞国良 . 创造力心理学 [M]. 杭州：浙江人民出版社，1996.

63. 鲁克成 . 创造心理与技法 [M]. 西安：西北工业大学出版社，1988.

64. 韦洪涛 . 学习心理学 [M]. 北京：化学工业出版社，2011.

65. 胡勇坚 . 基于通用技术课程创新教育的研究 [M]. 北京：科学出版社，2015.

66. 付兴林，吴金涛 . 文学类专业素质与创新教育讲演录 [M]. 北京：中国社会科学出版社，2017.

67. 李奋生，许传新，陈多闻 . 文科大学生科技创新教育 [M]. 北京：科学出版社，2018.

68. 刘建华，张卫健 . 大学生创新教育与创业指导 [M]. 北京：科学出版社，2019.

69. 龚德良等 . 创新教育与创业基础 [M]. 北京：中国水利水电出版社，2019.

70. 盖尔·H. 格里高利 . 创新教育模式：让课堂"活"起来 [M]. 韩雪，译 . 哈尔滨：黑龙江教育出版社，2017.

期刊类

1. 侯长林 . 高职院校培养创新人才关键在教师 [J]. 职业技术教育，2013，34（12）.

2. 杨晓梦 . 立德树人使命下的教师专业发展路径探讨——来自"2017 年基础教育人才发展 20 人北京论坛"的声音 [J]. 中小学管理，2017（11）：37-38.

3. 张文海.基于创新人才培养的高校教育管理研究[J].创新创业理论研究与实践,2018,123:79-80.

4. 陈晔,林铿.基于创新型人才培养的大学课程改革——以深圳大学为例[J].中国高校科技,2015(Z1):134-136.

5. 潘红.基于创新人才培养的职业素养课程教学改革研究[J].中国成人教育,2016(12)91-93.

6. 孙湘海.创新能力培养为导向的高校课程考试改革探究[J].当代教育论坛,2018(04)115-121.

7. 何勇,陈民,许文学,黄甫全.基于创新素养的学术性高中课程建设特点及路径探析——以广州市执信中学"元培计划"为例[J].当代教育科学,2017(06):38-42.

8. 郭跃进.京剧表演实践型创新人才培养与课程设置的思索[J].戏剧(中央戏剧学院学报),2014(03):5-13.

9. 周知.浅谈高校影视后期教材建设与创新人才培养[J].福建轻纺,2017(09):39-42.

10. 高燕.以创新人才培养为驱动的信号与系统课程改革研究[J].中国教育技术装备,2017(22):115-117.

11. 白志红,李喜景,白志群.高校创新人才培养的校内外环境建设研究[J].成才之路,2015(27):1-2.

12. 王瑞,金祥雷.论高等教育生态学视域下的创新人才培养体系构建[J].高教研究与实践,2014,33(04):16-20.

13. 张丹宇.高校旅游管理专业应用型创新人才培养模式[J].学术探索,2015(02):73-77.

14. 李娟,高伟.军工高校创新型人才培养模式探析[J].教育与职业,2013(03):33-34.

15. 孙杰，古江波．教学服务型高校创新人才培养途径研究 [J]．学校党建与思想教育，2014（10）：78-79.

16. 张姿炎．大学生学科竞赛与创新人才培养途径 [J]．现代教育管理，2014（03）：61-65.

17. 徐保军．创新人才培养模式下思想政治理论课考试与评价研究 [J]．当代教育理论与实践，2017，9（02）：85-89.

18. 钱江飞．高校创新人才培养激励保障平台建设的实践探索——以大学生思想政治教育为视角 [J]．兰州教育学院学报，2014，30（10）：73-74.

19. 孙东辉．创新人才培养理念下的高校教学管理体制创新 [J]．中国成人教育，2015（14）：41-42.

20. 钱宇光．增强高校管理服务意识　培养拔尖创新人才 [J]．中国成人教育，2016（15）：55-58.

21. 史文婷，余武．基于创新人才培养的国家精品课程资源平台建设 [J]．中国教育信息化，2013（05）：20-23.

22. 徐燕鹏．财政教育投入差量及成因研究 [J]．会计之友，2011（6）下．

23. 李灿．用科学的发展观构建新的政绩考核指标体系 [J]．统计与决策，2005（1）.

24. 盛克勤．建立体现科学发展观要求的干部政绩考核机制 [J]．领导科学，2007（21）.

25. 褚宏启．教育行政专业化与教育行政职能转变 [J]．人民教育，2005（21）.

26. 林霞．高校内部资源配置的现状及优化途径 [J]．江西金融职工大学学报，2007（2）.

27. 刘晖．论高等教育资源的合理配置 [J]．教育研究，1994（12）.

28. 李涛，肖云龙．适应创造力经济的创新创业型教育观 [J]．求索，2007（8）.

29. 编者．"钱学森问题"与中国教育 [J]．社会科学论坛，2009（11上）.

30. 何锦义 . 关于科技进步贡献率的几点认识 [J]. 统计研究，2012（8）.

31. 王伟清 . "教育资源学"及其创建 [J]. 教育与经济，2006（2）.

32. 王伟清 . 论教育资源的"游离性" [J]. 中南林学院学报，2007（03）.

33. 王伟清 . 论"教育资源学"创生的必要性 [J]. 湖南科技大学学报（社会科学版），2006（4）.

34. 林崇德 . 培养和造就高素质的创造性人才 [J]. 北京师范大学学报（社会版），1999（1）.

35. 林崇德，罗良 . 建设创新型国家与创新人才的培养 [J]. 北京师范大学（版），2007（1）.

36. 蔡齐祥，曹丽燕，赵永强 . 创造力经济的内涵与外延 [J]. 科技管理研究，2008（2）.

37. 冷余生 . 论创新人才培养的意义与条件 [J]. 高等教育研究，2000（1）.

38. 蒋太岩 . 培养创造性人才应具备的基本条件与对策 [J]. 中国高教研究，2000（4）.

39. 赵卫新 . 实施创新教育应关注的几个基本条件 [J]. 教育探索，2002（5）.

40. 王寿斌 . 中小学校实施创新教育的环境与条件研究 [J]. 基础教育研究，2000（5）.

41. 周强，葛翠茹 . 论高校培养创新人才的条件建设 [J]. 理论观察，2003（2）.

42. 李娟 . 创新教育的必要条件：建设良好的校园创新环境 [J]. 中国科教创新刊，2009（11）.

43. 王德中，钱惠英 . 落实创新教育应有的四个必要条件 —— 陶行知创造教育思想给我们的启示 [J]. 职教通讯，2001（12）.

44. 孙秀莲 . 对当代大学生实施创新教育的基础与条件 [J]. 齐齐哈尔大学学报（社科版），2000（5）.

45. 郝德永，赵颖 . 创新人才的培养与课程改革 [J]. 中国教育学刊，1999（1）.

46. 冯建军.课程范式的转换与创新人才的培养[J].内蒙古师大学报(哲学社会科学版),2000(2).

47. 刘爱玉.高校创新人才培养与课程体系改革[J].河北科技大学学报(社会科学版),2002(1).

48. 刘东平.试论创新人才的培养与课程改革[J].菏泽师专学报,2000(1).

49. 薛天祥,周海涛.创新人才培养与课程系统创新[J].现代大学教育,2001(1).

50. 杨培森.高师课程体系改革与创新人才培养[J].汉中师范学院学报,2001(3).

51. 王爱军.高师课程改革要着眼于创新人才的培养[J].唐山学院学报,2008(5).

52. 崔军.基于创新人才培养的大学课程改革:理念更新与思路选择[J].中国大学教学,2009(4).

53. 郑确辉.应对创新人才培养,完善高校课程体系[J].中国高等教育,2008(20).

54. 史仪凯等.构建培养创新人才课程教学新体系探索与实践[J].西北工业大学学报(社科版),2008(1).

55. 李仰军等.深化电子技术课程改革,培养创新人才[J].华北工学院学报(社科版),2001(3).

56. 钱贵晴.基础教育中的科技创新教育(一)——科技教育课程是培养创新人才的重要保障[J].网络科技时代,2008(1).

57. 李吉蓉.教材要适应培养高素质创新人才的需要[J].中国高等教育,1999(10).

58. 金文织.创新人才的培养呼唤创新型教材[J].大学出版,2001(2).

59. 吴平.创造性人才培养与教材建设[J].高等理科教育,2001(1).

60. 罗芳. 加强教材建设, 培养创新人才 [J]. 中国科技信息, 2005（11）.

61. 韦巧燕. 论创新人才培养的条件 [J]. 有色金属高教研究, 2006（6）.

62. 孙远. 创新教育教学条件探析 [J]. 基础教育研究, 2003（11）.

63. 炼永文, 王立华. 实施创新教育的条件和方法 [J]. 张家口职业技术学院学报, 2002（1）.

64. 孙清武. 创新教育条件浅探 [J]. 益阳职业技术学院学报, 2006（4）.

65. 马少红. 论创新人才培养与成长的若干共有条件 [J]. 思想教育研究, 2005（11）.

66. 鲁墨菊, 韩荣业. 创新教育需要适宜的环境条件 [J]. 中学生物教学, 2001（3）.

67. 范蔚. 实施综合实践活动对课程资源的开发利用 [J]. 教育科学研究, 2002（3）.

68. 徐继存, 段兆兵, 陈琼. 论课程资源及其开发与利用 [J]. 学科教育, 2002（20）.

69. 范兆雄. 课程资源系统分析 [J]. 西北师范大学学报(社会科学版),2002（3）.

70. 徐理勤. 论联邦德国高等工程教育的发展和改革 [J]. 外国教育研究, 2002（4）.

71. 刘泽双, 薛惠锋. 创新人才概念内涵述评 [J]. 人才资源开发, 2005（04）.

72. 林萍华. 素质、素养与创新 [J]. 高等工程教育研究, 2000（1）.

73. 董磊明. 素质: 能力? 素养! ——"新课标"给一线语文教师带来的喜与忧 [J]. 中学语文 2003（21）.

74. 徐水源. 在素质教育中应正确认识能力与素质的关系 [J]. 黄石教育学院学报, 2001（1）.

75. 林崇德. 创造性教育纵谈 [J]. 思想政治课教学 .2000（3）.

76. 庞学光. 创造性人格的培养与学校教育的革新 [J]. 教育理论与实践，2000（4）.

77. 程良道. 论创造性人格的实质 [J]. 科技创业月刊，2002（10）.

78. 林崇德. 创造性人才·创造性教育·创造性学习 [J]. 中国教育学刊，2000（1）.

79. 林萍华. 素质、素养与创新 [J]. 高等工程教育研究，2000（1）.

80. 彭纪生. 科技创造心理学 [J]. 软科学，1991（4）.

81. 吴安宁，力斌. 领你步入创造之门——评黄志斌等的《科技创造心理学》[J]. 合肥工业大学学报（自然科学版），1992（3）.

82. 王极盛. 科学创造心理学与管理心理学的几个问题 [J]. 科学管理研究，1984（4）.

83. 王兴成. 探索科学创造活动的心理奥秘——读《科学创造心理学》[J]. 科学学研究，1987（4）.

84. 王伟清. 对创造性思维界定的发展性探索——"五维"界定观 [J]. 湖南科技大学学报社会科学版，2005（1）.

85. 辛雅丽. 创造性人才特征分析 [J]. 西安政治学院学报.2003（4）.

86. 石本坤. 创造性人才的特征及其培养 [J]. 化工高等教育.2000（2）.

87. 吕康鸿. 创造性人才的特征 [J]. 成都教育学院学报.2003（11）.

88. 李秀莉等. 高校教师队伍建设与创新人才培养初探 [J]. 长春理工大学学报.2003（4）.

89. 徐继存，段兆兵，陈琼. 论课程资源及其开发与利用 [J]. 学科教育，2002（20）.

90. 范兆雄. 课程资源系统分析 [J]. 西北师范大学学报（社会科学版），2002（3）.

91. 吴刚平. 课程资源的开发与利用 [J]. 全球教育展望，2001（8）.

92. 吴刚平，樊莹. 课程资源建设中的几个认识问题 [J]. 教育理论与实践，2001，21（7）.

93. 吴刚平. 课程资源的分类及其意义（一）[J]. 新理念，2002（9）.

94. 庄寿强. 试论特点、属性的区别与联系及其在科学研究中的意义 [J]. 自然辩证法研究，1997（11）.

95. 章伟民. 学习资源和学习过程——教育技术实践与研究的主要对象 [J]. 中国电化教育，1997（7）.

96. 余武. 信息化教学资源的开发和建设 [J]. 中国电化教育，2001（7）.

97. 李娟. 创新教育的必要条件：建设良好的校园创新环境 [J]. 中国科教创新导刊，2009（11）.

98. 王寿斌. 中小学校实施创新教育的环境与条件研究 [J]. 基础教育研究，2000（5）.

99. 王德中、钱惠英. 落实创新教育应有的四个必要条件——陶行知创造教育思想给我们的启示 [J]. 职教通讯，2001（12）.

100. 孙秀莲. 对当代大学生实施创新教育的基础与条件 [J]. 齐齐哈尔大学学报（社科版），2000（5）.

101. 蒋太岩. 培养创造性人才应具备的基本条件与对策 [J]. 中国高教研究，2000（4）.

102. 王寿斌. 中小学校实施创新教育的环境与条件研究 [J]. 基础教育研究，2000（5）.

103. 詹亮宇. 论政策资源——兼论税收政策资源的三元特征 [J]. 扬州大学税务学院学报，1996（3）.

104. 梁化奎. 论高校在创新人才培养中的地位及核心价值目标 [J]. 高教论坛，2012（12）.

105. 季诚钧. 创造型教师：一个值得推广的概念 [J]. 教师教育研究，2006（3）.

106. 吴安春，朱小蔓. 对创造性教师的研究 [J]. 上海教育科研，2002（5）.

107. 陈晏辉. 略论创造型教师 [J]. 泉州师范学院学报（自然科学），2008（2）.

108. 林崇德.培养和造就高素质的创造性人才 [J].北京师范大学学报(社会科学版),1999（1）.

109. 王世荣、冯亚青.加强课程建设,发挥人才培养主渠道作用 [J].中国大学教学,2009（8）.

110. 肖翠云.积淀与超越——论心理定式与修辞接受 [J].黔东南民族师专学报,2002（2）.

111. 戴静.脑筋急转弯的构成方式 [J].贵阳师范高等专科学校学报(社会科学版),2004（4）.

112. 张先华.制作"脑筋急转弯"的方法 [J].思维与智慧,2002（8）.

113. 周一农.游戏之后"脑筋急转弯"的语文创造学解读 [J].绍兴文理学院学报,2002（5）.

114. 刘尧.构建以研究与创新为主线的研究生培养方式 [J].江苏高教,2010(2).

115. 侯加林,李光提,岳远彬.改革研究生课程体系培养创新型人才 [J].高教论坛,2008（6）.

116. 章英才.硕士研究生课程体系与创新人才培养 [J].高教论坛,2011（12）.

118. 唐贤清.综合性大学汉语言文学专业创新人才培养的目标与方法 [J].湖南师范大学教育科学学报,2004（5）.

119. 陆松.新课程视野下传统教育评价的问题与成因 [J].基础教育参考,2007（9）.

120. 刘俊,尚海龙.改革教学评价体系培养学生创新能力 [J].职业教育研究,2011（10）.

121. 匡令芝.以创新人才培养为导向的高校教学评价改革 [J].纺织教育,2009（1）.

122. 全世海,方芳.学业评估改革与创新型人才培养 [J].科教文汇,2007(12).

123. 谈松华."短缺教育"条件下的教育资源供给与配置:公平与效率 [J].教

育研究，2001（8）.

124. 袁盾，原川．创新与当前高校教师队伍存在的相关问题研究 [J]. 曲靖师范学院学报，2004（2）.

125. 吴文胜．学生创新为目标的教育：教师问题质询与激励视点 [J]. 当代教师教育，2010（1）.

126. 范先佐．论教育资源的合理配置与教育体制改革的关系 [J]，教育与经济，1997（3）.

127. 田景荣．论教育资源配置与政策调整 [J]. 现代教育论丛 .1997（2）.

128. 王伟清．论基于需求的教育资源配置系统观 [J]. 教育与经济，2010（1）.

129. 刘翌．国外科技与经济结合的情况对我们的启示 [J]. 今日科技,1999(10).

130. 刘梦月，张华．青少年创造性倾向的现状与差异 [J]. 创新与创业教育，2017，8（02）.

131. 闫志明，孙承毅．论创客教师的知识基础 [J]. 教育研究，2018，39（06）.

132. 蔡慧英，谢作如，李渔迎，顾小清．创客教育教师准备好了吗—— 智能时代创客教师知识发展的影响因素探析 [J]. 远程教育杂志,2019,37（03）.

133. 赵慧臣，马佳雯，姜晨，贺雪．创客教师教学能力提升研究的反思与建议 [J]. 现代教育技术，2019，29（05）.

134. 李彤彤，王志军，邹蕊，李磊．创客教师专业素质结构研究 [J]. 中国电化教育，2017（06）.

135. 贾义敏．开放教育资源视域下的创新人才培养 [J]. 苏州大学学报(教育科学版)，2017，5（02）.

136. 陈刚，石晋阳．创客教育的课程观 [J]. 中国电化教育，2016（11）.

137. 李建珍，宗晓．教育硕士(现代教育技术)专业学位研究生"创客教育"课程设计研究 [J]. 电化教育研究，2019，40（09）.

138. 闫寒冰，单俊豪．美国创客教育教材分析—— 以"Design and Discovery"

为例 [J]. 中国电化教育，2017（05）.

139. 单俊豪，李帅帅，袁滟 . 国内中小学创客教材编写现状研究 [J]. 上海教育科研，2018（01）.

140. 王蔚 . 面向创客教育的学习环境构建研究 [J]. 江苏开放大学学报，2015，26（04）.

141. 李先国，易俊，孙美兰，周娟，王莉芬 . "互联网 +" 下高校创客教育生态环境构建路径研究 [J]. 长春教育学院学报，2019，35（02）.

142. 刘凌 . 儿童创客教育：构建一个创造的学习环境 [J]. 人民教育，2016（20）.

143. 扎丽玛，张际平 . 文化回应教育理念下的创客教学模式建构 [J]. 中国电化教育，2019（06）.

144. 崔向平，赵冲，陆禹文 . 基于 COOC 平台的创客教育模式构建与应用 [J]. 现代教育技术，2019，29（02）.

145. 杨现民，赵鑫硕，陈世超 . "互联网 +" 时代数字教育资源的建设与发展 [J]. 中国电化教育，2017（10）.

146. 郑燕林 . 美国高校实施创客教育的路径分析 [J]. 开放教育研究，2015，21（03）.

147. 李雅君，嘉莉娜·谢尔盖耶夫娜·科瓦廖娃，王建国 . 俄罗斯创新人才培养的背景与实施策略 [J]. 现代教育管理，2013（05）.

148. 袁利平，李盼宁 . 基于创新驱动发展的俄罗斯研究生教育改革及启示 [J]. 现代教育管理，2017（11）.

149. 刘华海 . 高校创新创业教育：青年教师实践 "短板" 与应对 [J]. 科研管理，2017，38（S1）.

150. 沈健 . 高校教师创新创业教育能力建设——江苏的理解、实践与构想 [J]. 中国高等教育，2015（17）.

151. 仇存进 . 我国高校创新创业教育课程体系研究 [J]. 江苏高教，2018（11）.

152. 李姗霖，熊淦，吴亭燕，黄明东.研究生创新创业教育课程体系构建研究 [J].研究生教育研究，2017（04）.

153. 牛杰.我国高校创新创业教育发展与教材编写探究 [J].创新创业理论研究与实践，2019，2（13）.

154. 孙琳，付冬娟.体验式创新创业教育立体化新形态教材的建设与研究 [J].创新与创业教育，2019，10（03）.

155. 刘悦珍.高职院校创新创业教育课程定位与教材体系建设研究 [J].中国培训，2019（08）.

156. 张治国，张成平，陈有亮.基于大学生创新创业教育理念的土木工程专业教材出版研究 [J].出版广角，2019（04）.

157. 余小茅.西部高校创新创业教育的环境建设 [J].教育研究，2018，39（05）：72-75.

158. 徐占东，梅强等."双创"情境下高校创新创业教育环境评价研究 [J].技术经济与管理研究，2018（04）.

159. 汪发亮.高职院校创新创业教育实践模式研究 [J].湖南科技大学学报(社会科学版)，2020，23（01）.

160. 尹国俊，都红雯，朱玉红.基于师生共创的创新创业教育双螺旋模式构建——以浙江大学为例 [J].高等教育研究，2019，40（08）.

161. 吴伯志，唐滢，葛长荣等."三融合、五驱动"创新创业教育模式建构与探索 [J].中国高等教育，2017（18）.

162. 吴昊.高校创新创业教育的方法及途径 [J].高教学刊，2016（18）.

163. 刘志军，郝杰.美国创新创业教育体系的建设与实施 [J].中国大学教学，2016（10）.

164. 刘荣.美日大学创新创业教育的特点及启示 [J].学校党建与思想教育，2017（03）.

165. 包水梅，杨冬 . 美国高校创新创业教育发展的基本特征及其启示—— 以麻省理工学院、斯坦福大学、百森商学院为例 [J]. 高教探索，2016（11）.

166. 朱文玉，李汝敏 . 日本高校创新创业教育及对我国的启示 [J]. 教育探索，2018（04）：121-125.

167. 权麟春 ."互联网 +"视域下德国创新创业教育的启示 [J]. 五邑大学学报(社会科学版)，2017，19（02）.

168. 谢萍，石磊 . 英国创新创业教育的现状及其启示 [J]. 世界教育信息，2018，31（14）：42-47+51.

169. 罗亮 . 澳大利亚大学生创新创业教育研究 [J]. 学校党建与思想教育，2018（03）：93-96.

170. 陈纯槿，郅庭瑾 . 世界主要国家教育经费投入规模与配置结构 [J]. 中国高教研究，2017（11）：77-85 +105.

171. 余杰，胡臣瑶，贺杰 . 教育经费投入强度、结构、体制的宏观分析——基于中国与 OECD 国家的比较 [J]. 会计之友，2020（01）：103-111.

172. 郑确辉 . 应对创新人才培养，完善高校课程体系 [J]. 中国高等教育，2008（20）：35-36.

会议类

1. 许祥云，彭静雯 . 创新型国家的建设与我国高等教育政策的调整 [A]. 建设创新型国家和中国高等教育的改革与发展——2006 年高等教育国际论坛论文汇编 [C]. 2006：75

2. 罗成昌 . 试论创新型国家的教育与教师 [A]. 创造创新与可持续发展国际学术研讨会——2006 年国际创造学学术讨论会论文集 [C]. 2006.

3. 许志晋 . 注重"通识教育"，培养"通才型"创造性人才 [A]. 重庆理工大学 . 第 5 届教育教学改革与管理工程学术年会论文集 [C]. 重庆理工大学：全国教育教学改革与管理工程组委会，2012.

4. 徐勇 . 在语文教学中如何培养学生的创新能力 [A]. 中华教育理论与实践科研论文成果选编第 4 卷 [C]. 中国教育教学丛书编委会，2010.

5. 朱胜茹 . 立足语文课堂，培养学生创造性 [A]. 中国教育学术论坛(第二卷) [C]. 中国教育教学丛书编委会，2006.

6. 明锋 . 在数学教学中培养创造性人才 [A]. 新世界中国教育发展论坛(第二卷) [C]. 中国教育教学丛书编委会，2007.

7. 李德军 . 培养创新能力是素质教育的核心 [A]. 新世界中国教育发展论坛(第二卷) [C]. 中国教育教学丛书编委会，2007.

8. 刘月娥 . 初中生创新精神和创造能力培养的实践研究 [A].《教师教学能力发展研究》科研成果集(第七卷) [C].《教师教学能力发展研究》总课题组，2017.

9. 许教教 . 高素质创造性人才培养机制探讨 [A]. 中国创造学会 . 国际创造学学术讨论会论文集 [C]. 中国创造学会：中国创造学会，2004.

10. 刘长春 . 浅谈语文教学中学生创造力的培养 [A]. 国家教师科研专项基金科研成果(二) [C]. 国家教师科研基金管理办公室，2016.

11. Xudong Jin. Research on Creative Talents Training New Model Based on Modern Vocational Art Education and Career Competitiveness[P]. Proceedings of 2016 5th International Conference on Social Science, Education and Humanities Research, 2016.

12. Lina Ma. Training Model of English Creative Talents under Language of Economics Perspective[P]. Proceedings of the 2016 International Conference on Education, Management and Computing Technology (ICEMCT-16), 2016.

13. Yanyu Meng, Hui Pang, Zhenpeng Jian. Teaching Reform for Engineering Mechanics Course under Application-Oriented Creative Talents Training[P].

Proceedings of the 7th International Conference on Education, Management, Information and Mechanical Engineering (EMIM 2017), 2017.

14. Pan Yingli. The Belt and Road Initiative: Research on creative mode of talent training in cultural industry[P]. Proceedings of the 2017 International Conference on Social science, Education and Humanities Research (ICSEHR 2017), 2017.

15. Ke Wang. Thinking on the Essence of College Creative Education and Creative Talent Cultivation[P]. Proceedings of the International Conference on Management, Computer and Education Informatization, 2015.

16. Wenquan Zhou. Application of "Design Thinking Method" in Training Practice of Creative Talents in Colleges and Universities in China[P]. Proceedings of the 8th International Conference on Education, Management, Information and Management Society (EMIM 2018), 2018.

17. Xiao Bailin. Research on Innovative and Entrepreneurial Talents Education of Design in Colleges and Universities Under the Development of Cultural and Creative Industry[P]. Proceedings of the 5th International Conference on Education, Language, Art and Inter-cultural Communication (ICELAIC 2018), 2018.

18. Shigang Wang, Shenghui Pan, Zhenglin Li. Research on the Cultivation Model of Innovation and Entrepreneurship Talents Based on Three Creative Education[P]. Proceedings of the 2017 International Conference on Management, Education and Social Science (ICMESS 2017), 2017.

19. Jianefeng Hu. Research on Creative Education, Integration of Industry and Education in the Application Talents Cultivation[P]. Proceedings of the 2015 International Conference on Management, Education, Information and Control, 2015.

20. Mo Liu, Yuxia Zhong. Research on Creative and Applied Talents Training Program for Engineering Management Specialty under the Background of Engineering Education Certification[P]. Proceedings of the 8th International Conference on Social Network, Communication and Education (SNCE 2018), 2018.

21. Tingting Wang. On the Cultivation of Creative Design Talents in West Straits Culture and Creative Industry Chain[P]. Proceedings of the 2017 International Conference on Education Science and Economic Management (ICESEM 2017), 2017.

22. Yue-Xia YAO. Research on the Current Situation and Countermeasures of Cultural and Creative Design Talents Training in Chinese Universities[P]. 3rd International Conference on Education and Social Development (ICESD 2017), 2017.

23. Yun-xin Chen. Teaching Reform and Practice of Material Mechanics Course Based on the Training of Creative Talents in the Era of MOOCS[P]. International Conference on Power Engineering & Energy, Environment (PEEE 2016), 2016.

24. Jie Liu, Jie Sun, Qingyun Zou. Teaching Research of Textile Design Professional Education Based on the Mode of Cultivating Creative Talents[P]. DEStech Transactions on Social Science, Education and Human Science, 2018.

报纸类

1. 魏娜，赵武英．想象力世界倒数第一，创造力倒数第五——刘道玉呼吁解放孩子好奇心 [N]. 长江日报，2010-8-4：7 教科卫新闻．

2. 江泽民同志在全国科学技术大会上的讲话 [N]. 人民日报，1995-6-5.

3. 朱旭东．新时代教师新责任：培养创造性人才 [N]. 中国教师报，2018-09-

12（002）.

4. 刘莉 . 十九大代表：凝聚起创新人才"强磁场"[N]. 科技日报，2017-10-24
（003）.

5. 孙海华 . 西安交大钱学森实验班：10 年培养 261 名工科创新人才 [N]. 中国
青年报，2017-07-13（005）.

6. 钱颖一 . 培养创新人才，仅有知识是远远不够的 [N]. 解放日报，2017-06-
30（010）.

7. 吕途 . 高校"双创"教育持续发力 助推创新人才培养 [N]. 中国商报，2016-
12-21（P04）.

8. 吕巍 . 推特色改革 育创新人才 [N]. 人民政协报，2015-05-25（002）.

9. 卢晓东 . 因材施教能否培养出创新人才？ [N]. 社会科学报，2014-12-18
（005）.

10. 杨桂青 . 培养有大国风范的创新人才 [N]. 中国教育报，2014-06-19（004）.

11. 俞水 . 基础研究创新人才从何而来 [N]. 中国教育报，2014-02-28（001）.

12. 林崇德 . 创造性人才培养模式的探索 [N]. 各界导报，2014-02-22（004）.

13. 杨霞 . 发挥高校对创新人才培养的作用 [N]. 吉林日报，2013-12-30（010）.

14. 席孝林 . 未来 5 年培养万名科技创新人才 [N]. 四川日报，2013-12-16（007）.

15. 王婷婷 . 利用地方资源 培养有特色的创新人才 [N]. 光明日报，2013-11-27
（016）.

16. 马健 . 构建学术前沿 培养一流创新人才 [N]. 中国文物报，2013-10-02（003）.

互联网

1. 林崇德主讲，《实施素质教育要以创新精神为核心》新叶网络学堂 [EB/OL].
http://192.168.1.230/main4.asp, 2001-06-26.

2. 人才 _ 百度百科 ,http://baike.baidu.com/view/10905.html?wtp=tt,2009-03-20.

3. 2017 年我国科技进步贡献率达 57.5%[EB/OL]. http://www.gov.cn/shuju/ 2018-01/10/content_ 5254969.htm, 2018-01-10/2019-11-04.

4. 科技部：2020 年进入创新型国家，2050 年要成为世界科技强国 [EB/OL]. https://military.china.com/ jsbg/11177786/20190311/35406087.html,2019-03-11/2019-11-04.

5. 魏宇晨 .2017 年中国科技进步对经济增长贡献率或达 57.5%[EB/OL].http:// news.cri.cn/20171226/ d0678c80-7349-17e9-9626-1a7a20913f23.html, 2017-12-26/2019-11-4

6. 中国孩子的想象力世界排名倒数第一 [EB/OL].https://www.sohu.com/a/ 313690793_271555, 2019-05-13/2019-11-07.

7. 中国孩子的计算能力排名世界第一，想象力却排名倒数第一 [EB/OL]. https://www.sohu.com/a/ 209519248_673394, 2017-12-09/2019-11-07.

8. 韩启德 . "共和国脊梁" 的故事 [EB/OL]. http://culture.people.com.cn/n1/2019/ 1009/c1013-31388695. html, 2019-10-09/ 2019-11-07.

9. 日本称 2010 年 GDP 首次被中国赶超，退居世界第三 [EB/OL]. http://intl.ce. cn/specials/zxgjzh/ 201102/15/t20110215_ 22216298.shtml. 2011-02-15/2020-03-13.

10. 科技部：2018 年中国科技进步贡献率达 58.5%[EB/OL]. http://finance.sina. com.cn/roll/2019-03-11/ doc-ihrfqzkc 2881779.shtml. 2020-03-13.

11. 2019 年全球创新指数报告发布，中国排名升至第 14 位 [EB/OL]. http:// paper.people.com.cn/ rmrbhwb/html/2019-07/26/content_1938072.htm. 2020-03-13.

12. 国外的创客教育是怎么玩的？ [EB/OL]. https://www.sohu.com/a/243699267_ 100134151, 2018-07-27/2020-03-22.

13. 科睿机器人教育 .世界各地创客教育都发展到什么程度了？来看这份汇总！

[EB/OL]. https://www.douban.com/ note/610252735/, 2017-03-10/2020-03-22.

14. 创客教育风靡全球，国外的创客教育是如何开展的呢？ [EB/OL]. https:// www.sohu.com/ a/305716081_120028614, 2019-04-03/2020-03-23.

15. 创客 [EB/OL].https://baike.baidu.com/item/%E5%88%9B%E5%AE%A2/8416 7?fr=Aladdin, 2020-03-20.

16. 国务院办公厅印发《关于深化高等学校创新创业教育改革的实施意见》[EB/ OL]. http://politics.people.com.cn/n/2015/0513/c70731-26995630.html,2020-03-24.

硕博学位论文

1. 王秀梅.工科高校创新人才培养及评价研究 [D]. 2008.

2. 黄卓然.钱学森科技创新人才培养思想研究 [D]. 东北师范大学，2019.

3. 徐向东.大学附中培养创新人才的研究 [D].华东师范大学，2016.

4. 高旸.中美高校创新人才培养模式的比较分析 [D].武汉理工大学，2016.

5. 冯慧.大学生拔尖创新人才个性化思想政治教育研究 [D].郑州大学，2015.

6. 仇婕.我国本科拔尖创新人才培养模式研究 [D].西北大学，2015.

7. 安菁.产业创新人才成长的影响因素与评价体系研究 [D].北京理工大学，2015.

8. 付瑶.论研究生思想政治教育在培养创新人才中的作用 [D].辽宁大学，2015.

9. 史慧.高校创新人才培养模式研究 [D].天津大学，2015.

10. 付玥.拔尖创新人才培养的制约因素研究 [D].长江大学，2015.

11. 李卫国.我国高中创新人才培养模式的构建研究 [D].江西师范大学，2015.

12. 刘昊.我国小学创新人才培养模式的构建研究 [D].江西师范大学，2015.

13. 李娜.美国中小学创新人才培养课程体系及其对我国中小学课程改革的启

示 [D]. 江西师范大学，2014.

14. 张凡. 北京市拔尖创新人才早期培养课程设置研究 [D]. 首都师范大学，2014.

15. 郜红晶. 俄罗斯创新型大学人才培养模式研究 [D]. 沈阳师范大学，2017.

二、外文文献

1. Paul Collard & Janet Looney. The Conceptual Framework: Dimensions of Creativity in Education[J]. European Journal of Education, Vol. 49, No. 3, 2014：348-364.

2. Fernanda Hellen Ribeiro Piske, Tania Stoltz, Jarci Machado. Creative Education for Gifted Children[J]. Creative Education;Creative Education, 2014, 05(05): 347-352. 在线出版日期：2016 年 12 月 31 日

3. Anne Harris, Leon de Bruin. An international study of creative pedagogies in practice in secondary schools: Toward a creative ecology[J]. Journal of Curriculum and Pedagogy, 2018, 15(2): 215-235. 在线出版日期：2019 年 01 月 20 日

4. Paul Collard, Janet Looney. Nurturing Creativity in Education[J]. European Journal of Education, 2014, 49(3): 348-364. 在线出版日期：2019 年 06 月 18 日

5. Anne Harris, Leon de Bruin. An international study of creative pedagogies in practice in secondary schools: Toward a creative ecology[J]. Journal of Curriculum and Pedagogy, 2018, 15(2): 215-235. 在线出版日期：2019 年 01 月 20 日 .

6. HakalaJuha T, UusikyläKari. Neoliberalism, curriculum development and manifestations of 'creativity'[J]. Improving Schools, 2015,18(3): 250-262. 在线出版日期：2016 年 12 月 31 日

7. Daniel Xerri. "Help Them Understand the Complexity, the Difficulties and the Pleasures of Creative Writing": Children's Author Libby Gleeson on Creativity in Education[J]. New Review of Children's Literature and Librarianship , 2017, 23(2): 95-105. 在线出版日期：2018 年 12 月 19 日．

8. Mario Barajas, Frédérique Frossard. Mapping creative pedagogies in open wiki learning environments[J]. Education and information technologies, 2018, 23(3): 1403-1419. 在线出版日期：2019 年 02 月 19 日

9. Aoich Lewyed.The International Encyclopedia of Curriculum Oxford[M]. Pergamon Press, 1991.

10. Robert Crocker, AlexnUsher. Innovational and Differentiation in Canada's Post-Secondary Institutions [C]. June 2006.

11. Clive R. Belfield(ed). Modern Classics in the Economics of education. Hants, England: Edward Elgar, 2006.

12. Elchanan Cohn, Terry G. Gesk.The Economics of Education[M].Due Press, 2009.

13. Geraint Johnes, Jill Johnes(eds). International Handbook on the Economics of Education. Hant, England: Endward Elgar, 2004.

14. Sternberg, Robert J. Defying the Crowd: Cultivating Creativity in a Culture of conformity[M]. Beijing: China Renmin University Press, 2009.

15. Olsen, Robert .Art of Creating Thinking[M]. Beijing: China Renmin University Press, 1989.

16. Sternberg, Robert J.Wisdom, Intelligence and Creativity synthesized[M]. Beijing: Peking University press, 2007.

17. Gina D.Schack. Effects of a creative problem-solving curriculum on students of varying ability levels[J]. Gifted child quarterly, 1993, 37(1): 32-38.

18. Catherine B. Bruch. Bridging curriculum with creative development: creative characteristics models[J]. Gifted child quarterly, 1986, 30(4): 170-173.

19. Andrew Johnson. How to use thinking skills to differentiate curricula for gifted and highly creative students[J]. Gifted child today, 2001, 24(4): 58-63.

20. Sharmistha Das, Yvonne Dewhurst, Donald Gray. A teacher's repertoire: developing creative pedagogies[J]. International journal of education & the arts, 2011, 12(15): 1-40.

21. Sandra Schmidt Bunkers. Fostering the creative spirit in teaching-learning[J]. Nursing science quarterly, 2009, 22(4): 323-325.

22. Steve V. Coxon. Innovative allies: spatial and creative abilities[J]. Gifted child today, 2012, 35(4): 277-284.

23. Shelby A.Wolf. The mysteries of creative partnerships[J].Journal of teacher education, 2008, 59(1): 89-102.

24. Peter R. Webster. Creativity as creative thinking[J]. Music educators journal, 1990, 76(9): 22-28.

25. R. Keith Sawyer. Creative teaching: collaborative discussion as disciplined improvisation[J]. Educational researcher, 2004, 33(2): 12-20.

26. Nancy E.Hansen, John Gladfelter. Teaching graduate psychology seminars using electronic mail: creative distance education[J].Teaching of psychology, 1996, 23(4): 252-256.

27. Cynthia Wagner Weick. Out of context: using metaphor to encourage creative thinking in strategic management courses[J]. Journal of management education, 2003, 27(3): 323-343.

28. Janet L.S Moore. Strategies for forstering creative thinking[J].Music educators Journal, 1990, 76(9): 38-42.

29. Jonathan Barnes and Ian Shirley. Strangely familiar: cross-curricular and creative thinking in teacher education[J].Improving schools, 2007, 10(2): 162-179.

30. Jane Simister. To think or not to think: a preliminary investigation into the effects of teaching thinking[J]. Improving schools, 2004, 7(3): 243-254.

31. Margaret Barrett. 'Creative collaboration': an 'eminence'study of teaching and learning in music composition[J].Psychology of music, 2006, 34(2): 195-218.

32. Melanie Morgan. An interdisciplinary creative problem solving conference for both teachers and their students[J].Gifted child today, 2003, 26(4): 14-19+63.

33. Fahri Karakas. Positive management education: Creating creative minds, passionate hearts, and kindred spirits[J]. Journal of management education, 2011, 35(2): 198-226.

34. Michael W.Bahr, etc..Creative problem solving for general education intervention teams: a two-year evaluation study[J]. Remedial and special education, 2006, 27(1): 27-41.

35. Julian Agyeman, Jennifer Sien Erickson. Culture, recognition, and the negotiation of difference: some thoughts on cultural competency in planning education[J]. Journal of planning education and research, 2012, 32(3): 358-366.

36. Donald J. Treffinger and Scott G.Isaksen. Creative problem solving: the history, development, and implications for gifted education and talent development[J]. Gifted child quarterly, 2005, 49(4): 342-353.

37. E.Paul Torrance. Retooling education for creative talent: how goes it[J]?Gifted child quarterly, 1974, 18(4): 233-239.

38. Paul Collard & Janet Looney. The Conceptual Framework: Dimensions of Creativity in Education[J]. European Journal of Education, Vol. 49, No. 3, 2014: 348-364.

39. BANAJI, S., CRANMER, S. & PERROTTA, C. (2010) Creative and innovative good practices in compulsory education in Europe:collection and descriptive analysis of ten good practices of creativity and innovation in compulsory education in the EU27 (JRC Technical Note JRC59689). (Seville, European Commission-Joint Research Centre-Institute for Prospective Technological Studies).

40. The Maker Movement: Tangible Goods Emerge From Ones and Zeros[EB/OL]. https://www.wired.com/ 2013/04/makermovement/, 2020-03-22.

41. Allison Kaplan. The Maker Movement Goes to College[EB/OL]. http://mspmag. com/shop-and-style/ swag/the-maker-movement-goes-to-college/ 2017-11-14/ 2020-03-22.

42. STEPHANIE SANTOSO. Higher Education Institutions Respond to the President's Call to Support Making on College Campuses[EB/OL]. https://obamawhitehouse. archives.gov/blog/2014/12/10/ higher-education-institutions-respond- president-s-call-support-making-college-campus, 2020-03-22.

43. Educause. The case for a Campus Makerspace[EB/OL]. https://events.educause. edu/eli/annual -meeting/2013/proceedings/the-case-for-a-campus-makerspace, 2020-03-21.

44. How to Make (Almost) Anything[EB/OL]. https://ocw.mit.edu/courses/media-arts-and-sciences/ mas-863-how-to-make-almost-anything-fall-2002/index.htm

45. Educause. Making Way for Maker Culture[EB/OL]. http://er.educause. edu/ articles/2014/3/making -way-for-maker- culture, 2020-03-22.

46. Beresford, Richard and Beresford, Kate. The Role of Networks in Supporting Grassroots Good Practice in Enterprise Education[J]. Research in Post Compulsory Education, 2010, 15(3): 275-288.

后 记

　　本拙著是在博士学位论文的基础上修改而成，而今要出版了，回想联翩，不由得感慨万千！笔者1989年毕业于华东师范大学物理学专业，获理学学士，加盟湘潭师范学院。1996年考入中国矿业大学机械设计及理论专业（创造学与机械创造工程方向），师从创造学庄寿强教授和机械学陈淑连教授与黄日恒教授，1999年7月获工学硕士学位。因为是全日制定向生，笔者回到了湘潭师范学院。由于湘潭师范学院没有机械专业，本打算回物理系，但适逢教育系成立，严重缺少师资，又因当初全国创新教育氛围很浓和笔者学了创造学，所以学校和教育系领导迫切希望笔者能到教育系工作。笔者积极响应了他们的号召，正式加盟湘潭师范学院教育系，现在为湖南科技大学教育学院。从此，笔者一直承担着《创造学》《创造心理学》《创造性思维与创造力开发》等有关创造性人才培养的课程教学任务，并运用创造学和创造心理学等学科的理论和方法来开发学生的创造潜能。例如指导本科生、硕士生，给他们的毕业论文题目来源于笔者的研究领域，对他们来说往往是极富有创造性和挑战性的前沿课题，也是在笔者的指导下能够完成的课题，很多学生的论文被评为优秀，甚至有被湖南师范大学的张传遂教授誉为填补学术领域空白之作。在2007年、2011年、2013年和2015年指导学生参加湖南省和全国"挑战杯"（大连）大学生课外学术作品竞赛，获得省级一等奖奖两项、省级二等奖一项、省级三等奖一项、国家级二等奖一项、国家级三等奖一项、国家级累进创新奖一项（湖南省第一个国家级累进创新奖）等荣誉。2018年和2019年指导学生参加湖南省"互联网＋"大学生创新创业大赛，获得两个省级三等奖。

笔者在长期从事教学、管理，特别是实验室的建设与管理的过程中，已经发现了大量的令自己困惑的教育资源方面的问题，而且做了大量的思考，产生"教育资源学"灵感，并立志要创建教育资源学！在对教育资源学的研究过程中，我逐渐形成了一种思维习惯与资源意识，即有意识地站在教育资源学的视角，运用教育资源学的理论和方法去审视、研究各种教育现象，尤其是各种教育问题。创造性人才培养一直是笔者研究和实践的重要领域，自己也在其中执着地耕耘，2012年终于迎来了笔者首部著作《教育资源学视阈下创造性人才培养的课程资源理论研究》的问世。

然而，作为教育科学和资源科学的门外汉，要创建教育资源学，可谓眼高手低，志大才疏！继续深造，势在必行。由于教育经济学研究教育资源，虽然只研究人力、财力、物力等教育资源，而且是站在经济学的视角，但教育经济学是与教育资源学相对距离较小的学科，又因在研究教育资源学问题时，有缘查阅了范先佐教授发表的期刊论文，所以与范老师结上了不解之缘。

恩师的厚爱成就了我成为范门博士弟子的梦想！每念此恩，心怀感激！在此后的博士阶段学习中，很多方面都得到了恩师的全力支持和帮助，特别是博士论文的写作，从选题到框架搭建，从撰写修改到最终定稿，恩师都倾心倾力、指点迷津，让我在迷茫中获得"柳暗花明"的恍然大悟。恩师高尚的人格魅力，严谨的治学态度，博学睿智的思维和敏锐的洞察力，都让我高山仰止，终身受益。同时感谢师母徐老师对我各方面的关心，恩师的严格和师母的慈爱，让我们这些弟子深深体会到了家的温暖。然而，感激之余，我亦倍感愧疚，难以释怀。因为作为弟子不但没有为恩师做点什么事、分点什么忧，反而给恩师添了不少的麻烦。

旁听了几届博士论文答辩，郭文安教授、陈斌教授、肖昊教授、雷万鹏教授和恩师的点评让我获益匪浅。郭文安教授、涂艳国教授、杜时忠教授、董泽芳教授、张隆胜教授、秦在东教授、杨汉麟教授、王坤庆教授、周洪宇教授、方彤教授、邓猛教授、王建梁教授、肖利宏老师以及吴伦敦书记、马英老师、雷红卫老师、胡德香老师、杨青松老师等许多老师，通过授课或其他方式给予了我很多的教育和帮助。在此，感谢你们！

感谢我的硕士生导师庄寿强教授和师母，感谢我的硕士生导师陈淑连教授和黄日恒教授，长期以来，你们把我当作自己的亲生儿子一样，对我研究教育资源学和攻读博士学位给了许许多多的关心、鼓励、支持、教育、指导。

在我报考博士研究生、攻读博士学位和博士论文完成期间，得到了我校原党委、学工系统、组织部、人事处等部门的各位领导老师和我院的各位领导、各位同事对我的关心、支持和帮助。尤其是，不能忘记，学校两任党委书记肖国安教授和田银华教授为我报考博士向华中师范大学亲笔致函，大力推荐！不能忘记，原副校长谭长富教授、教育学院原院长李三福教授和吴红跃老师几度辛劳，为我奔波！不能忘记，我校期刊社社长主编李建华教授的辛苦奔波与鼎力支持！不能忘记，我院原党委行政各位领导、学工办、研究生办、党政办、教务办和各位班主任老师对我工作的大力支持与帮助，让我减轻了学生工作的压力！不能忘记，老领导唐希中教授、陈明卿书记、钟毅平教授、陈梦稀教授、易红郡教授、周启强教授、罗建文教授、郭迎福教授、高永毅教授和武汉工程大学外国语学院彭石玉院长等的关心、支持和鼓励！在此，我谨向各位表示衷心的感谢！

感谢汪昌海、徐文、李忠斌、吴克明、唐斌、刘欣、陶美仲、郭清扬、贾勇宏、王远伟、严文清、伍海泉、冯帮、郭晖、燕晓飞、曾新、杨秀琴、杨红霞、周芬芬、刘省菲、余锋、沈有禄、郭昕、纪春梅、赵丹、肖军虎、付卫东、董世华、杨晓霞、张雪艳、姚永强、杨江峰、贾云鹏、范国锋、叶庆娜等博士和贺亮、李敏、周智等硕士，是你们这些同门师兄师姐师弟师妹让我感受了互助友爱之情。感谢李述永、彭兴蓬、杨革新、贺夏蓉、蒋红斌、张茂林、余娟、彭俊、郭风英、姚林群、李文田、张纯、周贵礼、刘来兵、吴世韶、王金山、刘惠玲、汤舒俊、温芳芳等博士同学，感谢你们的关心、支持和帮助，与你们相处，我很快乐！感谢我的室友王芳实博士，我们一起度过了愉快的时光！感谢李红革、李广、陈京军三位同事博士同学，谢谢你们各方面的关照和帮助！

感谢王家兵、程远国、李响、王辉、周爱国、王淑钦、彭宗祥、井栏柱、成勇明、吴红、刘开淼、邵文运、李文海、谢丛满、刘培娇、周会兵、舒正刚、陆月根、刘兰平、彭斌鹏、李兵、赵继光等同学长期的关心、支持与帮助。我非常留恋、怀念我们在一起相处的快乐时光。

感谢父母和岳父岳母的理解与宽容，感谢我的哥哥嫂嫂、妹妹妹夫对父母的孝行，感谢姨姐夫妇、内弟夫妇对岳父岳母的孝行，让我减轻了很多的压力！感谢我的爱人肖善芳女士的理解支持、操劳家务、教育女儿，感谢女儿潇潇的乖巧可爱，让我省心省力！

在拙著出版的过程中，得到了我院院长李海平教授和副院长谭千保教授的大力支持，特此感谢！

拙著也是基金项目——湖南省教育科学十二五规划2014年度大中专学生就业创业研究专项课题(编号：XJK014AJC005)和2019年湖南省学位与研究生教育改革研究项目(编号：2019JGYB211)等的研究成果，特此说明。

限于笔者的学识和水平，书中难免存在失当甚至错误之处，敬请各位读者批评斧正。谢谢！

最后，再次感谢所有的关心、支持、鼓励和帮助过我的所有人，谢谢你们！

王伟清

2020 年 5 月 18 日于杂悟涧